A Guide to Evaluating Green Enterprises
- Methodology and Practice

绿色企业评价指南
——方法与实践

关成华　潘浩然　白英 著

经济日报出版社

图书在版编目（CIP）数据

绿色企业评价指南 / 关成华，潘浩然，白英著. --
北京：经济日报出版社，2019. 1
ISBN 978 - 7 - 5196 - 0470 - 7

Ⅰ. ①绿… Ⅱ. ①关… ②潘… ③白… Ⅲ. ①企业经济 - 绿色经济 - 研究 - 中国 Ⅳ. ①F279. 2

中国版本图书馆 CIP 数据核字（2019）第 016215 号

绿色企业评价指南

编　　著	关成华　潘浩然　白　英
责任编辑	梁沂滨
校　　对	徐建华
出版发行	经济日报出版社
社　　址	北京市西城区白纸坊东街 2 号 A 座综合楼 710
邮政编码	100054
电　　话	010 - 63567684（总编室）
	010 - 63538621　63567692（发行部）
网　　址	www. edpbook. com. cn
E - mail	edpbook@ sina. com
经　　销	全国新华书店
印　　刷	北京建宏印刷有限公司
开　　本	710 × 1000 毫米　1/16
印　　张	17. 5
字　　数	250 千字
版　　次	2019 年 3 月第一版
印　　次	2019 年 3 月第一次印刷
书　　号	ISBN 978 - 7 - 5196 - 0470 - 7
定　　价	46. 00 元

绿色企业评价研究课题组

课题组顾问

李晓西 北京师范大学学术委员会副主任 教授

卢中原 国务院发展研究中心原副主任 研究员

高　坚 国家开发银行原副行长 研究员

盛馥来 联合国环境规划署 高级经济学家

金周英 中国社会科学院技术创新和战略管理研究中心主任 教授

课题组组长

关成华 北京师范大学经济与资源管理研究院院长

首都科技发展战略研究院院长 教授

课题组成员（按拼音顺序排列）

白　英　胡　欢　金生学　林欣月　刘　杨　潘浩然　汪嘉倩

文艺璇　岳鸿飞　袁祥飞　张亮亮　赵　亮　赵　峥

课题支持机构

北京师范大学创新发展研究院

首都科技发展战略研究院

城市绿色发展科技战略研究北京市重点实验室

序言

伴随着对传统工业化和城市化模式的不断质疑，绿色理念的提出已经有二十多年，这是人类对自身生产、生活方式的反省。1962 年，美国生物学家卡逊发表了《寂静的春天》，反思了对传统工业文明所造成的环境破坏，引起各界对环境保护的重视。1972 年，罗马俱乐部发布了《增长的极限》报告，对西方工业化国家高消耗、高污染的增长模式的可持续性提出了严重质疑。1989 年，英国环境经济学家皮尔斯等人在《绿色经济蓝图》中首次提出了绿色经济的概念，强调通过对资源环境产品和服务进行适当的估价，实现经济发展和环境保护的统一。而 2015 年联合国可持续发展峰会通过的《改变我们的世界——2030 年可持续发展议程》提出了包括社会、经济和环境三方面的 17 个可持续发展目标，其中约有一半与环境和自然资源的可持续性有关。绿色经济的本质是以生态、经济协调发展为核心的可持续发展经济，是以维护人类生存环境，合理保护资源、能源以及有益于人体健康为特征的经济发展方式，是一种平衡式经济。发展绿色经济，是对工业革命以来几个世纪传统经济发展模式的根本否定，是 21 世纪世界经济发展的必然趋势。

企业作为经济活动的重要主体，是资源环境的主要消耗者和破坏者。在公众环保意识不断增强，政府对企业环境治理标准不断提升的双重外部压力下，走绿色化道路将是企业未来生存和发展的不二选择。目前，尽管我国企业的绿色意识不断得到提升，加大了绿色投资，但我国的绿色发展仍处于初期探索阶段，仍然面临许多问题。绿色企业评价工作，是通过考察企业与自然、经济和社会的交互影响关系，评价企业生产、经营和管理行为对于外部系统的影响程度。这项工作对国家来说，有利于了解我国企业在绿色发展中的现状和变化，从而进行监管和考核，识别企业真假绿色发展和作为；对于企业来说，能够唤醒企业的环保意识，履行社会责任，有助于企业优化生产经营结构，实现技术转型升级，开拓新的增长点，提高竞争力。

本书在绿色企业评价方面做了一些探索性的工作，从理论层面提出了建立绿色企业评价的理论基础和概念框架，从方法层面建立了绿色企业评价方法体系，从实践层面，在企业中开展评价评级活动，以测试和验证已开发建立的理论和方法体系的适用性和有效性。我们希望能通过本研究，帮助决策机构和企业界充分理解绿色企业和绿色产业发展的理论、政策和实践，通过技术和经验的传播以及能力建设等手段引导、促进企业和产业的绿色转型。绿色发展是一个长期发展的概念，是我国长远发展的指导思想。然而，对绿色企业的定义和评价也尚未有满意的理论和实践，需要不断完善。

在《绿色企业评价指南》的研究过程中，得到联合国工业发展组织绿色产业平台中国办公室的大力支持，在此表示感谢。国务院发展研究中心原副主任卢中原先生，国家开发银行原副行长高坚先生，联合国工业发展组织绿色产业平台中国办公室名誉主任、北京师范大学学术委员会副主任李晓西先生，联合国环境署高级经济学家盛馥来先生，中国农业工程学会常务理事张象枢先生，中国社会科学院技术创新和战略管理研究中心主任金周英女士，商务部研究院学术委员会副主任张建平先生，中国工商银行城市金融研究所副所长殷红女士，生态环境部中国－东盟环境保护合作中心副主任周国梅女士，工业和信息化部政策司产业发展处处长杨东伟先生，生态环境部环境规划院环境政策部副主任董战峰先生，科学技术部中国科学技术发展战略研究院研究员宋卫国先生，北京大学城市与环境学院城市与区域规划系教授阙维民先生，中国电子信息产业发展研究院工业经济研究所所长秦海林先生，生态环境部环境保护对外合作中心国际咨询与评估部副处长刘媛女士，中国科学技术信息研究所研究员佟贺丰先生等专家对绿色企业评价思路、标准制定等给予了很大的帮助和指导，在此表示诚挚的感谢。同时，北京基金小镇、碧桂园集团、北京首航艾启威节能技术股份有限公司、泸州老窖股份有限公司和中国华阳经贸集团有限公司等企业在研究调研和考察中给予了积极帮助，在此一并感谢。最后，还要感谢经济日报出版社的积极支持，以及责任编辑在本书的编辑、出版过程中的辛勤努力。

开展绿色企业评价，提升企业绿色发展能力，走更高质量的绿色发展道路，是我们需要长期关注和重视的议题。我们认识到，本研究尚处于初级探索阶段，难免有错漏之处，请广大读者不吝赐教，也期待更多的有识之士共同努力，培育更多绿色企业，为中国乃至世界绿色发展贡献力量！

关成华

2018 年 9 月 18 日

前言

目前，我国经济建设与生态环境之间的矛盾日益突出，资源紧缺、环境污染、生态失衡等一系列的问题成为制约国内经济社会发展的瓶颈。随着环境问题不断加剧，传统的经济发展模式已经不再适用于中国。为了统一生态文明建设与经济建设的发展目标，我国开始不断探索新型的发展模式。在党的十八届五中全会上，绿色发展被列为五大发展理念之一，是我国未来全局发展的关键。在绿色理念感召之下，社会各界的绿色意识逐步提升，绿色发展意愿日益增强。关于绿色发展方面的探索、尝试和行动，也如雨后春笋般迅速涌现。但在真正实践过程中，仍面临着很多问题与困难。究其根源，是没有做好基础理论研究的工作。企业作为经济活动的重要主体，生产经营活动消耗资源，污染环境，是几乎所有环境问题产生的始作俑者和主要责任者。但目前，对于如何定义、界定和评价绿色企业，尚未有很好的理论与实践。因此，本书主要针对这一问题，结合我国当前的发展状况，通过理论与实践相结合的方式，以期对绿色企业的相关问题予以解答。

绿色，起初源于英国著名环境经济学家大卫·皮尔斯在 1989 年向英国政府提交的《绿色经济的蓝图》报告，但当时仅仅作为一种象征性的意义存在，并没有在国际上引起巨大反响。2012 年，国际经合组织以及联合国等机构陆续推出了两篇里程碑报告，才正式将绿色由一个象征性名词上升为一种理念和实质性的发展战略。国际上目前一般使用绿色增长的概念，即指在未来 15~25 年的中短期时间里将经济增长与环境损耗脱钩，从而使得社会经济发展走上可持续发展的轨道。

绿色发展的概念，主要在国内比较流行，尚且属于一个比较新的词汇，拥有广阔的涵义和丰富的内容。时间上，它意味着超越中短期的更长远的未来，将作为指导我国今后20年甚至更长远期间发展的科学理念和方式；目标上，它与可持续发展、低碳发展、循环发展甚至生态文明建设联系起来，着眼于人与自然和谐共生时代整个国家和民族的社会文明的提升。然而，正是因为绿色发展概念和目标的崭新、宏大和长远，目前社会上普遍对于绿色发展的认识还有些模糊，理解有些薄弱，方向有些迷茫。甚至于很多政府机构和学界都不能很好地辨析绿色发展与可持续发展、低碳发展等概念。这明显不利于建设绿色企业，实现绿色发展战略。虽然绿色发展还没有明确的定义，但可以将其与绿色经济或绿色增长理解为是同一个概念，其基本涵义是指在保持经济持续增长的同时减少对自然环境的损害或改进自然资产状况。需要注意的是，绿色经济、绿色增长或绿色发展不简单等同于环境保护或环境友好，而是指在经济发展的同时环境得到保护或者改善，即经济增长与自然环境损害脱钩。这既排除了经济发展的同时环境受到损害，也排除了经济下滑带来的环境保护或改善，更排除了经济下滑的同时环境仍旧受到损害的情形。总而言之，绿色发展就是表示一种经济和环境双赢的战略，而不仅仅是一般意义上的环保或绿化。

绿色发展的一个重要方面是企业的绿色发展。企业是经济活动的重要主体，是资源环境的主要消耗者和破坏者。近些年随着环境污染问题日益严重，公众的环保意识不断提升，对企业的监督力度也在不断增强。同时，政府针对企业环境出台的各类相关政策也开始与国际接轨，治理标准不断提升。在双重的外部压力下，企业作为社会各界关注的重点甚至众矢之的，必然难以在绿色发展进程中独善其身。走绿色化道路将是企业未来生存和发展的不二选择，所有企业都应把建设绿色企业作为未来的发展方向和建设目标。

绿色企业是适应绿色发展需求的一种以企业发展与环境损害脱钩为特征的新型企业发展模式，是我国经济实现绿色转型、迈进可持续发展道路的关键内容。其中，绿色企业发展工作的一个重要方面是对其进程进行评价。绿色企业评价工作有利于了解企业在绿色发展进程中的现状和变化，有利于企业在与自己和别人的对比中监测进步和发现问题，是规范企业绿色发展工作和评级的需要，是评估企业绿色发展质量和进程的需要，是进行监测、监管和考核的需要，是识别企业真假绿色发展和作为的需要，是鼓励先进扶持上进和带动后进的需要，是明确企业绿色发展方向和标杆的需要，是企业间进行比较找出差距问题的需要。

本书主要从以下三个方面，对绿色企业评价进行研究：

在理论方面，本书建立和提出了绿色企业评价的理论基础和概念框架。首先，绿色企业评价应该从企业经济活动对于自然环境影响的角度展开分析，按照自然资产价值考察不同影响的作用程度。企业生产经营核算需要尝试将资源环境要素纳入其中，系统考察企业经济活动的综合结果；其次，绿色企业评价则应该在企业可持续发展评价的大框架下突出绿色增长问题的评价研究，注重建立和考察企业的脱钩指标，以全面准确地反映企业绿色发展状况；最后，绿色企业评价就是要从企业与自然、经济和社会的交互影响关系中考察企业生产、经营和管理行为对于外部系统的影响程度。

在方法方面，本书建立了一个12321形式的绿色企业评价方法体系，即1套绿色企业评价标准，2种绿色表现评价指标，3个绿色表现评价指数，2种绿色企业评价方法，即排名和评级，以及1套绿色企业认证程序。其中，建立评价方法体系是本书的核心，即如何通过多种方法的综合运用对企业的绿色表现状况做出评判。本书所开发建立的绿色企业评价方法体系比较庞大和复杂，包括制定评价标准、建立指标体系、收集处理数据、测评绿色表现、排名绿色表现、评级绿色企业、验证评价结果、认证绿色企业等各个方面，每一方面又包含多种不同的方法和应用。这些方法相辅相成，共同作用，能够对企业的绿色表现程度做出科学的测算和评价。

在实践方面，本研究试图在企业中开展评价评级活动，以测试和验证已开发建立的理论和方法体系的适用性和有效性，进而推动绿色企业发展工作。但这种尝试目前并未得到企业界的认可和支持，因而造成评价评级工作设想无法顺利展开和实现。因此，在本书的最后，对绿色企业排名进行了探索性的尝试。本书选取了上市公司和京津冀重点污染监控企业作为代表性研究样本。按照绿色排名指标体系，从企业发布的《企业责任报告》《可持续发展报告》和《环境报告》中获取数据，对于样本企业进行绿色表现排名。

总体来说，本书在绿色企业评价方面做出一些创新性的探索和尝试，能够在总结和发展绿色企业评价理论和方法的基础上，帮助企业开展绿色建设工作，并向全世界传播中国绿色企业建设和评价的经验。希望能通过本研究，帮助决策机构和企业界充分理解绿色企业和绿色产业发展的理论、政策和实践，通过技术和经验传播以及能力建设等手段引导和促进企业和产业的绿色转型和拓展，使用企业的绿色评价体系评估绿色企业和绿色产业的发展进程。

目　录

CONTENTS

1. 绿色企业发展概论

1.1 绿色的涵义辨析

绿色和绿色发展目前是炙手可热的词汇，这里的绿色显然不再是作为一个单纯表示颜色的名词，而是成为了一个象征性的代名词，表达出与关注环境、爱护环境有关的环保涵义。正因为如此，现在似乎在任何事物之前冠以绿色二字就会传递出一层环境友好的意思，彰显一种爱护环境、注重生态的态度。于是乎以绿色为前缀的新名词如雨后春笋层出不穷，大有人人谈绿色，事事讲绿色，处处称绿色之势。然而，这种光鲜态势的另一面却是概念泛滥、歧义泛滥、伪绿色和泛绿色泛滥的混乱局面，对于什么是真正的绿色缺乏正确的理解、规范的定义和统一的标准。因此，当前的绿色发展工作首先亟需梳理绿色基本理论，澄清模糊认识和混淆观点，建立绿色发展规范和评判标准，使绿色研究和实践走上健康正轨。

绿色这种象征性的表达出现的历史并不算长，最早始于英国著名环境经济学家大卫・皮尔斯于 1989 年向英国政府提交的《绿色经济的蓝图》报告。之后，这一用法在国外时有出现但影响不广，而与此同时在中国却快速流行，被广泛采用，这可能有两方面的原因。一是绿色的象征性使用可能比较符合中国人的语言特点，含意模糊、界限不清但是寓意和象征性强。二是绿色恰巧最适于描述中国当前的发展方向和需求，即由现行的环境不友好型经济向环境友好型经济转变。而发达国家，由于产业升级、转型和转移已经基本完成，环境得到了很好的保护，绿色已经不再是关注的重点。在世界欠发达地区，由于其经济发展水平和速度低下，关注的重点还在如何快速发展经济，脱贫致富。而环境状况虽然有好有坏，绿色也尚未成为关注的重点。

国际上，绿色由一个象征性名词上升为一种理念和实质性的发展战略始于 2011 年国际组织推出的两篇里程碑式的纲领性报告，即经济合作与发展组织（Organization for Economic Co-operation and Development，简称 OECD）的《迈向绿色增长》报告以及联合国的《绿色经济倡议》报告。这些报告明确提出了绿色的内涵、理论、内容和发展战略。相比于国际社会，绿色发展在中国被赋予了更广阔的涵义和更丰富的内容。时间上，它意味着超越中短期的更长远的未来；目标上，它与可持续发展、低碳发展、循环发展甚至生态文明建设联系起来，着眼于人与自然和谐共生时代整个国家和民族的社会文明的提升。特别是，绿色发展更关注环境问题，关心当下我们自己家园的生存环境状况，强调当前及中短期未来的发展目标和解决方案。可见，绿色现在已经上升为一种国内外一致的发展战略，绿色发展进程已经启动。

绿色的概念与可持续发展息息相关，但也存在区别。OECD 和联合国等绿色倡导者已明确将绿色定义为实现可持续发展的一项中短期发展战略或工具。可持续发展表述了人类社会共同的理想情形，是人类社会实现长期永续发展的远大理想目标，目前规划的实现目标为 21 世纪末，距今尚有 80 多年的时间。实现可持续发展目标的过程充满着困难和挑战。为了推动可持续发展的实现进程，联合国于 2000 年制定了中短期的千禧发展目标，提出至 2015 年社会、经济和环境三方面的一系列具体目标。目前来看，这些目标的完成情况并不理想。2008 年，联合国又推出了绿色经济倡议，提出至 2030 年的中短期时间里将当前褐色经济向绿色经济转型，实现绿色发展。可见，绿色是推动可持续发展进程的近期发展战略，确切指从 2015 年至 2030 年或延长至 2040 年左右这段时间。

关于绿色发展、绿色经济或绿色增长目前还没有明确统一的定义，可以理解为是同一个概念，其基本涵义都是指在保持经济持续增长的同时减少对自然环境的损害或改进自然资产状况。确切地说，绿色发展、绿色经济和绿色增长分别指绿色的发展方式、经济模式和增长战略，这些都是实现可持续发展的重要工具。国际上，绿色发展的提法并不多见，通常的提法叫 Green Growth，即绿色增长。绿色增长有比较明确的涵义，即指在未来 15~25 年的中短期时间里将经济增长与环境损耗脱钩，从而使得社会经济发展走上可持续发展的轨道（如图 1.1 所示）。

在图 1.1 中，顶端的三条横线分别代表可持续发展的三大支柱，即环境、经济和社会三方面的可持续发展。人类社会期望至本世纪末能够步入可持续发展的轨道，实现可持续发展。这其中，生态发展、循环发展和低碳发展等其他发展都是可持续发展的部分内容。图中下端的线条表示当前社会的发展状态和轨迹，即褐色发展。绿色发展就是指当前褐色发展轨迹向可持续发展轨迹的转移过程，确切指 2015 年至 2040 年这个期间。因此，绿色发展仅是可持续发展的一项中短期发展战略或手段。

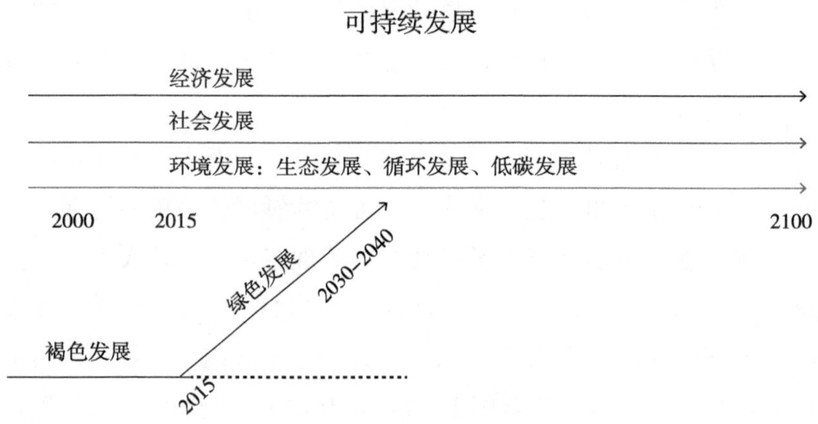

图 1.1　绿色发展相关概念

绿色经济、绿色增长或绿色发展不简单等同于环境保护或环境友好，而是指在经济发展的同时环境得到保护或者改善，即经济增长与自然环境损害脱钩。这既排除了经济发展造成环境损害的挂钩情形，也排除了经济下滑带来的环境压力缓解效应，更排除了经济下滑的同时环境仍旧受到损害的双负效应。总而言之，绿色是环境保护加上经济增长的一种双重的综合考量，是表示经济和环境双赢的一种新型战略，而不仅仅是一般意义上的环保或绿化，它比环保的涵义更加深刻。可以说，绿色的一定是环保的，但环保达标的不等于是绿色的。因而，绿色发展本质上要求经济活动的扩张不以资源损耗和环境污染扩大为代价。从结构上仅体现可持续发展的一部分内容，从时间上仅表示可持续发展的中短期进程，从任务上仅要求经济增长与环境损害脱钩。

绿色发展有强和弱两个概念，前者指经济增长的同时，对环境的损害逐步减少，即增长与损害绝对脱钩。后者指经济增长的速度不低于其对环境损害的速度，可能存在经济增长的同时环境会持续受到损害的状况，即增长与损害相对脱钩。

绿色发展还有更广泛的涵义，其不仅关注可持续发展的环境方面，强调经济与环境的协调发展，同时还注重经济与环境双赢的社会效果，即经济、环境与社会的协调发展问题。在这方面，绿色发展还包含社会福祉的改善、社会质量的提高以及社会发展等内容。具体要求是绿色发展不能以损害社会福祉为代价，要有益于社会安全、健康、和谐、平等和自由等环境的改善。国际上目前把纳入社会发展的绿色发展解释为包容性的绿色增长。

绿色发展是经济发展的一种新形态，是耦合环保的经济发展。经济发展是绿色发展的重要内容，但不是所有的经济发展都构成绿色发展的内容。按照绿色的定义，绿色发展的经济内容是指有益于环境保护和社会福祉改善的经济增长以及由于环境保护行动而导致的经济增长。除此之外的经济增长与绿色发展无关。譬如，如果产业结构变动或者服务业比重提高有益于环境保护，则这种经济变动就符合绿色发展的内容，反之则不然，不能笼统地把任何结构调整都看作是绿色发展的内容。

绿色发展作为可持续发展的一部分必须是同时兼顾社会发展且有利于社会福祉的改善，即包容的绿色发展。这个包容特别指绿色发展要有利于解决就业、减少贫困、降低财富分配严重不均等与经济相关的内容。因此，包容的绿色发展仅涵盖社会发展的部分内容而不是全部，将过多的社会发展内容纳入绿色发展的范畴就会造成泛绿色化的现象。譬如，有人将人口发展也列为绿色发展的内容其实是对绿色发展的过度解读。绿色发展作为可持续发展的一项中短期增长战略，不应该与诸如人口发展的这种长期发展战略相混淆。

如图 1.1 所示，绿色发展不等同于低碳发展、循环发展和生态发展，不能模糊对这几个概念的认识，更不能混淆它们之间的关系。低碳发展、循环发展和生态发展与可持续发展一样都是长远的理想发展模式，都构成可持续发展的重要内容。譬如，低碳发展作为国际社会共同关注的问题，有着明确的发展目标。2015 年，巴黎气候大会提出以工业化之前的世界气温为基准，把全球平均气温升幅控制在 2℃之内。如同绿色发展与可持续发展的关系一样，绿色发展与低碳发展、循环发展和生态发展间也有着类似的关系，即低碳发展、循环发展和生态发展的中短期发展战略构成绿色发展的重要内容，绿色发展包含低碳发展、循环发展和生态发展的全部中短期内容。因此，说低碳发展等同于绿色发展是错误的，同样地把绿色发展单纯理解为循环发展也是不正确的，更不能用生态发展代替绿色发展。总之，绿色发展与这三种发展间的关系不是并列互补的关系而是包含与被包含的关系，是中短期与长期发展战略和模式间的关系。

1.2 绿色的去伪求真

绿色，因其象征性的表达而迅速深入人心，风靡当下，彰显出强劲的生命力。另一方面，这种象征性的优势也带给它不少的先天缺陷。首先，绿色囿于字面，疏于内涵，易于误解。自然地，很多人把绿色与环保画了等号，认为绿色就是环保；还有人认为绿色是比环保还要宽泛的说法，要低于环保的严格和强度。这些显然都不准确，因为如果绿色简单等同于环保就没有必要再提绿色，绿色也不是低标准低要求的环保代名词。绿色不单纯指环保，而是将环保与经济相结合的一种新说法，是比环保更加明确、具体和严格的新概念；其次，绿色概念多样、提法不同、涵义不同，容易使人产生混淆。目前，绿色通常有绿色经济、绿色增长和绿色发展三种提法，而为何有这三种不同的提法，它们之间有何异同，则鲜有明确的解释；再次，绿色定义模糊、界限不清、指向不明，容易产生不同的理解甚至歧义。普遍地，很多人将绿色等同于可持续发展，等同于低碳，等同于循环经济、生态经济，甚至等同于能源革命。这些显然都是有失偏颇的；最后，绿色缺乏规范统一的评判标准，容易让假绿色乘隙而入，造成绿色工作流于形式，达不到实质成效。有鉴于此，我们有必要从理论上澄清绿色的根本性内涵，理解绿色概念的具体涵义和定义，从而有效区分真绿色和伪绿色。

真正的绿色是能够创造绿色增长的绿色。世界银行 2011 年报告《从增长到绿色增长》认为，在以绿色增长为导向的政策影响下，绿色投资活动和技术创新能够恢复和改进自然资产存量，减轻环境污染压力，增强自然生态系统提供产品和服务的能力，提高资源能源利用效率，从而提高劳动生产率水平，降低成本，延伸生产可能性边界，创造更多的就业。此外，环境政策也可以通过激励知识扩散和研发、提高要素使用效率和矫正非优化行为偏差等措施直接影响生产，带来经济增长。

OECD2011 年的《迈向绿色增长》报告认为，实践中绿色增长有七种来源：

1）通过提高生产率水平、减少垃圾和能源消耗、倡导高附加值资源使用而促成的资源和自然资本利用效率的改进；

2）通过鼓励以新方式处理环境问题，并为此提供政策框架条件，开辟创新机遇；

3）通过刺激绿色技术、产品和服务的需求以及新就业机会而创造的新市场；

4）通过提高政府解决环境问题的决心和政策措施，给投资者带来投资信心；

5）通过改进公共支出及排污收费收入的结构和效率造就稳定的宏观经济环境和资源价格；

6）通过减少资源瓶颈而增强自然资本支撑可持续增长的能力；

7）通过降低可能引起突发、不可逆转灾害的自然系统失衡而避免的风险。

对此，中国政府也明确提出从五个方面推动绿色发展。一是通过调整和改造传统产业、发展新能源和节能环保等新兴产业等渠道引导和培育新的经济增长点；二是建立和完善有利于绿色发展的体制机制，制定绿色发展相关政策；三是建立绿色技术创新体系，为推动绿色发展提供相应的技术支撑；四是树立生态文明理念，引导社会公众自觉选择节约环保的消费模式；五是通过国际合作交流，促进绿色增长的环保技术转让和研发。

因此，真正的绿色应该包括两个主要内容，一是现存经济的绿色转型，二是新兴经济的绿色拓展。前者包括节能降耗，减污清毒，限废控危，工艺改造和转型战略，等等。后者则包括产业结构调整和转型升级，发展减排、再利用、再回收的 3R 产业，创新和扩散环保技术及可再生能源技术，打造并融入全球绿色价值链，促进绿色产品和消费以及开拓新型服务业，等等。具体来看，真正的绿色发展应该至少具备如下几个基本特征：

- 经济主体应有明确的绿色发展意识、理念、意向、部署和行动；
- 经济活动的资源环境表现应达到良好临界水平以上；
- 经济活动的资源环境生产率应呈现不断提高的趋势；
- 经济活动没有导致外部经济产生显著的资源消耗和环境污染；
- 经济活动导致的外部经济的资源消耗和环境污染表现应呈现不断改善的趋势；
- 经济活动没有给相关的外部社会环境带来显著或潜在重大威胁；
- 经济主体应比其他同类型的经济体具有明显的绿色表现优势。

中国当前绿色发展工作的一个显著特征是假绿色泛滥。假绿色不会对绿色发展有真正的贡献，有时更是阻碍甚至损害绿色发展。假绿色的产生可以分为两种，一种是由于对绿色的认识不清不足，以为环保的、节约的就是绿色的，犯了泛绿色的错误。另一种是打着绿色的噱头做着非绿色的事情，利用绿色一词的正社会效应获取一己私利，这是伪绿色。假绿色的表现林林总总，需要从概念和定义上作出甄别，基于规范的标准进行评价。典型地，需要注意以下几种现象：

第一，未纳入绿色发展目标的经济活动不能称为绿色。以追求利润和效用为目标的经济行为与资源环境的可持续性有着天然的冲突，如果经济决策中未考虑进资源环境因素，未纳入绿色发展目标，就不可能做出对资源环境有益的事情。绿色发展离不开明确的绿色目标，这些目标规定了各项经济行为或活动的表现是否符合绿色的原则，绿色发展的程度就取决于实际表现与绿色目标间的差距。围绕着绿色发展目标和原则还需要与之相匹配的绿色发展战略，对绿色行动和部署做出一致的安排；

第二，绿化不等于绿色。绿化过程也许会造成更严重的环境污染、资源浪费和生态破坏，因此仅仅用绿化程度、绿化支出、绿化投资比重等指标代表绿色发展程度是误导，不能代表真正的绿色。同理，社会公益行为也不能简单地冠以绿色的帽子，绿色与否要看其对资源环境改进的净贡献；

第三，环保行为不等同于绿色行为。譬如在资源使用减少、污染排放水平降低等方面取得的进步也不一定就是绿色，因为这些可能是简单粗放地对污染企业关停并转造成经济规模缩小或低效率带来的结果，与此同时经济发展也许受到了损害，社会福祉有可能降低；

第四，环保业绩不等同于绿色业绩。一方面因为前者仅关注环境影响而后者则关注环境与经济的结合和协调发展，另一方面因为环保标准与绿色标准存在一定的差距。绿色以资源环境的可持续性为标准，环保标准则依据环境变化的自然、经济和社会影响来设定，而环保标准通常要低于绿色标准，即使资源环境表现达到了国家、地方或者行业环保标准也不等于就实现了绿色；

第五，自我宣称、自我测评和缺乏权威认证的绿色不是真绿色。绿色是有标准的，不是说绿就绿的，符合标准的才是真绿色，否则就是假绿色。判断绿色的基本标准是脱钩，分为绝对脱钩和相对脱钩。绝对脱钩是指在经济增长的同时人类经济活动对于资源环境的需求却呈下降的趋势。相对脱钩是指随着经济增长，人类经济活动对于资源环境的需求以低于经济增长速度的速度增长。对于绿色的判断仅仅依靠概念还不够，还需要严格的标准。这些标准既要能够充分体现绿色的涵义和要求，还要能够符合现实情况，必须是权威、可行和可操作的。绿色标准既包括定性又包括定量标准，其中定量标准尤为重要，因为它们能对绿色给出具体、客观和准确的判断，还能对绿色发展程度作出权威的分级和排名；

第六，以点代面、以偏概全、搞形象工程、转嫁资源环境问题得到的绿色都不是真绿色。绿色是有边界的。一个经济体的绿色性质取决于其整体绿色表现，而不能以其一部分来代表。绿色还需要从全生命周期的视角来考察，不仅要看经济体自身的整体绿色表现，还要看其对外部的绿色影响，看其绿色行为是否以损害外部经济体的绿色发展为代价。

对于绿色的识别仅仅从其概念和定义出发还远远不够，还需要基于其重要概念特征建立衡量绿色发展程度的具体评价指标，对指标进行数据搜集，对数据做出测算和分析。此外，还应该建立严格的绿色标准，依据标准做出评价和评级，对其结果进行验证和认证。绿色评价指标一般表现为由多目标、多层次、多类型的指标构成的综合评价指标体系。绿色评价的对象范围广泛，可以是国家、地区、城市、乡村、社区，也可以是经济体、产业、园区、企业、产品、产业链，等等。根据评价对象的不同，绿色评价指标体系包含不同的指标内容。近来，联合国、OECD 等国际组织相继开发设置了绿色经济增长监测和评价指标体系，中国的统计和环保机构也正在开发建立各种各样的绿色评价体系和方法。

综上所述，绿色不是泛泛的象征词，不是旧瓶装新酒，不是恣意的自我标榜，而是全新的发展理念、思维、战略和行动，是迈向可持续发展的过门石，是确保自然与人类永续共生的关键一步；同时更是活生生的数据和事实，是一步一个脚印的坚实路程。实现绿色发展的任务紧迫而艰巨，需要破釜沉舟的勇气和决心、脱胎换骨的准备以及即刻的行动；需要以绿色创新为核心，以绿色开拓为引领；从最基层做起，倾力打造绿色生产和企业、绿色产品和消费、新型绿色服务业、绿色产业和经济、绿色城市和乡村。

1.3 绿色产业

产业部门是构成国民经济的重要实体内容。一方面它是社会产品和服务的主要生产者和提供者，是提供就业和提高人民生活水准的保障，对于国民经济发展起着举足轻重的作用。另一方面，产业部门还是人类社会对于自然环境的主要索取者和破坏者。产业部门的生产经营活动消耗物质资源、水、能源等自然资源，同时还向自然界排放有毒、污染、垃圾等有害物质，并且这种对于自然的侵害正在超出自然所能承受的恢复能力。

为了应对产业经济发展与资源环境损害之间日益加剧的矛盾并且基于绿色经济的概念，绿色产业的概念应运而生。绿色产业意味着产业生产和发展不以牺牲社会、经济和生态系统的健康为代价，不以增加自然资源使用和扩大污染为增长和扩张的必要条件。绿色产业试图将环境和社会因素纳入国家政策和企业经营决策中来，同时倡导产业创新、企业家精神、竞争力提升以及绿色就业的创造等方面，从而为可持续发展做出具体贡献。

产业部门实现生产与环境损害脱钩，实现绿色转型和绿色拓展是一项艰巨的挑战，不仅要求在政府政策、企业行为、生产过程、产品设计、消费模式等方面做出相应转变，还要求持续不断的能力建设和创新研发。为此，联合国工业发展组织（The United Nations Industrial Development Organization，简称 UNIDO）于 2009 年发起了《绿色产业倡议》，推动制造业及其相关部门为包容和可持续工业发展做出更有效的贡献，为绿色发展提供产业发展战略。2012 年，UNIDO 又在里约 +20 会议上启动了“绿色产业平台”（Green Industry Platform，简称 GIP）项目，以在全球范围推动和加速产业部门的脱钩进程或绿色产业发展进程。GIP 将政府、企业和民间团体联系在一起共同参与绿色化生产过程和创造绿色产业的行动。通过推动能源和原材料在生产过程和服务中更有效地利用，GIP 将推动更清洁、更具竞争性的产业发展，将有助于减少污染和降低对不可持续自然资源使用的依赖。

《绿色产业倡议》能够推动工业企业改进资源生产率和环境表现（产业绿色化），并且有助于建立生产环境产品和服务的新型企业（创造绿色产业，或者绿色产业化）。产业绿色化过程包括有效利用资源和能源、减少废物及排放、安全负责地管理化学品、淘汰有毒物品、以可再生能源替代化石能源以及重新设计产品及生产过程等六项主要内容。绿色产业化过程包括发展减排再利用再回收 3R 产业、开发污染控制技术和设备、开发推广可再生能源及节能技术、推进垃圾管理和资源恢复行动以及提供环保咨询与分析服务等五项主要内容。

绿色产业发展通过产业绿色化和绿色产业化过程给全社会带来益处。在经济方面，产业绿色化和绿色产业化过程将提高资源生产率，降低生产成本，促进技术进步和创新，提升竞争力，开发新市场和挖掘新商机；在社会方面，产业绿色化和绿色产业化过程将创造新就业并巩固现有就业机会，减少贫困，开发新技能和新能力，改进职业健康和安全条件，加强公众健康和安全并降低消费者的风险；在环境方面，产业绿色化和绿色产业化过程将减少环境污染，抵抗资源耗竭，阻止生态系统退化，减缓气候变化以及解决缺水危机。

改革开放以来，中国产业发展一直都是以经济增长为一元目标，经济绩效的考核仅注重于GDP的总量和增速。现在的事实证明，这种增长的代价是沉重的。伴随经济发展而来的资源枯竭、能源危机、环境污染、气候变暖、生态恶化，等等，成为中国现在和将来不得不面对且必须努力解决的问题。因而，中国未来的产业发展应该在坚持经济增长的同时兼顾环境保护要求，实现二元目标下的艰难转变，即走绿色产业发展之路。

在中国，绿色产业曾经专门指使用清洁生产技术，减少物质资料消耗、减少垃圾产生以及提高物质循环利用等方式的产业。作为享有“世界工厂”美誉的制造业超级大国，中国每年消耗大量的物质资料和能源，牺牲清洁的空气、水和土地等自然环境，以换取经济的持续高速增长。近年来，中国一直重视并努力推动清洁生产工作。中国的清洁生产政策主要由法规、行政管理、技术指导和能力建设等组成。但由于缺乏经济动因以及强硬、严格和合理的管理执行制度，特别是强制性的审计和公众监督系统，兼顾环境保护目标的工业生产未能顺利推进。中国发改委和环保部于2002年曾推出《清洁生产促进法》以及《清洁生产审核暂行办法》。之后，国家又相继发布一些清洁生产技术指南，涉及九个关键城市以及113项清洁生产标准。最终，全国人大于2012年通过了修正后的《清洁生产促进法》。除清洁生产以外，中国还重视循环经济发展。循环经济的要义是使经济增长与资源约束脱钩。中国于2009年通过的《循环经济促进法》涵盖了生态城市、生态工业园以及清洁生产和设计等三个层次的内容。随着国内外绿色发展工作的不断深入和展开，中国的绿色产业概念开始与国际渐趋一致。中国的绿色产业发展不再局限于清洁生产和循环生产的范畴，还需要认清中国资源环境状态对产业发展的约束，需要研究设计资源环境约束下中国产业发展的任务、方式、路径、结构和途径的转变，需要提出资源环境约束下中国新型产业发展道路的实现路径，主要包括调整产业结构、建立绿色产业模式、加快绿色技术进步、强化工业环境管理和建立生态工业体系等内容。2014 年，中国工信部发布《绿色产业发展专门行动方案》以加速绿色产业战略的规划和执行，提高资源利用效率，减少污染以及推动产业可持续发展。该行动方案包括倡导清洁生产和优化产业结构以减少空气污染排放，以及组织和执行数字化能源效率推进方案。

1.4 绿色企业

企业构成产业经济的主体，是污染排放的主要源头，同时也是环保技术的主要提供与应用者。企业在环保上的表现千差万别，有违规的，有达标的，有表现良好的，有起引领带头作用的，程度不一，很难定义何为环保型企业。环保达标的企业就是环保型企业吗？这显然不准确。一个典型问题是，绝大多数企业即使达到了现行环保标准，其行为仍旧在对环境造成伤害，其实际现状并不是环保的。

为了使企业的环保表现与环境状况的持续健康真正挂钩，国际社会最近提出了绿色企业的概念，用绿色重新定义企业的环境表现。绿色的基本涵义就是指在保持经济持续增长的同时减少对自然环境的损害或者能同时改进自然资产的状况。对于企业来说，其经济活动的成就应与造成的自然环境损害结合起来评价。绿色的企业就是指企业的经济行为和结果已经与自然环境损害脱钩，企业经营业绩的提升不会对环境造成进一步的损害或伤害。绿色企业有强和弱两个定义，或称为深绿色和浅绿色。前者是指企业经营发展的同时，其对环境的损害逐步减少，即发展与损害绝对脱钩。后者是指企业经营发展的速度不低于其对环境损害的速度，但是企业发展的同时环境仍持续受到损害，也称为相对脱钩。具体来看，绿色企业应该至少具备如下几个基本特征：

1）企业应有明确的绿色发展意识、理念、意向、部署和行动；

2）企业的资源环境表现应达到良好临界水平以上；

3）企业的资源环境生产率应呈现不断提高的趋势；

4）企业没有引致外部经济体产生显著的资源消耗和环境污染；

5）企业引致外部经济体产生的资源消耗和环境污染表现应呈现不断改

进的趋势；

6）企业没有给相关的外部社会环境带来显著或潜在重大威胁。

UNIDO 通过绿色产业平台 GIP 要求平台的会员企业积极推动一系列绿色产业政策和实践，制定明确具体的实现目标并报告完成进程，具体包括：

- 提高资源使用效率
- 强化垃圾管理
- 减少并消除有毒物品
- 节约能源并使用可再生能源
- 基于全周期理论制造产品
- 为绿色产业提供金融支持
- 促进技术转移和最佳实践分享
- 推进全球价值链绿色化
- 支持绿色产业研发与创新
- 激励绿色产业及就业
- 设定绿色产业发展目标
- 积极采用适宜的管理政策、实践和技术

1.4.1 绿色企业发展动因

当前由人类发展所引起的生态环境问题主要源于人类对于自身社会认识的局限。按照现代主流经济学的解释，商品经济活动的基本行为就是生产者追求利润最大化，消费者追求效用最大化，从而实现稀缺资源的有效配置和利用。这种从纯经济利益出发的狭隘观念造成了政策制定和执行上的思想偏见，是当前生态危机的根源。

企业是天然的环境破坏者。企业作为经济活动的重要主体，其生产经营活动耗费资源污染环境，是人类社会给自然环境带来压力和问题的主要责任人。企业的天然动机是只关心利润不关心环境，甚至可以说企业在获得利润的同时基本都是以牺牲环境为代价。一方面，为了追逐更大的利润空间，企业不断扩大生产活动，投入更多的资源，排放更多的污染，产生更多的垃圾，刺激更多的消费，周而复始不断循环。另一方面，资源枯竭、环境污染、过度需求、生态破坏等问题又不会直接影响企业获得利润。因而，企业先天上不具备关心环境的原始动机。

但企业也不是绝对的环境破坏者。同样是基于利益优先的原则，如果破坏环境的行为会给企业带来负向收益而爱护环境的行为会给企业带来正向收益，那么企业就会修正其不关心环境的原始动机，转而采取有利于环境保护的行动措施。因而，如果环境保护能与企业的利益挂钩，那么企业就会被动或主动、自觉或不自觉地参与到环境保护行动中来，力图在环境保护的条件下实现最大收益。

竞争压力会影响企业的绿色发展意愿，但是正向还是负向影响是一个模糊的问题。企业是商品经济的践行者，在激烈的竞争环境中生存和发展是企业的第一法则，企业必须保持良好的竞争力。一般认为，企业选择绿色经营模式至少在短期内需要追加额外的投资，招致额外的成本，削弱企业的竞争力，增添企业的经营风险。一种积极的观点认为，绿色发展虽然短期内对企业意味着风险和压力，但长期来看高效的资源利用和清洁的生产过程有助于企业优化生产经营结构，实现技术转型升级，开拓新的增长点，降低成本，实现整体效益，提高竞争力。此外，企业发展绿色还会得到政策的支持，这包括财政、税收、信贷、金融、科技、产业、环保、贸易和分配等多种政策内容。但是，由于目前无论理论还是实践都尚未能很好地证明或担保绿色发展对于企业绝对会产生正效应，因此企业在绿色发展方面一般表现谨慎，采取观望的态度。

社会压力会促使企业唤醒环保意识，履行社会责任，增强绿色发展意愿和作为。随着近些年环境污染问题越来越严重，公众的环保意识越来越强，企业成为了社会各界关注的重点甚至众矢之的。从整个社会的视角来看，企业这种只顾自己不管社会环境的行为应该受到约束，不可以放纵自流，任其发展。绿色发展是社会对于企业界提出的新要求，企业惟有顺应社会要求、履行社会责任、采取应对措施、走绿色化道路，此外别无选择。

政府监管会对企业的非绿色行为构成强制性约束，从而直接影响企业的绿色化道路选择。严重的环境问题警醒了社会公众，形成了整个社会的环保压力，这又对政府履行职能构成压力。政府需要代表公众的利益来解决环保问题，也只有政府有能力通过政策法规来干预企业的非绿色行为。目前，中国政府正采取越来越严厉的防治措施，监督和管控企业破坏环境的行为。

企业绿色发展的动力来自于整个社会对于生存环境的共同关注。由于公众个体追求效用最大化，企业追求利润最大化，政府追求政绩最大化，因此这些经济主体的行为决策通常都不考虑环境影响因素。只有当社会作为公众个体的整体时，才会关心环境问题对于整个社会利益的影响。一方面，由个人、企业和政府从自身利益出发造成的环境问题构成了社会追求绿色发展的动力，而社会对于发展绿色的意愿和诉求又分别对个体、企业和政府的行为构成压力，要求其改变无视环境问题的行为。另一方面，个体和政府又会基于社会压力对于企业的绿色发展提出要求，施加压力，同时又向企业提供绿色教育、环保宣传、绿色尝试和绿色金融等多方面的助力和推力支持。

一直以来，关于企业发展绿色动因的研究着眼于企业的道德伦理规范、社会责任、企业形象以及绿色红利等方面，认为这些因素将足以驱使企业走向绿色发展之路。然而，现实的情况是这些因素对于企业选择绿色发展之路没有显著的影响，企业仍旧是我行我素，未采取实质性作为。因而，目前一种新的观点认为企业的绿色选择需要外力的强制介入，社会的压力、政府的强制力、企业利益相关者的推力以及消费者的拉动力等都可以构成促使企业发展绿色的外部动力，而这种外力的作用远远大于企业内力的作用。在中国，政府的作用尤其重要，某种意义上说政府的决策将直接决定企业是否选择走绿色化道路。

企业的绿色动力不仅仅取决于其自身，还依赖于政府的绿色发展目标、政策和时间表。绿色发展需要明确的目标，没有目标绿色发展就失去了方向，也无从考察绿色发展进程的阶段与质量。企业为了应对绿色发展的压力和需求，需要思考如何解决调整、转型、拓展和布局等策略和战略问题，需要确定绿色发展的方向、领域和目标以及相应的措施和行动。但是如何设置和设置什么样的绿色发展目标、政策以及进度完成时间节点等问题尚需要科研机构、企业界、决策部门和其他社会各界的多方讨论。

1.4.2 绿色企业建设内容

绿色企业作为适应绿色发展需求的一种以企业发展与环境损害脱钩为特征的新型企业发展模式，是经济实现绿色转型、迈进可持续发展道路的关键内容。与产业绿色化和绿色产业化的绿色产业发展过程一致，绿色企业建设包括现有企业的绿色转型和新型绿色企业的建立两个方面的内容。

绿色企业建设的途径包括转型升级，发展减排、再利用、再回收 3R 产业，创新和扩散环保技术（包括可再生能源技术），融入绿色价值链，促进绿色产品和消费，开拓新型服务业等。企业绿色转型的关键有节能增效、降耗增效、减污清毒、限废控危、工艺改造和战略转型等六个方面。

绿色企业建设需要将企业现有的能源使用模式向绿色能源使用模式转变。能源是企业一切经济活动的动力源泉，也是很多污染产生的来源，同时还是稀缺或不可再生的自然资源。绿色企业应该是节约能源消耗、提高能源效率、使用或生产绿色能源的企业。绿色能源是不产生污染排放、可再生、可持续利用的能源。

绿色企业建设需要最大限度地节约资源使用。企业的资源占用与消耗应该局限于自然承载力之内，不能削弱自然资产再生产的能力。企业要在资源保护与节约方面有显著的作为和成就。企业要不断提高资源使用效率，提高资源使用价值与实现可持续利用。

绿色企业建设的核心是打造清洁生产过程，从全生命周期的视角降低企业的生态足迹。清洁生产首先要遵循预防原理从源头控制或避免废弃物和污染物的产生。这是清洁生产的关键。其次，清洁生产过程要不断追求生态效率的改善，始终坚持资源、能源和原材料的节约使用。再次，清洁生产要综合考虑空气污染、污水和固体废弃物等所有废弃物和污染物，要通盘安排它们之间的平衡关系以最小化其环境影响，而不是仅顾及其中一项或几项。最后，清洁生产要妥善处理好污染物和危险品，努力使废弃物转化为资源，进一步提高清洁生产的社会效益和经济效益。

清洁生产过程应该遵循循环经济的特点和规律，充分开发和利用企业内部和外部的经济循环，最大限度地实现废物再生和再利用。企业内部循环是指企业内部或者相同工业区或工业园区的企业进行合作，综合利用固体废弃物、废水和废物能量流作为原料进行再利用和再循环。企业内部的循环经济，包括产品生态设计，促进清洁生产，产品、服务、物质资料和能源等投入的节约使用，以及降低污染物排放等。企业之间的循环经济基于产业生态学原理，在产业生态园通过整合园区内各企业的物质资料投入、能源使用和信息资源等助力企业间建立资源节约关系。企业外部循环经济是指企业利用地区内、国内甚至是全球范围的固体废弃物作为原材料进行再利用和再循环，关注全社会层面的资源利用和再循环问题，如生态城市、生态社区以及生态省份等的建设。

清洁生产过程还应该积极推行和贯彻生态设计的思想，基于产品和服务的全生命周期过程设计出对环境影响最小的产品和服务。产品和服务的生态设计要防止产品制造过程中产生污染并最小化其对环境的影响，要使生产所需的原材料更少，要使产品使用阶段所耗物质和能量减少，要使产品的使用周期尽可能延长，要使产品报废后易于回收利用。总之，生态设计是体现环境需求的设计，是把环境因素纳入企业经营决策的一个重要环节。

绿色企业建设不能仅限于生产过程，还需要建立匹配的企业绿色管理体系，以其为制度保障。企业的绿色管理体系应该涵盖投入产出管理、利益相关者管理、企业社会责任、绿色管理系统、绿色政策与金融、绿色转型战略等诸多方面，从企业内外部把握企业的绿色性质和作为。

2. 绿色企业评价的理论与方法

2.1 绿色企业评价的理论基础

2.1.1 可持续发展进程评价与绿色企业评价

可持续发展的涵义也可以通过测算和评价它的具体指标反映出来。可持续发展指标（SDI，Sustainable Development Indicators）是一种衡量当前现状与未来可持续发展情形差异程度的度量，可以作为表现社会、环境和经济发展的可持续性的统计度量，也可以作为人类福祉、经济活动、自然过程和条件的数量度量以表示人类活动在未来将继续或扩展的程度。可持续发展指标体系的设定以可持续发展理论所规范的因果链关系为基础，按照驱动力—压力—状态—影响—响应（DPSIR，Drivers-Pressures-States-Impacts-Responses）这样的框架建立，形成多层次、多水平的阶梯型指标结构。与可持续发展的丰富理论涵义相类似，衡量和评价可持续发展进程的具体指标也多种多样，主要根据实行可持续发展的愿望、需要和目标而设定。类似地，作为可持续发展的一项短期发展战略，联合国推出的千禧发展目标（MDG，Millennium Development Goals）也通过设置相应的指标体系实行监测和评价。最近，联合国、OECD（2014）等国际组织又开发设置了绿色增长的监测和评价指标体系（GGI，Green Growth Indicators）。

绿色企业评价与绿色经济评价不完全相同，它应该以企业作为评价对象，基于企业与自然、经济和社会系统间的关系考察企业内部的绿色活动行为以及企业对于外部环境的影响行为和响应行为。绿色企业评价指标设计不必遵从驱动力—压力—状态—影响—响应因果链的完整框架，而应该侧重于驱动力、压力和响应这三个环节。驱动力反映企业的生产、经营和管理行为是否绿色，压力表示企业给外部环境带来的压力，而响应则表示企业对于绿色发展政策的反应。关于环境状态和影响的评价则与绿色企业评价关系不大。

2.1.2 自然资产价值理论与绿色企业评价

自然系统与经济系统连接的桥梁是自然产品和服务。前者指生态系统提供的可供人类收获或利用的各种自然物质产品，如天然果实、粮食、猎物、原木、纤维、矿藏和药材等；后者指生态系统自然管理的可维持人类生存的服务功能，如空气和水的净化、生物繁殖、营养循环、垃圾分解、土壤更新以及环境调节等。自然资产价值理论（NAV，Natural Assets Values）的提出主要源于最近20多年来兴起的生态经济学，其认为自然生态系统及其蕴含的生物多样性具有向人类社会提供自然产品和服务的功能，这构成我们经济社会发展和生活福祉获得的基础（Daily，1997）。整个自然生态系统的内容可看作是自然资产，其存量被称作自然资本，生态系统依赖自然资本基础发挥提供自然产品和服务的功能，从而为人类社会带来福祉（Millennium Ecosystem Assessment，2003，2005）。自然资本存量变动取决于自然再生产过程，自然资本存量水平的高低决定其提供自然产品和服务的功能的强弱，而人类活动会破坏自然再生产过程，进而影响自然资本存量。作为反馈，自然资本存量的变动又会对人类福祉的获得产生影响（Millennium Ecosystem Assessment，2003，2005）。

自然资产价值理论为环境经济综合核算奠定了理论基础。联合国统计署近年来一直致力于建立环境经济核算体系（SEEA，System of Environmental and Economic Accounting）以评价经济活动的环境可持续性。譬如，绿色GDP的概念和计算。绿色GDP就是将自然资本损耗计入传统GDP核算中，反映一个经济体经济发展和自然发展的综合成就。绿色GDP核算要求扩展原有的核算框架，纳入自然资本内容，明确反映经济系统与自然系统间发生的数量关系，因而需要建立一套综合环境经济核算体系。联合国统计署先后于1993和2003年编制了环境经济核算手册，2012年又推出了最新的环境经济核算手册，包括中心框架、实验生态系统核算、应用和扩展三个分册（UN，2014），对核算方法做出进一步的诠释和完善。目前，无论国外还是国内，SEEA 的核算和编制工作都面临数据搜集的瓶颈，困难较大，进展有限。类似于绿色 GDP 的还有环境可持续性指数（ESI，Environmental Sustainability Index）、环境表现指数（EPI，Environmental Performance Index）和真实进步指数（GPI，Genuine Progress Index）等综合指数评价体系。

绿色企业评价应该从企业经济活动对于自然环境的影响的角度展开分析，按照自然资产价值考察不同影响的作用程度。企业生产经营核算需要尝试将资源环境要素纳入其中，系统考察企业经济活动的综合结果。目前，这方面还有待开发研究。

2.1.3 企业环境评价与绿色企业评价

企业环境管理系统（Environment Management Systems，简称 EMS）一直是企业资源环境评价的基本工具，但各企业建立的 EMS 各不相同，难于比较。国际标准化组织（ISO）在 2005 年颁布了企业环境管理标准化准则 ISO14001。该准则包括环境方式、规划、实施与运行、检查与纠正措施和管理评审五大基本部分，其中又涵盖了环境方针、环境因素、法律与其他要求、环境管理方案和监测等共 17 个详细要素。ISO14001 颁布以来，在减少企业造成的环境污染和改善生态环境质量方面起到了显著的规范作用，已经成为全球贸易的“绿色通行证”。但是，目前普遍认为 ISO14001 建立的企业环境管理标准只能算是一种最低的标准，远远满足不了建设绿色企业的要求。因为 ISO14001 只考虑企业环境表现的改进，而不测算企业的环境表现水平，也不进行企业间对比。因此，ISO14001 被认为是迈向欧洲生态管理及审计体系（Eco-Management and Audit Scheme，简称 EMAS）的一个台阶，是构成 EMAS 的一个重要组成部分。EMAS 是一个基于自愿的企业环境管理工具，帮助企业评价、报告和改进其环境表现，自 1993 年建立以来，目前已发展到 EMAS III 版。EMAS 的核心指标包括能源效率、物质效率、水消耗、垃圾、生物多样性以及空气污染排放等六个方面，每一方面都有具体的细化指标。

英国环境、食品及农村事务部（DEFRA，2006）在 2006 年提出一套包含 22 个关键环境表现指标（Key Performance Indicators，简称 KPIs）的评价体系，要求英国企业界自愿填报，以评价这些环境表现指标对于不同类型企业的重要涵义。这个体系的设计准则源自于企业生产经营活动对自然生态环境的影响方面，目的是为企业提供一个可以通过数量化评价其在资源环境方面状况的测量工具。因此 KPIs 都是量化指标，通过反映企业的环境表现来帮助企业实现更广泛的目的和目标。具体来看，KPIs 包括两大部分：直接影响指标和间接影响指标。直接影响指标主要包括企业生产所排放的温室气体和产生的废弃物；间接影响指标包括能源、水资源等消耗。

随着资源与生态环境的日渐恶化，世界各国逐渐形成共识，呼吁尽快建立一个全球共享的、具有规范语言和度量的可持续评价体系。全球报告倡议组织（Global Reporting Initiative，简称 GRI）应运而生，由美国非盈利环境经济组织 CERES 和联合国环境规划署 UNEP 于 1997 年共同发起。GRI 的报告框架旨在提供一个普遍接受的企业社会责任报告框架，用于各个规模、类型、行业和地区的所有企业报告其环境、经济及社会等方面的表现情况。GRI 的目的是建立可用于不同公司间环保性能比较的量化指标，它从最早创建于 2002 年的 G2 发展到 2006 年的 G3 以及最新的 2013 年的 G4 指标体系（GRI，2006，2011，2013）。GRI 报告今天已经发展成为一个庞大的标准和报告体系，对企业信息披露的要求涵盖企业内部管理，经济、环境和社会方面的表现等各个方面。

GRI 的工作为绿色企业评价提供了重要的参考和基础，绿色企业评价则应该在企业可持续发展评价的大框架下突出绿色增长问题的评价研究，注重建立和考察企业的脱钩指标，以全面准确地反映企业绿色发展状况。

2.2 绿色企业评价的概念框架

绿色企业评价就是要从企业与自然、经济和社会的交互影响关系中考察企业生产、经营和管理行为对于外部系统的影响程度。图 2.1 展示了企业与自然、经济和社会系统间的关系框架。

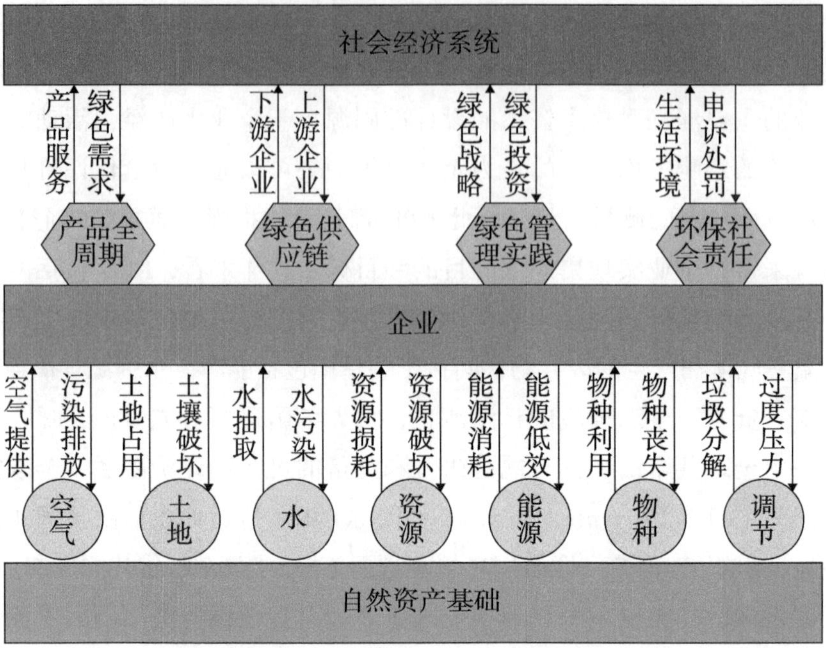

图 2.1　企业与自然、经济和社会系统间关系原理

2.2.1 可持续发展及绿色增长框架下的企业

可持续发展是人类实现永续发展的长远理想目标，由环境、经济和社会三大支柱组成。绿色增长是促进未来可持续发展的一种中短期发展战略，力图通过 15~20 年时间将现行不可持续的社会经济体系拉到可持续发展的轨道上来。因而，考察企业的绿色表现情况既要从可持续发展三大支柱出发又要瞄准绿色增长的关键问题，研究企业绿色表现的主要内容和关键点，度量各方面的表现程度，从而做出判断和评价。如图 2.1 所示，企业不仅仅是经济系统内的一分子，也是自然和社会系统的一分子，因而企业必然与三者发生关系。企业与自然、经济和社会系统发生关系分别是通过向这些系统索取、排放或提供产品和服务来进行的。

2.2.2 企业与自然系统间的交互关系

如图 2.1 所示，企业与自然系统通过一系列自然产品和服务发生交互关系。水、土地、空气、自然资源、生态环境、生物多样性以及能源等都是大自然提供的自然产品和服务，为社会经济活动提供物质基础。企业的生产经营活动既需要空气环境又排放空气污染；既占用土地又会给土地资源带来污染和破坏；既需要消耗水又会给水资源带来污染和破坏；既索取自然资源又会给其带来污染和破坏并损害其再生产能力；既利用自然生态环境又会产生污染和破坏，会侵害或毁灭生物多样性，会在消耗能源的同时产生污染；既依赖自然对于垃圾和废品的分解调节能力又会超出这种能力的极限。企业生产经营活动对于自然产品和服务的无节制索取会导致自然资本存量不足、质量下降，进而削弱其提供自然产品和服务的功能和能力，最终对社会经济活动构成瓶颈或威胁。

2.2.3 企业与社会经济系统间的交互关系及环境影响

企业不仅与自然环境产生交互关系，同时与社会经济系统发生交换。企业置身于经济系统之中，既涉及自身的生存和发展问题，又与上游和下游企业发生关联关系，还与宏观经济系统发生联系，因而企业的环境问题不仅仅局限于企业内部，还与外部经济和社会系统发生联系。这些关系主要包括企业向经济系统提供的产品和服务以及经济系统对于产品和服务的需求；企业对上下游企业的拉动和驱动作用及相应的环境影响；企业适应经济系统要求的环境管理反应以及从经济系统得到的投资和金融支持，等等。

企业作为社会的一员，其行为可能给社会带来垃圾，减少就业机会，威胁社会安全，降低生活质量，损害人身健康等。绿色企业就是要妥善处理垃圾废物，带来绿色就业，消除社会不安全因素，提高生活质量，保障人身健康等。

2.3 绿色企业评价的内容

绿色企业评价工作有利于了解企业在绿色发展进程中的现状和变化，有利于企业在与自己和别人的对比中监测进步和发现问题，是规范企业绿色发展工作和评级的需要，是评估企业绿色发展质量和进程的需要，是进行监测、监管和考核的需要，是识别企业真假绿色发展和作为的需要，是鼓励先进、扶持上进和带动后进的需要，是明确企业绿色发展方向和标杆的需要，是企业间进行比较找出差距和问题的需要。

企业绿色评价工作有如下几个方面的主要内容：

¤ 明确什么是绿色，什么是绿色企业
¤ 开发绿色评价工作的理论和方法
¤ 建立绿色企业的界定及等级标准
¤ 搜集企业的定性和定量绿色信息
¤ 开展企业的绿色排名、评价和认证工作
¤ 发布企业的绿色评价结果
¤ 帮助企业开展绿色建设工作
¤ 传播绿色企业建设经验

2.4 绿色企业评价的基本方法

绿色企业评价工作的核心内容是建立评价方法体系，通过多种方法的综合运用，对企业的绿色表现状况做出评判。绿色企业评价的方法体系比较庞大和复杂，主要有这样一些内容，即制定评价标准、建立指标体系、收集处理数据、测评绿色表现、排名绿色表现、评级绿色企业、验证评价结果、认证绿色企业等方面。每一方面都包含各种不同的方法和应用。

2.4.1 制定评价标准

制定绿色企业评价标准的目的是以其衡量和确定企业当前的生产经营活动和状况是否达到了绿色发展的要求，是否符合绿色发展的方向。绿色企业标准是对于绿色企业提出的要求的描述，是对企业生产经营活动的绿色性质作出的定义和规定，是对企业绿色发展程度做出的度量和评价，是评价企业绿色表现情况的基础。这些要求可以是局部的界定，也可以是全局的定位；可以是指导性或建议性的软约束，也可以是强制性或上下限的硬约束；可以是定性的判断，也可以是定量的尺度。总之，绿色企业标准要根据对绿色企业的要求而制定。

绿色企业标准的制定需要从绿色企业的定义出发，依据企业绿色发展的概念框架，基于企业绿色发展的各项具体内容，构建多方位、多层次、多维度和多内容的标准体系。企业的生产经营过程复杂多样，企业在各方面各环节上的绿色表现也必然五花八门，不可能存在一个单一的代表性标准足以对企业的绿色性质作出考量，因而绿色企业标准只能由多种具体的微观标准联合组成。当然，这些微观标准也可以根据评价工作的需要进行综合汇总以产生覆盖面更广、更能体现全局的宏观标准。

绿色企业标准的考核需要依据大量的企业生产经营活动的信息。这些信息是多方面、多层次和多维度的，要求企业建立相应的统计制度做保障。这些信息还需要进行必要的层层汇总和综合汇总，才能得出具体明确的结论，因此信息汇总的方法，比如权重的选择，尤为重要。

2.4.2 建立指标体系

绿色企业评价指标是绿色企业标准的具体体现，是推行和运用绿色企业评价标准的一个重要工具，将主要依据绿色企业标准而建立。建立绿色企业评价指标体系，目的是以系统、综合的方式描述企业绿色发展的重要特征，为测算、评估、分析和比较企业的绿色表现程度提供依据。

与绿色企业标准体系类似，绿色企业评价指标体系也是一个庞大的系统。首先，绿色企业评价指标体系要设立能反映企业基本情况的基础指标，这包括企业基本经营情况的指标、企业资源环境使用指标以及企业的社会影响指标。基础指标一般是绝对量指标，有的可以直接反映企业的绿色表现情况，有的需要与其他指标结合产生相对量指标来反映企业的绿色表现情况。其次，绿色企业评价指标体系要基于基础指标计算派生出相对量指标以进一步反映企业绿色表现的情况。譬如，效率、变动率、强度、比重等相对量指标。再次，绿色企业评价指标体系要设立基准指标用于比较和评价企业的绿色表现情况。最后，绿色企业评价指标体系要按照指标的重要程度将指标区分为不同层次的指标，构成阶梯式结构。

绿色企业评价指标体系的核心是经济与环境相结合的绿色指标，即表现资源能源消耗绝对量、污染排放绝对量、资源能源生产率以及污染排放生产率的指标。这些指标是企业绿色发展中最令人关注的绿色表现或脱钩的指标，是评价企业绿色表现的重要依据。

2.4.3 采集处理数据

绿色企业评价离不开数据的采集、加工整理和分析，这是一项富于挑战性的工作。一方面，因为绿色企业评价的对象是企业，企业的数目众多并且每个企业内部的数据规模难以与绿色企业标准和指标体系的要求相匹配，绿色企业评价需要处理的企业数据通常不可避免地呈现较大的规模。另一方面，由于企业的性质、规模和经营管理水平各不相同，企业的数据资源和质量都有很大差异。这些都增加了采集和处理的难度。

在数据采集方面，获取企业数据的渠道主要有企业填报和客观采集两种。前者需要企业参与配合并加强能力建设，包括配备核算制度和进行专门培训等。后者一般不依赖于企业的参与，评价工作依据既有、公开和有限的数据资源，采集形成所需要的数据信息，这种方法的缺点是数据的系统、完整、规范和适用性等难以保证。

在数据加工整理方面，众多的企业数据不仅需要检验和审核，还需要进行简化和调整以提高数据的有效性和一致性，还需要进行平均化、标准化和规范化等处理以增加数据的可比性。相对来说，客观采集的数据较难检验和审核，这一方面只能依赖数据发布机构的权威性和严谨性，另一方面需要借助额外的信息资源加以佐证。如果企业数据不是产生于统一规范的要求之下，则各企业的数据资源无论在指标设置、统计口径、数据定义、格式和数量等方面均会产生较大差异，这就需要对数据作出统一一致的调整，删繁就简，去粗取精，整齐划一。

在数据分析方面，需要充分运用统计方法和计量技术，对数据进行必要的分组、归类、汇总、描述、指数计算、均值分析、离差分析、相关分析、回归分析、时间序列分析甚至面板分析，等等，以基于数据形成对企业绿色发展特征的初步认识。

2.4.4 评价绿色表现

绿色企业评价工作在经过制定标准、建立指标和收集数据之后即进入正式的测评阶段，这一阶段的首要工作是对企业内部的绿色表现进行评价。企业的绿色表现评价与绿色企业评价并不完全是一回事。前者是一个相对的概念，而后者是一个绝对的概念。绿色企业是有标准的，符合绿色标准的企业才算作是绿色企业。但是，对于尚未经过绿色标准检验的企业也可以对其内部的绿色表现作出评价以反映其绿色发展程度，这就是企业的绿色表现评价。

企业绿色表现评价主要基于企业绿色表现指标体系及其数据，对这个多指标系统作出测算和评估，可以分为直接和间接两种方法。

直接法就是针对各项绿色表现指标直接做统计描述，分析其极值、均值、比重、比率、效率以及变动情况，评估其绿色表现的绝对程度。该方法具有很强的解释力，能够对各项指标的绿色表现程度直接表达出确切的涵义，尤其适用于极端的情形，如二氧化碳排放量接近于零，化石能源比重占 100%，等等。该方法的缺点一是一般无法对各指标的绿色表现程度进行直接汇总以得出综合性结论，二是对一些相对量指标无法确切度量其绿色表现程度，如企业一定水平的二氧化碳排放量或化石能源比重等，很难直接评价其绿色表现程度。

间接法是通过将各项绿色表现指标的值与相应的基准值进行比较测算出绿色表现的相对程度，能够确切地把握各项指标的绿色表现程度。这种将绿色表现指标与其相应的基准指标的比较计算即称为绿色表现指数。绿色表现指数具有较强的解释力，能够对各项指标的绿色表现程度表达出确切的涵义和判断。

2.4.5 排名、评级和认证

评价企业绿色表现的另一个重要方面是进行企业间的对比分析，这包括以企业的绿色表现评价为基础的排名、评级和认证等方法。

排名工作适用于任何企业，可以是对某项特定绿色表现指标进行排名对比，也可以是对某类绿色表现指标甚至对整个企业的综合绿色表现进行排名对比。但排名不能确定企业是否符合绿色企业标准的要求，无法鉴别企业的绿色性质。

评级则从确定企业绿色性质的目的出发，依据绿色企业标准的要求，基于绿色表现指标和指数，对企业进行全方位的评价，以确定企业是否达到了绿色企业标准的要求，是否属于初级、增长中或领先的绿色企业。

评级是专门针对绿色企业，将绿色企业划分成不同的等级。认证不仅是绿色的门槛，还是各等级进阶的楼梯。企业的绿色表现评价结果可以用来进行企业的绿色排名工作，但不能用于绿色企业的评级和认证工作。而只有绿色企业评价的结果才可以用于绿色企业的评级和认证工作。

2.4.6 验证评级结果

对企业评级结果进行验证是不可或缺的一个重要步骤，它对于保证整个评级工作的有效性和权威性意义重大。本研究拟采取三种方式对评级结果进行验证：

第一，专家评估法。由专家组对评级过程和结果做出审核和评估，根据专家意见修订结果；

第二，企业认可法。与被评级企业进行沟通交流，避免重大遗漏、误差、误判等事件发生，找出改进之处和办法；

第三，计量模型法。运用计量经济技术中的排序多选择模型方法对评级结果进行验证。依据评级结果数据以及一些重要指标数据，可以对企业级别排序因变量和相关自变量指标建立排序多选择模型，模型估计的结果将揭示企业级别排序和相关自变量指标间的数量关系，以及相应的分级临界值的估计值。这个估计可以有效地从计量分析的角度，在一定程度上验证前面运用统计方法对企业评级排序的可靠性。

3. 绿色企业评价标准

绿色企业评价标准顾名思义是基于企业而制定，所谓的企业指的是进行生产经营活动的组织，通常情况下指的是一个独立法人制的公司，部分情况下也可能是一个下属子公司，但它必须可以自己进行独立的生产经营活动，具有完整的生产供应链。在战略决策、生产运营方面有充分的自主能力，并且有自己专职的工作与管理人员。

绿色企业评价标准以企业作为评价对象，基于企业与自然、经济和社会系统间的交互关系考察企业内部的绿色活动行为以及企业对于外部环境的影响行为和响应行为。该标准体系共分为十二个部分。

首先，基于绿色企业的基本特征，绿色企业评价标准把企业的绿色发展背景及战略放在尤为重要的位置，它要考察企业所处的竞争环境及企业的发展战略，确定企业是否具有明确的绿色发展意识、理念、意向、部署和行动。

其次，从企业经济活动对于自然环境的影响角度出发，基于自然资产价值考察不同影响的作用程度，绿色企业评价标准分别从空气、土地、水、资源、能源、生物多样性和垃圾等七个方面考察企业生产经营过程与自然资源环境的交互影响，从而考察企业的资源环境表现。

再次，从企业与外部经济和社会系统发生联系的视角出发，绿色企业评价标准分别从产品全周期环境影响、绿色供应链管理、绿色管理与实践以及企业环保社会责任等四个方面考察企业生产经营活动对社会环境的影响。产品全周期是指产品从其概念的出现到整体消失的过程，包括产品从设计开发、材料采购、加工生产、销售使用、回收利用再到最终的报废处理等全过程，其每个环节都在消耗资源，影响环境。因此，产品全周期环境影响全面考察企业产品在完整的生命周期内产生的环境影响。绿色供应链管理重点考察企业在与其上游和下游企业合作时是否有相同的绿色发展理念，考察企业对上下游企业的拉动和驱动作用带来的相应环境影响。绿色管理与实践考察企业在日常各项经营活动中的绿色行为，包括绿色投资，绿色创新研发及绿色就业与对员工进行的绿色培训等。企业环保社会责任标准则考察企业日常环保行为的表现，考察其是否存在环保违规行为，及可能存在的环保风险。

3.1 绿色企业的目标、管理及战略

绿色企业标准

目标上，企业应有一个被企业内部所有人认可的、明确的绿色发展目标。

管理上，企业应有一个有效、完整的组织部门来管理基于适当程序的绿色生产经营活动，应对相关决策有充分的控制权。

战略上，企业应该有一个明确、可行、连贯的绿色发展战略，能真实地反映出其市场定位、资源效率和局限性。

本项标准简介

本项标准的目的是定位企业在国内及国际上的地位和战略目标。首先，它需要简要却全面地提供关于企业组织结构及其国内地位的概括材料；其次，它需要证明企业能充分意识到所处的经营环境，并且对其在国内及国际市场上的产品设计及所提供的服务有一个连贯性的绿色发展战略；第三，企业应该能够证明它在社会中是一个负责任的组织，而且是建立在有效负责的绿色经营管理原则之上的。

企业应根据以上信息确定它在国内外同行业内所处的地位，简要叙述一下企业的成立历史并说明它目前的绿色发展目标是如何演变而来的。

因为绿色企业评价标准评估企业所有部门并检查它们全部的生产经营活动是否符合绿色企业的标准，所以，管理及决策流程的有效性是最重要的。无效的管理流程是实现企业成功高效运营的一个主要障碍。在确定未

来绿色发展战略时，企业必须表明它有充分合理的自主决策权。企业应从外部控制和内部管理流程两个方面对管理体系进行一个全面的描述。

企业应从可获得的资源，所经营的产品，提供的服务，目标市场及雇员这几方面阐明它目前的绿色发展战略定位。企业也应该对其未来发展的战略眼光进行描述，在描述过程中应对为实现发展目标而采取的步骤给予一个现实性的评价。在自我评估报告的这一部分，应提及在产品研发、产品设计、产品生产、产品销售、上下游企业以及人力资源这几个领域由总发展战略衍生而来的子战略。

最后，企业应说明它在产品质量保证方面的政策及流程，此过程最好能得到企业的主要利益相关者，尤其是企业的顾客及企业的员工的参与。

主要评估领域

本项标准适用于以下领域：

a）环境

◆ 企业运营环境的一般性信息，如：

¤ 企业生产及运营所处的国家行业规范体系

¤ 行业规范体系决定的产品及服务特色

¤ 规章制度框架

◆ 企业是否对其运营的市场环境有敏锐的认识，包括国家行业对企业的各项生产经营活动的约束，尤其在以下方面：

¤ 创新的自由度

¤ 资源及支持的获得（融资、雇员）

¤ 原材料的选用

¤ 产品价格

◆ 企业自成立以来的发展历史中与绿色发展相关的、企业的发展演变和主要事件，例如主要活动，经营的产品类型变化，雇员人数，绿色管理人员，主要生产设备及场所，预算的细节等。

b）机构地位

◆ 在国家体制内企业所处的法律地位及归属关系，包括以下方面：

¤ 机构类型（国营的/民营的，股份制/所有制，盈利的/非盈利的，综合性企业集团下属的子公司）

¤ 上级组织（如：行业商会，母公司等）

¤ 法律地位及公司章程

¤ 与国家或地区行业及产品质量认证机构的关系

¤ 由哪些渠道融资

◆ 企业的法律地位及章程是否使其有在不受不适当干涉的前提下完成各项目标的自由

◆ 企业的法律地位及章程对企业的各项活动有什么样的约束

c）管理

◆ 企业内部管理的正式机制

¤ 企业董事长或 CEO 对谁负责

¤ 在财务及决策监督方面管理职能是如何行使的

¤ 外部质量监督是如何行使的

◆ 确定企业的主要利益相关者并且评估其在战略规划、自主性和资金等重大问题上产生的影响

◆ 确保企业员工参与企业绿色管理的机制

◆ 企业的内部组织结构及决策过程，从促进总体绿色发展战略的有效性方面对其进行评估。

¤ 为了检查内部决策结构和过程并且提高其有效性已采取的步骤

¤ 目前的组织结构和个人岗位职责如何支持企业的绿色战略目标的实现

d）目标及企业文化

◆ 明确企业的目标及如何体现企业的绿色发展战略

¤ 企业是否有明确的发展目标，在目标当中是否体现出企业的绿色发展战略

¤ 企业的目标是否规定了它在各项经营活动中的表现符合绿色

◆ 企业的企业文化

¤ 企业是否对其企业文化有一个清晰的认识

¤ 企业文化中是否包括对生产、管理、经营各环节人员具有道德感及社会责任感，实行绿色生产行为的明确承诺

¤ 企业文化是否被广泛接受并且在企业范围内被坚持

e）绿色发展战略

◆ 过去五年中企业的绿色发展战略行动

◆ 企业的目标与企业文化已经体现在绿色发展战略方向中，正如企业的长期发展目标所规划的实例

◆ 企业的绿色发展战略目标和资源的可用性之间的关系。确定限制未来发展的主要制约因素以及消除这些制约因素、减少它们的影响或者应对他们而计划要采取的行动

◆ 企业的构想、价值观和战略目标被转化为战略和运作计划的内部过程

¤ 如何审查和更新计划，由何人来做

¤ 未来几年的绿色发展战略计划

¤ 企业的整体战略计划如何突出绿色

¤ 以下领域是否已有绿色发展的子战略

· 产品设计与研发

· 产品生产

· 人力资源

· 市场营销

◆ 为了实现绿色发展战略目标，企业内部以及产品设计研发和营销方案将有何变化

◆ 企业是否具备实现绿色发展目标所必需的财务及人力资源

◆ 企业在实施绿色发展战略计划过程中面临或可能在未来面临的主要战略风险

◆ 为支持绿色发展战略计划的实施已制定的政策和程序文件

f）质量保证

◆ 内部产品质量保证的正式机制

¤ 质量保证体系如何与企业运营所处的背景相适应

¤ 对产品研发部门、生产部门、产品及服务等进行定期审查的政策

- ◆ 对整个产品生产运营情况进行监控的流程和指标
  - ¤ 企业跟踪产品情况以及每个个别目标的实现的方法
  - ¤ 关键的绩效指标
- ◆ 企业员工在质量保证过程中的参与方式
- ◆ 其他重要的外部和内部利益相关者参与质量保证过程中的方式

3.2 空气

绿色企业标准

企业应对自身生产经营活动产生的各种空气污染物有准确有效的监测与把控。企业应具备相关排放许可资格，在将产生的废气排放到空气环境前，明确所排废气的主要污染物种类与含量，确保其符合国家相关法规。并努力通过升级生产技术、设备等手段，减少空气污染物的排放量。

本项标准简介

企业的生产经营活动需要空气环境，而同时，企业在生产产品及经营的过程中可能产生各类废气，这些废气被直接排放到空气中，可能造成空气污染。这些空气污染物可能是由于企业生产所使用的原材料类型产生，如硫化物的使用很容易产生二氧化硫（SO_2）的排放。因此本标准考察企业对产生废气的监控能力，对于生产经营活动产生的空气污染物类型及排放量进行监控，通过环境管理体系，时刻监控企业废气对空气环境造成的污染。

企业产生的废气中不仅含有空气污染物，还包含二氧化碳（CO_2）、甲烷（CH_4）等温室气体，这些气体直接排放到空气环境中，将破坏大气层，加剧温室效应。因此企业不仅需要提供空气污染物的相关排放情况，还需要报告产生温室气体的情况，以考察企业产生的废气对温室效应的影响情况。

企业在生产经营过程中还会消耗电力、热力等能源，而发电与发热的过程中会产生大量温室气体的排放，因此企业的用电与用热将造成温室气体的间接排放。企业规模的大小及类型将影响企业用电量及用热量的绝对数据，因此本标准在考察评估时将考虑企业规模，通过与强度数据单位化，重点评估企业对电力、热力的使用效率。因此企业在生产经营过程中应尽可能提高电力、热力的使用效率，节约用电用热将有助于降低温室气体间接排放对空气环境造成的影响。

主要评估领域

本项标准适用于以下领域：

a）空气污染物排放

◆ 企业的环境管理体系在空气污染排放领域的运行情况，包括：

¤ 体系在废气排放领域的运行时间

¤ 运行期间的运行成效

◆ 企业为监测空气污染排放采取的措施，包括：

¤ 对污染源的监控

¤ 对排放点的监控

◆ 企业是否为减少空气污染排放，采取过何种大气污染防治技术

¤《大气污染防治先进技术汇编》

¤ 具体技术实施时间段

¤ 相关技术的详细实施情况及实施效果

◆ 企业近五年期间，每年生产经营活动产生的二氧化硫（SO_2）的排放量

¤ 企业生产经营过程中是否使用硫化物及具体使用类型、使用量与使用情况

¤ 企业内二氧化硫（SO_2）污染的产生过程

¤ 最终年排放量

¤ 相应的排放源情况

· 排放源的位置、高度

· 排放前是否经过处理，具体的处理方式及处理效果

◆ 企业近五年期间，每年生产经营活动产生的氮氧化物（NOX）的排

放量

¤ 企业内氮氧化物（NOX）污染的产生过程

¤ 最终年排放量

¤ 相应的排放源情况

· 排放源的位置、高度

· 排放前是否经过处理，具体的处理方式及处理效果

◆ 企业近 5 年期间，每年产生的氨气（NH_3）的排放量

¤ 企业内氨气（NH_3）污染的产生过程

¤ 最终年排放量

¤ 相应的排放源情况

· 排放源的位置、高度

· 排放前是否经过处理，具体的处理方式及处理效果

◆ 企业近五年期间，每年产生的一氧化碳（CO）的排放量

¤ 企业内一氧化碳（CO）污染的产生过程

¤ 最终年排放量

¤ 相应的排放源情况

· 排放源的位置、高度

· 排放前是否经过处理，具体的处理方式及处理效果

◆ 企业近五年内是否使用化石燃料发电及使用的具体情况，包括：

¤ 企业每年使用化石燃料发电产生的 PM_{10} 排放量

¤ 企业每年使用化石燃料发电产生的 $PM_{2.5}$ 排放量

¤ 发电过程产生的其他污染物类型及排放量

¤ 近五年内，通过化石燃料发电每年实现的发电量

◆ 企业近五年的生产经营中是否使用臭氧危害原材料及具体使用情况，包括：

¤ 臭氧危害原材料所使用的具体类型

¤ 臭氧危害原材料相应类型所使用的数量

¤ 主要用于生产哪些产品

¤ 生产过程产生哪些污染

· 污染物类型及数量

· 是否采取哪些措施减少臭氧危害原材料使用过程中造成的污染危害

◆ 企业近五年期间，每年排放的氟氯化碳 11 的排放量

◆ 企业近五年期间，每年排放的挥发性有机化合物排放量

◆ 企业近五年期间，每年生产经营产生的甲醛的排放量

◆ 企业近五年期间，每年向空气排放的金属类污染物的具体情况，包括：

¤ 排放的金属类污染物的具体种类，包括铅、汞、镉、砷、镍等

¤ 相应金属类污染物的排放量、颗粒大小及排放方式

◆ 企业近五年期间，每年排放的持久性有机污染物（POP）的排放量

◆ 企业近五年期间，每年排放的有害空气污染物（HAP）的排放量

◆ 企业近五年期间，每年排放的其他空气污染物的种类及相应排放量

b）温室气体排放

◆ 企业近五年期间，每年产生并直接排放的各类温室气体的排放量，包括：

¤ 二氧化碳（CO_2）

¤ 甲烷（CH_4）

¤ 氧化亚氮（N_2O）

¤ 氢氟碳化物（HFCs）

¤ 全氟化碳（PFCs）

¤ 六氟化硫（SF_6）

¤ 三氟化氮（NF_3）

◆ 企业近五年期间，每年生产经营过程中的用电情况，包括：

¤ 企业每年购买使用的电力总数

¤ 企业每年缴纳的电费总额

¤ 每年用于生产的电力总数

¤ 每年用于经营管理的电力总数

◆ 企业近五年期间，每年生产经营过程中的用热情况，包括：

¤ 企业每年购买使用的热力总数

¤ 企业每年缴纳的供热费总额

¤ 每年用于生产的热力总数

¤ 每年用于经营管理的热力总数

◆ 企业近五年期间，每年自行发电的情况，包括：

¤ 企业当年自行发电的具体方式

¤ 企业每年自行发电的总电量及主要用途

3.3 土地

绿色企业标准

企业对占用的每片土地有明确的用途规划，在占用的土地上进行高效绿色的生产经营活动，同时保护所占用土地周边的自然环境，尤其是所处自然保护区的生物多样性价值。

本项标准简介

企业在生产经营过程中需要占用土地资源，建设厂房进行生产活动，建设办公楼进行经营管理活动。企业对土地资源的占用，将影响相应土地的原有功能。例如企业建设厂房的区域原本是一片树林，企业为自身生产活动需要，将改变土地的状态从而进行利用。土地原本的自然产品价值大大降低。

企业在占用土地的同时，其生产与经营活动还将产生大量污染物排放，对土壤质量造成影响，对土地资源带来污染和破坏，这种破坏往往是难以恢复的。

因此企业在占用土地前，需要进行合理的规划，提高土地的使用效率，减少对自然土地资源的占用。同时通过生产方式的升级，污染物排放前的处理等措施，减少对土地排放各类污染物，降低对土地的破坏，保护土壤质量及其所蕴藏的生物多样性价值。在占用土地资源的同时尽可能对其进行保护和恢复，使土地资源能够被反复再利用。

主要评估领域

本项标准适用于以下领域：

a）土地面积

◆ 企业近五年期间，每年生产用地的情况，包括：
  ¤ 生产用地面积
  ¤ 企业使用前，土地原本的状态与功能
  ¤ 土地的获得来源
    · 企业自身拥有的面积
    · 企业租赁的面积及租赁时长与租赁费用等情况

◆ 企业近五年期间，每年办公用地的情况，包括：
  ¤ 办公用地面积
  ¤ 企业使用前，土地原本的状态与功能
  ¤ 土地的获得来源
    · 其中企业自身拥有的面积
    · 企业租赁的面积及租赁时长与租赁费用等情况

◆ 企业近五年期间，每年占用的其他用地情况，包括：
  ¤ 其他用地面积
  ¤ 企业使用前，土地原本的状态与功能
  ¤ 土地的获得来源
    · 其中企业自身拥有的面积
    · 企业租赁的面积及租赁时长与租赁费用等情况

b）土壤

◆ 企业近五年期间，每年影响土壤质量的情况，包括：
  ¤ 受到企业影响的土地面积
  ¤ 受影响的土地位置
  ¤ 影响的程度

◆ 企业近五年期间，每年向土地排放金属类物质的情况，包括：
  ¤ 排放的种类及相应排放量

¤ 排放的土地位置

◆ 企业近五年期间，每年向土地排放酸和有机污染物的情况，包括：

¤ 排放的种类及相应排放量

¤ 排放的土地位置

◆ 企业近五年期间，每年向土地排放其他污染物的情况，包括：

¤ 排放的种类及相应排放量

¤ 排放的土地位置

3.4 水

绿色企业标准

企业在生产经营的过程中，始终保持节约用水，尽可能循环利用水资源。同时对企业产生的废水进行实时有效的监控，通过排放前的处理等措施减少对水资源带来污染和破坏。

本项标准简介

企业在生产经营过程中需要消耗水，企业可以从多个渠道获得水资源，因此需要根据自身绿色发展的需要选择适当的水源，尽可能降低水的使用成本。

根据水源的用途不同，可以选择循环利用水资源，从而减少水的使用量，达到节约用水的目的。同时对一些废水合理的循环利用也有助于减少企业废水排放对外部水源造成的污染与破坏。

企业在消耗水的同时，在生产过程中产生的废水排放又会给水资源带来污染和破坏。企业需要对自身废水进行监控，确定废水中的污染物成分及含量，确保其直接排放不会对自然水源造成极大影响。若不符合直接排放的要求，企业应进行一定的废水处理措施，达到排放标准，再进行排放。

企业在选择购买或升级生产设备时，应将用水量及生产效率纳入考虑因素，企业对水资源的利用效率反映企业生产的效率。

主要评估领域

本项标准适用于以下领域：

a）水资源的来源

◆ 企业近五年期间，每年实际用水情况，包括：

¤ 每年的实际用水总量

¤ 每年缴纳的水费总金额

◆ 企业近五年期间，每年用水的来源途径，包括：

¤ 从地表水抽取，如湿地、江河湖海

¤ 从地下水抽取

¤ 收集及储存的雨水

¤ 来自于其他企业的废水

¤ 来自于市政供的自来水

¤ 其他水源，请详细备注水源情况

◆ 每种途径的具体用水情况，包括：

¤ 抽取的水的总体积

¤ 抽取标准

¤ 抽取方法及拟用途

◆ 企业抽取的水源情况，包括：

¤ 水源总规模

¤ 水源是否为保护水源及保护程度

· 国际 / 国内 / 地方

◆ 水源中生物多样性的价值

◆ 相应水源对当地社会和居民的价值或重要性

b）水的循环利用

◆ 企业在近五年期间，每年循环利用水源的情况，包括：

¤ 是否再循环或再利用水源

¤ 具体再循环再利用的方式与用途

¤ 再循环再利用的水源总体积

◆ 企业在近五年期间，每年排放废水的情况，包括：
  ¤ 每年排放的废水总量
  ¤ 废水的主要成分及含量
◆ 企业近五年期间，每年向水中排放的金属物质的绝对数量
◆ 企业抽样和监控废水排放的技术细节

3.5 资源

绿色企业标准

企业合理高效的利用各类资源，减少对不可再生资源的消耗，以其他资源替代。在合法且受到可持续管理的区域，进行矿物、生物等资源的合理开采。高效管理原材料的使用全过程，有较高的原材料利用率与生产率。

本项标准简介

企业在生产经营过程中需要索取自然资源，使用和消耗资源来生产产品与服务。其中部分矿物资源、生物资源等短期内不可再生或者很难再生，因此企业在开采这些自然资源时，必须在合法且受到可持续管理的区域，进行合法合理的开采，以免对其造成破坏，损害其再生产的能力。

企业在使用和消耗资源时，减少对不可再生资源的消耗，以其他资源替代也有助于保护这些自然资源。

企业在生产与包装初级产品及提供服务时，需要投入原材料，每个企业因生产产品不同，所需原材料类型也大不相同。但原材料的投入都是企业生产的主要成本之一，通过生产技术的升级减少原材料的消耗，提高原材料的利用率与生产率将帮助企业大大降低生产成本，获得更大的经营利润空间。

企业消耗的原材料可划分为可再生原材料、不可再生原材料及再循环利用的材料。通过选择可再生原材料进行生产有助于减少对自然资源的消耗，减少对自然环境带来的污染和破坏，同时也是降低企业长期生产成本

的有效措施。此外，再循环再利用材料也是降低成本，节约资源的重要手段之一。

主要评估领域

本项标准适用于以下领域：

a）矿物资源

◆ 企业近五年期间，每年开采金属矿产等资源的情况，包括：

¤ 每年新开采出的金属开采量，并按照不同金属类型划分

¤ 每年新开采出的矿物量，并按照矿产类型划分

¤ 每年新开采出的砂石量，并按照砂石类型划分

◆ 企业近五年期间，每年使用消耗金属矿产等资源的情况，包括：

¤ 每年的金属消耗量，并按照不同金属类型划分

¤ 每年的矿物消耗量，并按照矿产类型划分

¤ 每年的砂石消耗量，并按照砂石类型划分

¤ 主要用途及相应产品的产量

◆ 企业近五年期间，每年循环利用矿物资源的情况，包括：

¤ 每年循环利用的矿物资源的具体类型

¤ 循环利用的具体方式及用途

¤ 每类资源循环利用的使用量

b）生物资源

◆ 企业在近五年期间，每年采伐森林的情况，包括：

¤ 每年采伐的木材与其他木制品采伐量，并按照木材类型划分

¤ 采伐过程中的浪费与残留物

¤ 木材来源的地理区域

· 确定相应区域是否允许伐木或对伐木有限制

· 是否有相关材料证明木材来源于合法且受到可持续管理的森林

◆ 企业在近五年期间，每年消耗木材或木制品的情况，包括：

¤ 每年生产消耗的木材与其他木制品的消耗量，按照木材类型划分

¤ 生产过程中的浪费与残留物

¤ 主要用途及相应产品的产量

¤ 消耗的木材及其他木制品的来源

· 上游供应商

· 企业内部部门开采

· 其他来源

◆ 企业在近五年期间，每年循环利用木材或木制品的情况，包括：

¤ 每年循环利用的木材与其他木制品的利用量，按照木材类型划分

¤ 具体的循环利用方式及用途

◆ 企业在近五年期间，每年水产捕捞的情况，包括：

¤ 每年水产捕捞总量

¤ 其中野生鱼类

¤ 水产养殖

◆ 企业在近五年期间，每年消耗水产资源的情况，包括：

¤ 每年水产消耗总量

¤ 其中野生鱼类

¤ 水产养殖

¤ 主要用途及相应产品的产量

◆ 企业在近五年期间，每年捕捉或使用野生动植物资源的情况，包括：

¤ 每年捕猎或采摘野生动植物的物种类型

¤ 每个物种每年的捕猎量

¤ 每年使用或消耗野生动植物的物种类型

¤ 每个物种每年的消耗量

¤ 主要用途及相应产品的产量

C）原材料

◆ 企业在近五年期间，每年用于生产和包装企业初级产品或服务所消耗的原材料的情况，包括：

¤ 每年消耗的原材料总重量或总体积

¤ 每年消耗的原材料类型及每种原材料的消耗量（总重量或总体积）

· 不可再生原材料

· 可再生原材料

· 再循环利用的材料

◆ 企业在近五年期间，每年每种原材料的来源情况，包括：

¤ 外部供应商 / 内部采购 / 其他来源

¤ 每种来源的总量

◆ 企业在近五年期间，每年生产出的初级产品及服务的情况，包括：

¤ 按不同产品类型划分，每年每种产品的产量

¤ 按不同质量等级进行划分

◆ 企业在近五年期间，每年为生产每类产品投入原材料的情况，包括：

¤ 每年为生产每类产品投入原材料的类型及投入量

¤ 每年为包装每类产品或服务投入原材料的类型及投入量

◆ 企业在近五年期间，每年再循环利用材料的情况，包括：

¤ 每年再循环利用材料的类型及循环利用量

¤ 具体循环利用的方式及用途

3.6 能源

绿色企业标准

企业使用绿色清洁能源、低碳能源替代传统化石能源，或高效利用传统能源，提高能源生产率，降低能耗。

本项标准简介

企业在生产经营过程中需要消耗能源，传统化石能源如石油、煤炭等在短期内属于不可再生能源，在开采与使用过程中容易产生大量污染，且能耗高，生产率低。本项标准考察企业对传统化石能源的使用与消耗情况，评估企业使用每种能源的生产力。

同时本项标准评估企业使用绿色清洁能源、低碳能源的能力与技术，使用绿色清洁能源替代传统化石能源，能帮助企业实现清洁生产，降低企

业能耗，减少对环境造成的污染与破坏，绿色环保。

主要评估领域

本项标准适用于以下领域：

a）天然气

◆ 企业近五年期间，每年消耗天然气的情况，包括：

¤ 每年天然气的使用量

¤ 每年缴纳的使用天然气的费用

¤ 主要用途及相应产品产量

b）石油

◆ 企业近五年期间，每年消耗石油的情况，包括：

¤ 每年石油的使用量

¤ 主要用途及相应产品产量

¤ 其中企业汽车每年的用油量

¤ 汽油 / 柴油

◆ 企业近五年期间，每年消耗煤的情况，包括：

¤ 每年煤的使用量

¤ 使用的煤的类型（清洁煤 / 原煤 / 洗精煤）

¤ 每种煤的使用量

¤ 主要用途及相应产品产量

c）电力

◆ 企业近五年期间，每年消耗电力的情况，包括：

¤ 每年用电总量

¤ 每年缴纳的电费总额

¤ 办公部门用电量 / 生产部门用电量

d）热力

◆ 企业近五年期间，每年消耗热力的情况，包括：

¤ 每年供热消耗总量

¤ 每年缴纳的供热费用

¤ 办公部门供热消耗量 / 生产部门供热消耗量

e) **其他清洁能源**

◆ 企业近五年期间，每年使用其他清洁低碳能源的情况，包括：

¤ 每年使用其他能源的类型及使用量

¤ 具体使用方式及主要用途

3.7 生物多样性

绿色企业标准

企业保护其经营所在地附近的生态环境，对具有高生物多样性价值的区域重点保护。企业生产的产品与服务均不会对生物多样性产生破坏，企业排放避开高生物多样性价值的区域，减少企业生产经营行为对生物多样性可能产生的负面影响。拥有保护或恢复一定区域内生物多样性价值的方法并将其纳入到企业日常经营行为中。

本项标准简介

企业生产经营所在地可能位于或邻近保护区或保护区外，具有较高生物多样性价值的区域，此时企业与保护区的相对位置，企业在此地的经营方式等情况都可能对相应保护区域的生物多样性造成威胁和影响。因此本项标准首先考察企业可能位于或邻近这类区域的经营场地情况。

企业生产的产品与服务，由于企业类型不同，产品与服务也大不相同，部分企业的产品与服务在产品生命周期内，可能对生物多样性造成影响，这种影响可能是正面的，也可能是负面的，会因产品服务的类型及企业生产方式而不同，因此本标准需要考察企业相关经济活动对生物多样性可能产生的影响。

其次，企业在生产经营活动中，总会产生一些空气或水体污染物的排放，具体排放产生的影响在空气、水等相关标准中有部分考察。本标准重点考察相关污染物排放对生物多样性产生的影响。包括直接影响生物保护区的情况，及影响动植物资源的情况。

最后考察企业是否有主动保护和恢复栖息地的行为。企业在生产经营过程中，可以通过一些行为对生物多样性进行保护或帮助恢复动物栖息地，这种保护及恢复行为将有助于保持甚至提高相关区域的生物多样性价值，提升自然环境的再生产能力。

主要评估领域

本项标准适用于以下领域：

a）企业所在地的生物多样性价值

◆ 企业位于或邻近保护区及保护区外高生物多样性价值区域的经营场地的情况，包括：

¤ 所处的地理位置

¤ 企业可能经营管理的地表及地下土地

¤ 与保护区的相对位置

¤ 经营方式（办公 / 制造 / 生产）

¤ 经营场地的大小

¤ 相应保护区的生物多样性价值（陆地、淡水或海洋生态系统）

b）企业产品或服务产生的影响

◆ 企业近五年期间，每年的经济活动及产品与服务对生物多样性产生的正面与负面影响情况，包括：

¤ 直接与间接影响（如在供应链中）。

¤ 影响原因：制造工厂、矿山和运输基础设施的建造与使用等；

¤ 造成显著影响的性质及具体情况

· 污染物；入侵物种、害虫、病原菌的引入；

· 物种数量的减少；栖息地的转换；

· 生态过程在自然偏差范围之外的变化（如盐度、地下水水位的变化）。

◆ 受企业生产经营活动影响的栖息地的情况，包括：

¤ 相关栖息地的位置与规模

¤ 栖息地内生物多样性的价值

¤ 受影响类型及程度

c）企业排放产生的影响

◆ 企业近五年期间，每年产生的排放对生物多样性的影响情况，包括：

¤ 确定企业在保护区或保护区外具有高生物多样性区域相关经营活动产生的污染排放物类型及相应排放量

¤ 确定企业排放对保护区可能产生的直接或间接影响类型

¤ 影响区域位置及大小

¤ 确定保护区受影响程度

◆ 企业空气或水体污染物排放影响生物保护区的情况，包括：

¤ 受影响的保护区数量

¤ 地理位置

¤ 受影响类型及程度

◆ 企业近五年期间，每年空气或水体污染物排放影响动植物的情况，包括：

¤ 受影响的动物及植物物种

¤ 各物种的数量

¤ 受影响类型及程度

d）企业的相关保护或恢复行为

◆ 企业近五年期间，每年的生产经营中对栖息地进行保护或恢复的情况，包括：

¤ 保护 / 恢复

¤ 相关栖息地的位置与规模

¤ 具体保护或恢复的方法

¤ 恢复的程度

3.8 垃圾

绿色企业标准

企业排放污水前进行监控与处理，严格按照法定标准或优于标准进行排污。对垃圾有安全合理的处理方式，对可循环利用的垃圾物进行合理再循环利用。在进行危险品运输、贮存时有一套安全稳妥的措施确保危险品安全。近五年期间没有任何严重的泄漏事故发生。

本项标准简介

企业在进行生产经营过程中，会产生大量污水，而这些污水含有大量有机物，在不经过处理的情况下直接排放往往对环境造成很大污染和破坏。企业的污水排放可能有多个去向，本项标准首先考察企业污水排放情况，包括排放前是否经过处理，及具体的处理方式，每种去向排放的数量、质量及排放水体的情况从而考察企业污水排放可能产生的影响。

企业经营过程中，还会产生大量垃圾，每个企业产生的垃圾类型可能大不相同，从危险性划分为危险品垃圾及非危险品垃圾。企业对非危险品垃圾的处理有多种方式，包括：再利用、再循环、沤肥、恢复（包括能源恢复）、焚烧（集中式直接焚烧）、深井灌注、垃圾填埋、就地贮存，等等。企业处理垃圾的不同方式可以反映出其在垃圾处理及再循环利用方面的技术水平。

部分企业生产过程中可能涉及放射性物质的消耗，会产生放射性废物等危险品垃圾，危险品垃圾的数量或体积也许小，但产生的污染和危害极大。企业应当有针对危险品垃圾专门的一套处理方式，以确保其产生的危险品垃圾不会对自然及社会环境造成大的危害。

企业在处理垃圾时，有部分垃圾可以被再循环利用，而企业再循环利用垃圾的能力反映出企业循环利用资源的能力。

部分企业的生产经营涉及危险品的运输及使用，近年来，危险品的贮存运输事故多发且造成的影响十分恶劣，因此企业对危险品必须有一套针对性的管理方法，在贮存、使用、运输全过程均保证安全高效。

企业如果发生重大的泄漏事故，必须在企业的年度财务报表中记录和披露详细情况。泄漏的物质类型不同，位置不同，产生的影响也会有所不同。

主要评估领域

本项标准适用于以下领域：

a）污水排放

◆ 企业近五年期间，每年污水排放的情况，包括：
  ¤ 按照排放目的地划分（多个不同去向）
  ¤ 每种去向排放的数量及质量
  ¤ 每种去向排放前是否已处理及处理方式
  ¤ 计划内总排水量 / 计划外总排水量

◆ 企业近五年期间，每年污水排放去处的水体情况，包括：
  ¤ 水体的位置及规模
  ¤ 水体类型
  ¤ 受企业污水排放的影响

b）垃圾处理

◆ 企业近五年期间，每年产生垃圾的情况，包括：
  ¤ 每年产生的垃圾总量
  ¤ 危险品垃圾总量 / 非危险品垃圾总量

◆ 企业近五年期间，每年处理非危险品垃圾的情况，包括：
  ¤ 每年采用的处理方式
    · 再利用
    · 再循环（即将垃圾分类后送到一个适当的循环回收设施中）
    · 沤肥
    · 恢复（包括能源恢复）
    · 焚烧（集中式直接焚烧）
    · 深井灌注

· 垃圾填埋
· 就地贮存
· 其他方式请备注

¤ 每种处理方式处理的数量或体积

◆ 企业近五年期间，每年处理或掩埋垃圾所在地的环境情况，包括：

¤ 所处的地理位置

¤ 所在地的功能性质

¤ 占地规模

◆ 企业近五年期间，每年产生放射性废物的情况，包括：

¤ 每年产生的放射性废物的种类及数量

¤ 每年消耗放射性物质的种类及重量

· 核能发电及应报告发电站每年消耗的燃料数量
· 电力生产者请报告每年用核能产出的电量

◆ 企业近五年期间，每年处理放射性废物的情况，包括：

¤ 采用的具体处理方式

¤ 每种方式处理的数量或体积

c）垃圾的循环利用

◆ 企业近五年期间，每年循环利用垃圾的情况，包括：

¤ 再循环 / 再利用

¤ 循环利用垃圾的类型及数量

¤ 具体再循环 / 再利用的方式及用途

d）危险品运输

◆ 企业近五年期间，每年运输危险品的情况，包括：

¤ 按照运输目的地分类，企业每年运输的危险品总数量

¤ 运输目的

¤ 跨界运输 / 内部运输

¤ 在企业管理、租赁或拥有的土地之间国内或国际运输的危险品总重量

¤ 跨越国际边界运输的危险品重量

◆ 企业近五年期间，每年危险品进入的情况，包括：

¤ 从不属于企业的其他外部供应商或来源运输进入企业的危险品总重量

¤ 跨越国际边界运输进入的危险品重量

¤ 每次危险品进入的具体来源和去向

¤ 进入的危险品主要类型及每种类型的重量

◆ 企业近五年期间，每年危险品输出的情况，包括：

¤ 企业运出到企业外部的供应商或来源的危险品总重量

¤ 跨越国际边界运输出去的危险品重量

¤ 输出的危险品类型及每类的重量

◆ 按目的地分类，确认在企业运输、进口及出口的所有危险品中，由外部供应商或来源处理过的所占比例。

e）泄露事故

◆ 企业近五年期间，每年财务报表中记录的重大泄漏事故的情况，包括：

¤ 泄漏的位置

¤ 泄漏的体积或数量

¤ 泄漏的物质类型：油泄漏 / 燃料泄漏 / 垃圾泄漏 / 化学品泄漏 / 其他泄漏

¤ 每次泄漏产生的影响

¤ 其他相关情况

3.9 产品全周期环境影响

绿色企业标准

企业生产的产品在其生命全周期内，节能环保，不会对环境造成破坏。企业针对自身产品及服务产生的环境影响及时治理，并在产品周期末端，绿色高效地回收产品及包装并进行循环利用或安全高效的报废处理。

本项标准简介

产品全周期是指产品从概念出现到整体消失的过程，包括产品从设计开发、材料采购、加工生产、销售使用、回收利用再到最终的报废处理等全过程，其每个环节都在消耗资源，影响环境。产品在其生命周期的各个环节都与环境有着非常紧密的联系，每个环节都可能会对环境产生或多或少的影响。因此本项标准结合生命周期思想，全面考察企业产品在每个阶段的特点及环境表现，考察产品在完整的生命周期内产生的环境影响。

首先在产品设计开发阶段，企业可能需要消耗一些原材料以制造试验品及产品样品，在此过程中不断完善产品设计。同时产品设计过程中对产品未来环境表现的期望值将直接影响产品在后续阶段产生的环境影响，因此本项标准首先需要考察企业在产品设计开发过程中，是否将绿色作为产品设计的重点，开发绿色产品。

其次在材料采购与加工生产阶段，企业在选择原材料时，是否考虑原材料的环境属性，如是否可再生，是否易于回收再利用，及是否会对环境造成污染破坏等。选择好原材料之后，加工生产过程中，企业的生产加工方式也将影响生产过程中产生的污染排放及资源能源的消耗。因此，本项标准还需要考察企业在原材料的选择采购方面，是否将材料的来源及材料是否符合绿色标准纳入考虑范畴。并考察企业在生产加工过程中，实现清洁生产的能力。

之后在销售使用过程中，部分产品在使用过程中消耗的资源可能大于在生产过程中，例如洗衣机在使用过程中的耗水量、空调的用电量等。同时产品的包装成本、运输成本以及使用过程中产生污染的治理支出与维护都是产品使用过程中的主要环境消耗。因此本项标准考察企业产品在其使用周期内将耗用多少资源及能源，或可以节约多少资源能源，这些数据可能来源于产品使用阶段客户的反馈，也可能来源于企业在产品设计开发阶段的试用结果。并考察企业产品包装是否环保，运输过程是否安全高效且低能耗，以及产品日常使用中维护的便利性。

最后在产品使用寿命结束时如果可以被回收再利用有助于节约资源，减少对环境的影响。本项标准考察企业产品在使用阶段结束时能否被方便绿色地回收再利用。同时不能被再利用的部分，也需要进行报废处理，而在此过程中，产品的属性直接决定了对环境可能造成的污染破坏程度。因此本项标准最后需要考察企业对其产品回收利用及报废处理方面的能力。

主要评估领域

本项标准适用于以下领域：

a）产品设计与开发阶段

◆ 企业近五年期间，每年新产品的设计与开发的情况，包括：

¤ 设计开发的新产品类型

¤ 设计开发过程中投入的资源类型及投入量

¤ 设计开发过程中消耗的能源类型及消耗量

¤ 新产品与绿色环境表现相关的主要特点

◆ 企业近五年期间，每年研发升级已有产品的情况，包括：

¤ 研发升级的已有产品类型

¤ 升级后产品环境表现方面的改善情况

· 降低能耗的情况

· 对环境污染的减少程度等

b）原材料采购与加工生产阶段

◆ 企业近五年期间，每年采购原材料的情况，包括：

¤ 采购原材料的主要类型及数量

¤ 原材料的来源

¤ 使用的原材料是否属于绿色环保型材料

· 可再生 / 不可再生，可循环利用 / 不可循环利用，是否易于回收处理

· 能源密集型 / 节能型，有毒材料 / 清洁材料

◆ 企业近五年期间，每年加工生产产品的情况，包括：

¤ 每年加工生产产品的主要类型及产量

¤ 加工生产过程中消耗的原材料类型与数量

¤ 生产过程中消耗的能源类型与数量

¤ 生产过程中产生的污染物排放

· 废气排放类型与排放量

· 废水排放量与质量

· 垃圾废物的类型与数量及处理情况

◆ 企业近五年期间，每年为实施清洁生产，投入的设施、人员等情况。

c）产品销售与使用阶段

◆ 企业近五年期间，每年产品销售的情况，包括：

¤ 销售产品的主要类型与销售量

¤ 每年的销售费用

¤ 销售过程中消耗的资源与能源情况

· 销售部门的用电量

· 销售人员工作过程中使用企业公车的情况等

◆ 企业近五年期间，每年产品运输的情况，包括：

¤ 每年的产品运输成本，按照产品类型划分

¤ 产品运输的主要交通工具或途径

¤ 产品运输过程中消耗的资源与能源情况

¤ 运输过程中的产品耗损率，按照运输方式划分

¤ 运输过程中产生的污染物

◆ 企业近五年期间，所销售产品在使用过程中环境影响的情况，包括：

¤ 产品使用过程中消耗的资源与能源情况

¤ 产品使用过程中产生的环境污染情况

¤ 产品及服务使用过程中可能改善或治理环境影响的情况

· 改善或治理方式（如节水节电等节能情况）

· 改善或治理程度

¤ 以上情况请同时备注数据来源及基本假设

d）产品回收利用与报废处理阶段

◆ 企业近五年期间，每年回收利用产品的情况，包括：

¤ 回收再利用的产品类型及数量

¤ 回收再利用的具体方式及数量

¤ 产品及包装回收的比例

◆ 企业近五年期间，报废处理产品的情况，包括：

¤ 报废处理的产品类型及数量

¤ 处理的具体方式及数量

¤ 回收由企业报废处理产品的比例

¤ 报废后可能剩余的存留物

◆ 企业近五年期间，所销售产品若不通过企业回收，其报废过程中可能产生的环境影响情况，包括：

¤ 报废后可能剩余的存留物

¤ 产品使用后直接丢弃可能产生的污染情况

◆ 企业在近五年期间内，对企业产品及服务产生的环境影响的治理情况，包括：

¤ 治理的具体方式

¤ 报告期内的治理程度

3.10 绿色供应链管理

绿色企业标准

绿色企业在选择供应链上下游企业合作伙伴时，应考虑合作企业的环境表现及绿色理念。并通过合作影响上下游企业产品与服务的绿色表现程度，改善上下游企业的绿色行为与选择。

本项标准简介

绿色供应链管理作为一种现代企业管理模式，是以集成的思想整合整个供应链的环境管理，其核心在于对产品从原材料采购、设计、生产、包装、运输、仓储、最终消费直到废弃物回收再利用的整个流程开展绿色化管理，通过供应链上企业内部各部门之间和企业之间的紧密合作，使整条供应链在环境管理方面协调一致，以资源效率的不断提高来实现整个供应链的经济效益、环境效益和社会效益的持续优化。

绿色供应链涉及很多环节，包括：绿色供应、绿色制造、绿色包装、绿色运输、绿色销售、绿色消费和绿色回收等。绿色供应链各环节中的行为主体，主要包括：供应商、制造商、分销商、回收商、政府和公众等。绿色供应链的实现与运作过程需要链上各行为主体的合作，也需要各企业内部功能的实现。从纵向一体化的角度来看，绿色供应链运作中又包含各个企业之间的物流、信息流和资金流。

绿色供应链涵盖产品生命周期的全过程，而与产品全周期的环境影响相关的企业社会环境表现行为已经在第三章 3.9 节产品全周期影响中进行了详细的考察。因此本项标准重点从企业角度，考察企业自身在绿色供应链管理与实施过程中的表现。

从企业自身考虑，为实行绿色供应链管理，企业需要在选择上游供应商和下游经销商时，充分考虑与评估他们的环境表现情况，选择绿色供应商和经销商。供应商为企业提供制造生产的原材料，企业产品的绿色度直接取决于供应商提供的原材料的绿色度。同时，下游企业对产品的使用也会影响企业产品绿色的实现程度。因此本项标准考察企业在选择供应商和经销商时，是否将他们的环境表现纳入重点考虑因素，是否与选择的绿色企业建立长期稳定的战略合作伙伴关系，拥有共同的绿色理念与环境目标。

主要评估领域

本项标准适用于以下领域：

a）供应商环保行为

◆ 企业近五年期间，上游供应商的环境表现情况，包括：

¤ 上游供应商中，获得 ISO14001 认证（环境管理体系认证）的比例

¤ 上游供应商中受环境影响评价的比例

¤ 识别为有实际及潜在环境负面影响的供应商数目

¤ 识别为有实际及潜在环境负面影响的供应者中被结束合作关系的比例，及原因

¤ 对二级供应商（供应商的供应商）环境友好实践的评估

◆ 企业近五年期间，选择上游供应商的方法及情况，包括：

¤ 企业合作的上游供应商总数

¤ 通过环境标准筛选的上游企业所占比例（环境标准包括本标准体

系中关于环境表现的各方面）

¤ 面对多个合作伙伴可供选择时，选定具体上游企业的方法与原因

¤ 是否向供应商提供包括环境要求的设计说明书及主要内容

b）下游企业

◆ 企业近五年期间，下游企业的环境表现情况，包括：

¤ 下游经销商中，获得 ISO14001 认证（环境管理体系认证）的比例

¤ 下游合作企业中受环境影响评价的比例

¤ 识别为有实际及潜在环境负面影响的下游企业数目

¤ 与下游经销商合作实现共同的环境目标

¤ 对下游企业内部进行环境审计

◆ 企业近五年期间，选择下游经销商或下游企业的方法及情况，包括：

¤ 企业合作的下游经销商总数

¤ 通过环境标准筛选的下游企业所占比例（环境标准包括本标准体系中关于环境表现的各方面）

¤ 面对多个合作伙伴可供选择时，选定具体下游企业的方法与原因

c）全球价值链影响

◆ 企业在全球价值链中所在环节与基本情况，包括：

¤ 企业在全球价值链中所处的主要环节

¤ 企业受全球价值链影响，在创造价值的环节上进行增值的措施

3.11 绿色管理与实践

绿色企业标准

绿色企业应在企业管理中始终突出绿色，进行绿色投资、绿色研发与创新，设置绿色岗位，并对员工定期进行绿色培训。

本项标准简介

绿色管理是将绿色的概念融于企业的经营管理之中，它涉及企业管理的各个层次、各个领域、各个方面、各个过程，要求在企业管理中时时处

处考虑绿色、体现绿色。

在企业发展过程中，绿色概念在企业战略中的地位直接影响企业的决策行为，企业为自身制定绿色发展目标及绿色转型方向，在企业生产经营的各部门、各个环节实现绿色化。

因此本项标准首先考察绿色在企业发展战略与决策中的重要性，判断企业制定的绿色发展目标与转型方向是否影响了企业经营中各环节的绿色行为。进而考察企业的绿色投资情况与获得的绿色金融支持情况，衡量企业是否拥有实现绿色化的能力。

本项标准还考察了企业关于绿色研发与创新的投入力度及获得相关专利技术的情况，考察企业对绿色研发的重视程度及成果转化的能力。考察企业内部设置的绿色岗位及就业人数，及企业对员工进行绿色培训的情况。最后考察企业进行绿色咨询的情况及提供绿色咨询服务的能力。

主要评估领域

本项标准适用于以下领域：

a）绿色战略与决策

◆ 企业近五年期间，发展战略中所制定的绿色发展目标，包括：

¤ 污染降低与治理目标

¤ 土地利用率提高目标

¤ 污水废水排放减少目标

¤ 能耗降低

◆ 企业近五年期间，实现朝绿色方向转型的情况，包括：

¤ 绿色投入转型情况

¤ 绿色技术转型情况

¤ 绿色产品转型情况

¤ 绿色经营转型情况

¤ 绿色管理转型情况

b）绿色投资与金融

◆ 企业近五年期间，每年环保支出的情况，包括：

¤ 每年为治理环境污染及环境保护支出的总金额

¤ 主要的污染治理及保护方式

◆ 各项环保投资的具体方式与金额企业近五年期间，每年获得绿色投资的情况，包括：

¤ 每年获得的绿色投资总金额

¤ 每年获得的绿色信贷总金额

c）绿色研发与创新

◆ 企业近五年期间，每年对绿色研发投资的情况，包括：

¤ 每年为研发绿色产品投资的总金额

¤ 每年获得的与绿色相关的专利数

¤ 每项专利的具体内容

d）绿色就业与培训

◆ 企业近五年期间，每年实现绿色就业的情况，包括：

¤ 每年企业设立绿色相关岗位的具体职责及岗位数量

¤ 绿色岗位在企业总就业人数中所占的比重

¤ 每年绿色岗位员工的工资支出占企业总工资支出的比例

◆ 企业近五年期间，每年进行绿色培训的情况，包括：

¤ 每年企业进行绿色相关培训的次数及主要内容

¤ 每次培训的实际参与员工人数及相应岗位

¤ 每年绿色培训支出的总金额

f）绿色咨询与服务

◆ 企业近五年期间，每年绿色咨询的情况，包括：

¤ 每年企业进行绿色相关咨询的次数及咨询情况

¤ 企业是否有固定的绿色咨询机构

· 企业内部设立咨询部门

· 选择专业的咨询机构进行长期合作

¤ 每年绿色咨询的支出金额

¤ 每年企业提供绿色咨询的次数

¤ 提供绿色咨询服务获得的收入总金额

◆ 企业近五年期间，每年绿色服务的情况，包括：
 ¤ 每年企业获得的绿色服务次数及具体内容
 ¤ 为绿色服务支出的总金额
 ¤ 每年企业提供的绿色服务次数及具体内容
  · 服务对象
  · 提供绿色服务获得的收入总金额

3.12 企业环保社会责任

绿色企业标准

绿色企业应不存在环保违规行为，并尽可能减少环境申诉的数目，遇到环境申诉时，积极妥善地回应并解决申诉问题，关注企业员工的健康，营造安全的工作环境。

本项标准简介

企业在日常生产经营活动中，如果出现环保违规行为，不仅需要面临违规罚款，同时也将对企业自身的名誉造成损坏，因此本项标准首先考察企业报告期内环保违规的情况。

企业日常经营行为中，部分行为可能会受到周边居民或其他主体的环境申诉。企业应该开放申诉渠道，及时接受申诉，积极妥善地回应并及时解决申诉的环境影响问题。本项标准考察企业关于环境申诉回应与解决相应问题的能力。

企业的生产经营活动可能会对企业员工和周边居民的生活环境造成影响。企业员工的健康会直接影响工作效率，进而影响企业生产经营的效率。因此本项标准最后考察企业的工作环境，及可能给员工与周边居民带来的环境风险。

主要评估领域

本项标准适用于以下领域：

a）环境罚款与支出

◆ 企业近五年期间，每年环保违规的情况，包括：

¤ 每年企业环保违规的次数及每次违规的具体内容

¤ 每年环保违规被罚款的次数

¤ 每年环保违规的罚款总金额

b）环境申诉

◆ 企业近五年期间，每年环境申诉的情况，包括：

¤ 每年企业通过正常渠道，被上报的环境申诉次数及每次申诉的具体内容

¤ 每年得到回应的环境申诉的次数

¤ 每年得到解决的申诉的次数及具体解决方法

c）生活环境质量

◆ 企业近五年期间，每年企业员工健康的情况，包括：

¤ 每年企业内部员工出现职业病例的情况

¤ 每年受企业空气污染影响的附近居民人数（如：PM2.5 污染下的人口）

¤ 每年噪音对员工及附近居民的影响

◆ 企业近五年期间，每年企业造成风险所带来影响的情况，包括：

¤ 每年承受企业带来风险影响的人口数

¤ 每年企业环保风险造成的成本支出

¤ 每年企业风险预防及治理成本

4. 绿色企业评价指标体系

4.1 指标体系设计

4.1.1 设计原则

建立绿色企业评价指标体系，目的是以系统、综合的方式把握企业绿色发展的重要方面，为具体测算评价各方面的表现程度提供基础。因此，评价指标设计需要遵循如下表所示的八项基本原则。

表 4.1　评价指标设计的基本原则

基本原则		内容
1	综合性原则	指标体系的设计要以企业内部经济活动本身及与外部社会和自然环境间的关系为框架，反映这些活动对于社会和自然环境产生的压力和影响。指标体系的设计还要考虑到社会和自然环境对于状态改变的响应。
2	相关性原则	指标设置要基于相关的现实背景和理论基础，要明确研究目的、搜集方法和作用，还要考虑到相关的假设条件、实现进程以及任何相关的财务活动等信息。
3	科学性原则	指标设计要以科学规范为准则，对指标的含义、单位以及意义均予以准确、规范的说明。
4	有效性原则	指标选择要注重代表性、简洁性和独立性，避免重复、赘述或无用指标的出现。
5	可操作原则	指标数据要可获得，要能够保证数据获得的可行性、权威性和真实性，保证指标的现实意义。
6	可比性原则	要求绿色评价指标能够在企业、产业、区域和时间等方面具有一定的可比性，保证指标的使用意义。
7	特色性原则	指标设置要基于绿色经济理论，力图正确、准确地反映企业绿色发展的内涵，突出绿色发展的实质，把握企业绿色发展进程。
8	定量性原则	设置的指标要可测量、可对比，因而需要是定量的。定量指标能够给表现评价、管理决策和政策分析提供明确的信息和目标，提高效率。定量指标还要为各种衍生指标的计算、指标间的换算以及指标单位的一致性调整等提供可能。需要注意的是，定量性原则并不排斥定性指标的使用，某些定性指标可以转化为定量指标使用。

4.1.2 研究对象与内容

绿色企业评价指标适用的范围包括国民经济重点产业部门，以及规模以上各类型的企业。对于产业行业部门来说，可按污染程度区分为重度、中度和轻度污染三种行业。对于企业，可按排污类型和程度区分为重化工企业、能源企业、能源密集企业、中度和轻度污染等多种类型。

绿色企业评价指标的内容涵盖企业经济活动中与绿色发展相关的关键内容和主要方面。主要有资源、能源消耗，污染排放，生态环境破坏，垃圾管理，化学品、危险品及有毒物品管理，对上下游企业的影响，战略与决策，创新与投资，以及社会责任，等等。

4.1.3 设计思路

以资源环境突出问题为导向，以绿色增长战略为引领，基于企业与自然、经济和社会系统间的关联互动关系，关注企业产生的压力和响应，全面、定量反映企业经济活动行为产生的负面影响、积极改进和正面效应，为绿色企业评价及评级工作提供重要依据。

4.1.4 指标体系的维度与分类

如表 4.2 所示，绿色企业评价指标体系由大约 12 个维度组成，每个维度有自己的分类，构成一个复杂的多维系统。

表 4.2　绿色企业评价指标体系的维度与分类

维度		指标分类							
1	数据来源	原始数据指标	派生数据指标						
2	指标用途	报告指标	评价指标	基准指标					
3	指标性质	定性指标	定量指标						
4	指标结构	一级指标	二级指标	三级指标	四级指标				
5	指标重要程度	标题指标	脱钩指标	关键指标	核心指标	特色指标	细化指标		

续表

维度		指标分类							
6	可持续发展要求	环境指标	经济指标	社会指标					
7	环境内容	空气	土地	水	资源	能源	生物多样性	垃圾	
8	社会经济内容	产品与服务	绿色供应链	绿色管理与实践	环境社会责任				
9	基准水平	特定指标	平均指标	最好指标	目标指标				
10	区域	国际	发达国家	本国	本省	本地			
11	行业	国民经济各行业							
12	时间	2015	2014	2013	2012	2011			

1）按数据来源分，全部指标可分为两类，即原始数据指标和派生数据指标。前者是初始数据的载体，是基础指标，后者则基于前者计算或派生得来。这里的数据既可以指定量数据也可以指定性数据。

2）按指标用途分，全部指标可分为报告指标、评价指标和基准指标三类。报告指标是由企业填报的基础数据指标。评价指标是用于评价企业表现的指标，不仅包含部分报告指标，还包含派生指标。基准指标基本与评价指标一致，用于与评价指标的比较。

3）按指标性质分，全部指标可分为定性指标和定量指标两种。定性指标用于描述企业某项事物的属性、特征、存在与否或表现程度，一般不可量化表示，但在某些条件下可以转化为定量计量。定量指标由绝对量指标和相对量指标组成。其中，绝对量指标指水平指标，一般是原始数据指标。相对量指标包含比重、比例、比率、强度、效率以及变动率等指标，一般是派生数据指标。

4）按指标结构分，指标体系由自上而下的四级指标组成。其中，一级指标表现指标体系的最大类，二级指标表现次大类，三级指标由基本指标组成，而四级指标一般是更细化的具体指标。

5）按指标重要程度分，评价指标依次可分为标题指标、脱钩指标、关键指标、核心指标、特色指标以及细化指标等指标。其中，标题指标是最重要的指标，表示公众、政策制定者、企业以及利益相关者等最为关注的内容。脱钩指标仅次于标题指标，注重描述企业的绿色表现方面，特别是环境压力与经济增长的脱钩情况。关键指标排在第三位，表示评价企业的环境和社会影响表现中最需要关注的关键内容。核心指标处于第四位，表示评价企业的环境和社会影响表现中需要关注的基本内容。排在第五位的是特色指标，包括区域和行业特色指标，表示不同地区和行业的企业的特殊性。细化指标代表前五位指标未曾涉及的其他方面，主要是更加细化的内容。

6）按可持续发展要求分，指标可分为环境指标、经济指标和社会指标，分别反映可持续发展三大支柱的内容。

7）按环境内容分，指标可分为空气、土地、水、资源、能源、生物多样性和垃圾等七类指标，基本涵盖了环境影响的完整过程。每一类指标都是一级指标，在其下又继续划分为二、三和四级指标。

8）按与环境影响相关的社会经济内容分，指标可分为产品与服务、绿色供应链、绿色管理与实践及环境社会责任等四个方面，即四个一级指标，在其下又继续划分为二、三和四级指标。

9）按基准水平分，指标分别取特定、平均、最好、目标指标等四种。

10）按区域分，企业可以分为国际、发达国家、本国、本省和本地等企业。

11）按国民经济行业分，企业分别属于不同的行业。

12）最后，按照数据所属的时期分，可以从最近可获得数据年份开始依次推 3 至 5 年。

4.2 指标体系的结构和内容

4.2.1 总指标体系

如表 4.3 所示，总指标体系由三部分、七个指标子体系构成。三部分即是报告指标体系、评价指标体系和基准指标体系。其中，报告指标体系分为企业基本情况、环境表现以及社会影响报告指标体系等三个子体系，评价指标体系分为企业环境表现、社会影响和绿色表现评价指标等三个子体系，基准指标体系由国内外各地区各行业基准指标构成。

表 4.3　绿色企业评价指标体系

1	报告指标体系	企业基本情况报告指标体系
2		企业环境表现报告指标体系
3		企业社会影响报告指标体系
4	评价指标体系	企业环境表现评价指标体系
5		企业社会影响评价指标体系
6		企业绿色表现评价指标体系
7	基准指标体系	行业基准指标体系

4.2.2 企业报告指标体系

如表 4.4 所示，企业报告指标体系由三个子体系构成。

表 4.4　企业报告指标体系

企业基本情况	企业环境表现	企业社会影响
G.1 战略与分析	N.1 空气	SE.1 产品全周期环境影响
G.2 企业简介	N.2 土地	SE.2 绿色供应链影响
G.3 报告简介	N.3 水	SE.3 绿色管理与实践
G.4 企业环境管理	N.4 资源	SE.4 企业环保社会责任
G.5 雇佣与工资	N.5 能源	
G.6 经济表现	N.6 生物多样性	
G.7 原材料范围界定	N.7 垃圾	
G.8 供应链情况		
G.9 企业环境事务		
G.10 企业环评系统		

企业基本情况报告指标体系按照企业生产经营活动的基本内容分为 10 个一级指标，即战略与分析、企业简介、报告简介、企业环境管理、雇佣

与工资、经济表现、原材料范围界定、供应链情况、企业环境事务以及企业环评系统等。企业环境表现报告指标体系按照问题导向的原则，分为空气、土地、水、资源、能源、生物多样性和垃圾七大类指标。企业社会影响报告指标体系分为产品全周期环境影响、绿色供应链影响、绿色管理与实践和企业环保社会责任四大类指标。

4.2.3 企业评价指标体系

1）企业环境表现评价指标体系的结构和内容与报告指标体系基本类似，但增添了更多的派生指标内容。两个指标体系的一级指标完全相同，但评价指标体系的二、三和四级指标增加了相关的表示比重、比例、比率、强度、效率以及变动率等派生指标。显然，这些派生指标都是相对量指标，是报告体系未曾直接提供的信息，但是对于评价环境表现起到不可或缺的重要作用。对于该体系的结构和指标内容，参见附录四；对于该体系的各项指标的解释，参见附录五。

2）企业社会影响评价指标体系的结构和内容与报告指标体系中的该部分完全相同，未增添新的内容，因为该部分尚未开发出派生指标。

3）企业绿色表现评价指标体系是企业环境表现评价指标体系与企业社会影响评价指标体系的综合，在合并两个指标体系的基础上不坚持原有的四级指标结构，而是直接将指标按照绿色表现的相关性设立指标子体系。

按照这些指标的重要程度设立四个新的指标体系，即标题指标、关键指标、核心指标和基本指标等四个子体系。其中，第一个体系为标题指标子体系，由标题指标组成；第二个体系为关键指标子体系，由标题指标、脱钩指标及其他关键指标组成；第三体系为核心指标子体系，由所有的关键指标、区域特色指标、行业特色指标、其他特色指标以及其他核心指标组成；第四个体系为基本指标子体系，由所有的核心指标及其他非核心指标组成。如表 4.5 所示，每个体系由下面相应指标所组成。除此而外，指标体系还包括一些地方和行业特色指标，这些指标的设置将依据具体需要而定。

企业绿色表现评价指标，顾名思义，就是反映和度量企业绿色表现程度的指标。如前所述，既然绿色的涵义是环境保护加上经济增长的双重考量，那么反映企业绿色表现的指标就应该是环境表现指标和经济表现指标的结合，是二者的复合或派生，应该能较好地反映和度量企业的绿色作为或成就。企业绿色表现指标将重点反映经济增长与环境损害间脱钩和与环境保护间挂钩的状况，因此指标体系不必包罗万象，需要抓住重点要点和敏感点，需要与绿色发展密切相关。

表 4.5　企业绿色表现指标体系

标题指标子体系	标题指标					
关键指标子体系	标题指标	脱钩指标	其他关键指标			
核心指标子体系	标题指标	脱钩指标	其他关键指标	区域特色指标	行业特色指标	其他核心指标
基本指标子体系	标题指标	脱钩指标	其他关键指标	区域特色指标	行业特色指标	其他核心指标
1	温室气体排放量（GHG）	温室气体排放强度	化石能源比重	各省各地	农林牧渔业	
2	二氧化硫排放量（SO_2）	二氧化硫排放强度	可再生能源比重		采矿业	土地占用量
3	二氧化氮排放量（NO_2）	二氧化氮排放强度	物质循环利用率		冶炼业	土壤状态及改变
4	有毒挥发性化合物排放量（VOC）	有毒挥发性化合物排放强度	再循环原材料投入比重		制造业	土壤污染排放
5	粉尘颗粒物排放量（PM）	粉尘颗粒物排放强度	可再生原材料消耗比重		化工业	臭氧危害原材料（ODS）
6	土地占用量	土地占用强度	绿色投资信贷比重		建筑业	氟氯化碳 11（CFC-11）
7	水消耗量	水消耗强度	绿色产值比重		煤炭行业	金属向空气中的排放物（KPI6）
8	能源消耗量	能源消耗强度	绿色供应商比重		油气行业	持久性有机污染物（POP）
9	自然资源消耗量	自然资源消耗强度	绿色就业比重		电力行业	有害空气污染物（HAP）

续表

10	物质资料消耗量	物质资料消耗强度			交通运输	其他空气污染物
11	原材料消耗量	原材料消耗强度			贸易	垃圾处理
12	废气排放量	废气排放强度			金融业	泄漏污染
13	土壤污染物排放量	土壤污染物排放强度			服务业	危险有毒物品运输量
14	水污染物排放量	水污染物排放强度			公共部门	环保违规被处罚数目
15	污水排放量	污水排放强度			新兴产业	
16	垃圾产生量	垃圾产生强度			高新技术产业	
17	危险有毒物品产生量	危险有毒物品产生强度			环保产业	
18	当地受污染影响人口数	当地受污染影响人口强度			健康产业	

4.2.4 企业基准指标体系

行业基准指标体系的结构框架如表 4.6 所示，由多维度多层次的指标构成。首先，基准指标按照其基准值来划分，分为代表水平、平均水平、最好水平和目标水平四种水平。其中，代表水平表示以基准主体某项指标的某一特定水平值作为基准值，可以是一个设定的代表性水平，也可以是一个选定的典型水平，或者是一个指定的参照水平，等等。平均水平表示以基准主体某项指标的平均值作为基准值，代表一种平均的状态。最好水平表示以基准主体某项指标的最佳表现值作为基准值，代表一种目前最佳的状态。目标水平表示以基准主体某项指标的目标规划值作为基准值，代表一种理想的情形。

其次，基准指标还可以按照基准主体的区域范围分为本地、本省、全国、国际和发达地区五种。其中，本地可以是省内的一个市、地区或县，也可以是一个跨省份的大区域，如西部、中部和东部，等等，还可以是一个跨省份跨市县的特殊区域，如珠三角、长三角和京津冀等。国际区域可以是全球某一地区、洲，也可以是部分国家的联合体，如欧盟、北美、OECD 成员国、新兴市场经济体和金砖国家，等等。发达地区专指发达国家的集合体，这里用 OECD 成员国来代表。

表 4.6　同行业企业基准指标体系

	代表水平	平均水平	最好水平	目标水平
本地	√	√	√	√
本省	√	√	√	√
国家	√	√	√	√
国际	√	√	√	√
发达地区	√	√	√	√

基准指标体系的指标也按照评价指标体系的设置可以划分为四个层次，将这些四个层次的指标分别按照区域和基准水平维度划分就形成了 20 个基准指标体系，即

- 本地代表基准指标体系
- 本地平均基准指标体系
- 本地最好基准指标体系
- 本地目标基准指标体系
- 本省代表基准指标体系
- 本省平均基准指标体系
- 本省最好基准指标体系
- 本省目标基准指标体系
- 国家代表基准指标体系
- 国家平均基准指标体系
- 国家最好基准指标体系
- 国家目标基准指标体系
- 国际代表基准指标体系
- 国际平均基准指标体系
- 国际最好基准指标体系

- 国际目标基准指标体系
- 发达国家代表基准指标体系
- 发达国家平均基准指标体系
- 发达国家最好基准指标体系
- 发达国家目标基准指标体系

当然，在实际评价中并不需要运用所有这些基准指标体系，而是要根据所研究问题及目的，从中遴选适宜的体系。

4.3 数据搜集

4.3.1 数据来源

一般来说，企业资源、能源消耗和污染排放的数据主要来自企业内生产经营以及资源环境监测部门的记录。这些部门在收集和统计数据时会遇到各种不同的情况，例如煤炭、石油等自然资源的使用量等数据可以直接根据实际消耗得来；而用水量、用电量等企业内部不能直接测算的数据，可以根据供水、供电单位的记录得到；还有一些相关排放物的数据，可以根据设备的型号以及其提供的信息，例如消耗一吨煤炭会排放出多少吨的二氧化碳、二氧化硫等污染物，经过计算得到。此外，企业对外发行的一些报告，例如企业社会责任报告、环境报告等资料，也是获取数据和信息的来源。在这方面做得比较好的企业包括渣打银行等。渣打银行是最早发布企业社会责任报告的企业之一，此后每年都会发布一份企业社会责任报告，其中不仅包括企业在报告年度内对资源和环境保护的情况，还包括今后的环保目标和规划。我们可以从中获得例如清洁能源的发展状况、二氧化碳排放量的情况，等等。然而，企业社会责任报告中涉及的具体数据较少，更多地侧重于从整体上评价企业在资源环境和可持续发展上的业绩和目标。

行业基准数据的获得一般需要通过企业外部数据渠道搜集，如专门从事收集、整合和分析企业不同方面信息数据的公司。他们通常都与政府或是拥有大量数据的相关行业、机构有着良好和密切的合作关系，我们可以从这些公司中获取有用的企业资源、环保表现方面的信息和数据。通过权威可靠的数据公司可以使用比较少的时间和精力获得行业内多家企业的资料，更加便捷与高效。

除此之外，通过政府网站公布的数据统计获得相关资料也是获取数据的一种方式。政府部门通常拥有最完整且有效的数据资源。随着市场经济的发展，政府部门逐级加强信息数据库的建设工作，数据的管理越来越规范，应用越来越公开。例如有比较丰富的资源、能源和环保方面的年度数据；还有专门机构的网站，也会定期公布数据统计与分析报告，都是可以免费获得的。

4.3.2 数据获取的方式

本研究将主要依靠参与评级的企业提交报告的方式搜集企业相关的生产经营管理信息和资源环境表现等信息，由企业按要求填报报告指标体系规定的内容。获得企业的第一手资料之后，将由专家对数据做出审核和验证，根据需要对企业进行走访面议。经验证有效的数据最后由专家负责汇总整理成为基础数据指标，并据此计算相关的派生指标。

除从参与评级企业直接获取数据信息之外，部分数据还可以从政府机构网站的数据库、统计年鉴、统计公报、科研机构、行业协会以及数据公司等获得。其中部分数据也许需要购买。

4.3.3 数据获取需要注意的问题

不论是数据获取的来源还是方式，需要注意的最重要一点是数据的质量。数据质量的好坏直接影响着以此为依据的分析、评价与评级工作的有效性和权威性。值得关注的有以下几个方面：

1. 检查报告数据与指标的口径是否一致。要求企业报告的数据是在同一标准下统计得到的，主要涉及统计方式和统计范围等。只有在统一的框架和分类下，企业不同年份或者行业内不同企业的资源环境数据才会衔接一致。

2. 检查数据处理的方法是否一致。有些搜集到的数据并不是我们统计需要的，可能需要把几个方面的指标数据经过加工处理，得到最终目标值。

这就需要按照统一的方法和程序进行处理，以免在比较分析中出现问题。

3. 与国际指标和数据的规范内容接轨。国际上目前关于资源环境问题的指标设置和数据很多，相关国际机构在统一国际通用的统计指标和统计准则方面做出了大量的努力。为此，本研究在强调本国特色的同时，也要注意顺应国际化的趋势，积极与国际接轨，借鉴国际权威机构颁布的指标体系和统计准则，如联合国、OECD 等国际组织制定的统计标准、欧盟统计标准和北美统计标准，等等。

5. 企业绿色表现评价

对企业的绿色表现进行评价是了解企业绿色发展现状和变化的需要，有助于企业发现绿色发展中的问题，监测绿色进步状况。评价企业绿色表现的方法很多，常用的方法包括标准化法、打分法、赋值法、比较法、基准法、多指标评价模型、多元统计分析等，各种方法具有不同的优势和劣势。一般来说，指标评价注重指标的可比性、可加性、代表性和解释性。标准化法、打分法、赋值法以及多指标评价模型等将各项数据通过无量纲化处理为可以比较的指数，方便进行比较、加总和综合分析，但是经过处理后的数据本身以及指标间的异同却失去了本来的涵义，无法据此给出明确的理论解释。

5.1 绿色表现指标分析

评估企业绿色表现主要基于企业绿色表现指标体系及其数据，对这个多指标系统作出评价。评价多指标系统需要处理好四个关键问题，即可比性、综合性、客观性和解释力。可比性是指所使用的指标要可以在企业间或者与参照指标进行比较。综合性是指所运用的评价方法具有汇总多指标得出综合性结论的能力。对于多指标的综合汇总通常需要考虑各指标的不同权重影响，客观性指的是权重的确定要尽可能基于客观证据而不是主观随意设置。解释力是指得出的评价结果要有明确的经济、环境或政策涵义，要具有具体的现实内容而不是抽象的空洞数据。

评估企业绿色表现的基本方法有指标法、目标法和基准法等。指标法首先给各项绿色表现指标分配权重，其次确定关于每项指标的绿色表现程度的打分规则并进行打分，最终将每一项指标均赋予一个相应的分数，这些分数可以自由加权汇总产生出综合性结论。这种方法的缺点有二，一是权重的确定分配通常靠主观判断确定，二是得出的结果表现为一定的分数，没有明确的涵义。目标法通过测算企业各项绿色表现指标与其绿色发展目标间的距离来确定企业的绿色表现程度，这个数值越大绿色表现越好。对各项指标分配权重后就可以将指标进行汇总得出综合性结论。这种方法的弱点仍旧在于权重的分配是主观确定的。基准法与目标法类似，通过测算企业的各项绿色表现指标与相应的基准指标间的比较来确定企业的绿色表现程度，但这个程度可以大于或小于1，正向指标（如资源生产率）的数值越大则绿色表现越好，负向指标（如污染生产率）的数值越小则绿色表现越好。对各项指标分配权重后也可以将指标进行汇总得出综合性结论。

评价企业的绿色表现首先需要通过直接观察绿色表现指标，取得对企业绿色发展状况的初步了解，另一方面绿色表现指标也为其他评价方法提供基础。如第四章所述，绿色表现指标可以是定性指标也可以是定量指标，定量指标又分为总量指标、结构或比重指标、比率指标以及强度指标等，并且这些指标分属不同的层次，具有不同的功能和作用。

总量指标，也称为水平或绝对量指标，用于反映企业各种绿色表现的数量方面，是描述企业绿色表现的最基本指标。总量指标分析对于评价企业的绿色表现具有独特、不可或缺的作用。由于企业在性质和规模等方面各不相同，总量指标通常不适于在企业间进行比较分析。但是，在某些情况下，总量指标却能发挥特有的作用。例如，假定A企业的年产值是B企业的1000倍，二氧化碳年排放量是B企业的800倍，则A企业的二氧化碳排放强度是B企业的80%，表明A企业在这方面的绿色表现要好于B企业。但是，如果从对气候变化的贡献的角度来看，B企业的影响明显远远低于A企业。因此，分析企业绿色表现时不能仅仅依赖相对指标，还需要绝对指标，将二者结合起来进行分析非常必要。

出于简练、集中和效率等因素的考虑，本章的研究选择如下18个总量指标，它们分别是：

1）温室气体（GHG）排放量

2）二氧化硫（SO_2）排放量

3）二氧化氮（NO_2）排放量

4）有毒挥发性化合物（VOC）排放量

5）粉尘颗粒物（PM）排放量

6）土地占用量

7）水消耗量

8）能源消耗量

9）自然资源消耗量

10）物质资料消耗量

11）原材料消耗量

12）废气排放量

13）土壤污染物排放量

14）水污染物排放量

15）污水排放量

16）垃圾产生量

17）危险有毒物品产生量

18）当地受污染影响的人口数

比重指标，也称为结构指标，适于反映企业某项绿色表现的相对程度。本研究选择如下 9 个比重或比率指标：

19）化石能源比重

20）可再生能源比重

21）物质循环利用率

22）再循环原材料投入比重

23）可再生原材料消耗比重

24）绿色投资信贷比重

25）绿色产值比重

26）绿色供应商比重

27）绿色就业比重

此外，本研究还选择了 3 个定性指标，即

28）绿色战略、行动和成就

29）环境违规、事故或处罚次数

30）对生物多样性的影响

5.2 绿色强度指标分析

评价企业的绿色表现状况可以基于企业绿色表现指标及其数据进行直接分析，也可以基于绿色表现指标及其数据通过计算企业绿色表现指数进行间接分析。直接分析方法具有直观、便捷、解释力强、涵义明确等优点，但难于衡量绿色表现的程度并且难于层层汇总以得出综合性评判和结论。而间接分析方法通过将各项绿色表现指标值与其相应的基准值进行比较，计算出绿色表现指数以表示绿色表现的相对程度。这不仅能够准确地把握各项指标的绿色表现程度，并且仍旧具有较强的解释力，还能够对各项指标的绿色表现程度表达出确切的涵义和判断，能够将绿色表现指数做加权汇总以得出综合性评判和结论。因此，在企业绿色表现评价中，间接分析方法比直接分析方法更加适用和普遍。这种间接分析方法通常称为指数法。

对于企业绿色表现的评价分析显然不能仅仅停留在基于绝对量指标的一般意义上的泛泛分析上，而是需要将分析重点放在相对指标的考量上面。因为相对指标更便于比较和综合，便于更加精准的判断，而且允许更深入的复杂分析。因此，绿色表现相对指标分析有利于了解企业绿色发展现状和变化，有助于企业发现绿色发展中的问题，监测绿色进步状况。

绿色强度指标是将企业的绿色表现绝对量指标与企业的经济表现绝对量指标进行对比，以求得企业单位经济量表现对应的绿色表现量的一种绿色表现相对指标，用于对企业内部绿色表现情况的评价，其计算公式如下：

$$绿色强度指标=\frac{绿色表现绝对量指标}{经济表现绝对量指标}$$

或者

$$GIIV_i=\frac{GPIV_i}{EPIV_i}$$

式中：

$GIIV$ – 绿色强度指标

$GPIV$ – 绿色表现绝对量指标

EPIV - 经济表现绝对量指标

i - 各种指标

公式的分子为企业的绿色表现绝对量指标，其种类和数量与绿色表现绝对量指标一致。分母为企业的经济表现绝对量指标，主要指能够反映企业经济活动总量、规模或水平的指标，种类繁多，通常包括总产出或总产值、营业额、增加值、营业利润、员工数、总投资，等等。这些指标各有优缺点，应该根据具体条件和需求灵活选择运用。从指标的代表性和数据的可获得性等方面来看，产值最能反映企业的经营规模，并且其数据统计适用于几乎所有的企业，特别是具备一定规模的企业。因此，我们通常都用企业的总产值代表企业的经济表现绝对量。

最终计算出来的绿色强度指标主要有：

1）温室气体（GHG）排放强度

2）二氧化硫（SO_2）排放强度

3）二氧化氮（NO_2）排放强度

4）有毒挥发性化合物（VOC）排放强度

5）粉尘颗粒物（PM）排放强度

6）土地占用强度

7）水消耗强度

8）能源消耗强度

9）自然资源消耗强度

10）物质资料消耗强度

11）原材料消耗强度

12）废气排放强度

13）土壤污染物排放强度

14）水污染物排放强度

15）污水排放强度

16）垃圾产生强度

17）危险有毒物品产生强度

18）当地受污染影响人口强度

强度指标都是负向指标，表示单位产值的污染产生量、物资消耗量或受影响人口数，其数值越小越好。

绿色强度指标的倒数称为绿色生产率指标，表示单位污染产生量、物资消耗量或受影响人口数贡献的产值，其数值越大越好。二者相比，绿色强度指标注重环境方面的影响，而绿色生产率指标则强调经济方面的成果，每一种指标的使用需要根据研究的目的、性质和条件等因素而定。

5.3 绿色进步指数分析

绿色强度指标是对企业内部绿色表现情况的静态评价，而绿色进步指数测算企业绿色强度指标的动态变化，是对企业内部绿色表现情况的动态评价。绿色进步指数由企业当期的绿色表现强度除以前期或基期的绿色表现强度求得，表示企业绿色表现强度的变化率，即

$$\text{绿色进步指数}=\frac{\text{当前绿色表现强度指标}}{\text{前期或基期绿色表现强度指标}}=\frac{\dfrac{\text{当前绿色表现绝对量指标}}{\text{当前经济表现绝对量指标}}}{\dfrac{\text{前期或基期绿色表现绝对量指标}}{\text{前期或基期经济表现绝对量指标}}}$$

或者

$$GPI_{i,t}=\frac{GIIV_{i,t}}{GIIV_{i,b}}=\frac{\dfrac{GPIV_{i,t}}{EPIV_{i,t}}}{\dfrac{GPIV_{i,b}}{EPIV_{i,b}}}$$

式中：

GPI – 绿色进步指数

GIIV – 绿色表现强度指标

i – 各种指标

t – 时期

b – 基期，可以是当期之前的任何时期

因而，对应着上一节介绍的 18 个绿色强度指标，则可以计算至少 18 个绿色进步指数，即

1）温室气体（GHG）排放进步指数

2）二氧化硫（SO_2）排放进步指数

3）二氧化氮（NO_2）排放进步指数

4）有毒挥发性化合物（VOC）排放进步指数

5）粉尘颗粒物（PM）排放进步指数

6）土地占用进步指数

7）水消耗进步指数

8）能源消耗进步指数

9）自然资源消耗进步指数

10）物质资料消耗进步指数

11）原材料消耗进步指数

12）废气排放进步指数

13）土壤污染物排放进步指数

14）水污染物排放进步指数

15）污水排放进步指数

16）垃圾产生进步指数

17）危险有毒物品产生进步指数

18）当地受污染影响人口进步指数

绿色进步指数都大于或等于0，可以小于、等于或大于1，数值越小越好。小于1说明绿色强度指标在下降，对环境的影响在减少；等于1说明没有变化；而大于1则说明绿色强度指标在下降，对环境不利。

5.4 绿色脱钩指数分析

绿色脱钩指数是对绿色表现与经济表现指标增长率对比程度的测量，是对企业内部绿色表现与经济表现的脱钩情况的度量，是绿色评价的根本。因此，计算企业的绿色脱钩指数尤显必要。绿色脱钩指数由企业当期的绿色表现指标的增长率除以当期的经济表现指标的增长率求得，表示企业环境影响增长率与经济增长率间的相对变化程度，即

$$绿色脱钩指数=\frac{绿色表现指标增长率}{经济表现指标的增长率}=\frac{\dfrac{当前绿色表现绝对量指标}{前期或基期绿色表现绝对量指标}-1}{\dfrac{当期经济表现绝对量指标}{前期或基期经济表现绝对量指标}-1}$$

或者

$$GDI_{i,t}=\frac{GPG_{i,t}}{EPG_{i,t}}=\frac{\dfrac{GPIV_{i,t}}{GPIV_{i,b}}-1}{\dfrac{EPIV_{i,t}}{EPIV_{i,b}}-1}$$

式中：

GDI – 绿色脱钩指数

GPG – 绿色表现增长率指标

EPG – 经济表现增长率指标

i – 各种指标

t – 时期

b – 基期，可以是当期之前的任何时期

因而，对应着上一节介绍的 18 个绿色强度指标，则可以计算至少 18 个绿色进步指数，即

1）温室气体（GHG）排放脱钩指数

2）二氧化硫（SO_2）排放脱钩指数

3）二氧化氮（NO_2）排放脱钩指数

4）有毒挥发性化合物（VOC）排放脱钩指数

5）粉尘颗粒物（PM）排放脱钩指数

6）土地占用脱钩指数

7）水消耗脱钩指数

8）能源消耗脱钩指数

9）自然资源消耗脱钩指数

10）物质资料消耗脱钩指数

11）原材料消耗脱钩指数

12）废气排放脱钩指数

13）土壤污染物排放脱钩指数

14）水污染物排放脱钩指数

15）污水排放脱钩指数

16）垃圾产生脱钩指数

17）危险有毒物品产生脱钩指数

18）当地受污染影响人口脱钩指数

绿色脱钩指数可以是正数或负数，数值越小越好（默认分母为正），如果绿色脱钩指数小于0，则表示随着经济增长，其对环境的影响反而减少，即经济增长与环境损害强脱钩；绿色脱钩指数等于0，表示经济增长对于当前的环境状态没有造成任何影响；如果绿色脱钩指数在0与1之间，则表示随着经济增长，其对环境的影响速度或者环境的受损害速度低于经济增长速度，即经济增长与环境损害弱脱钩。

5.5 绿色基准指数分析

无论是绿色表现指标、强度指标还是绿色进步指数和脱钩指数都是对企业内部绿色表现情况的描述和分析，还不能适用于企业间的绿色表现比较和评价，这时通常就需要借助于基准法。基准法也叫基准化分析法，是指选择一个经济主体作为参照对比的基准主体，选择其相关的经济、环境或社会表现内容作为基准指标，将所研究主体的有关指标与基准主体的相应基准指标做比较，计算出比较指数，从而得出关于研究主体相对表现水平的一种评价方法。

基准法的最显著优点是其处理的指标具有明确的涵义和较强的解释力，便于揭示所研究主体的具体进程、问题和改进之处。其另一个主要优点是方便进行不同主体、不同空间、不同层次间的比较。在绿色企业表现评价中，由于不同国家、地区、行业等企业所处的经济、社会和环境条件千差万别，表现出的资源利用和环境污染表现状况也不尽相同，如果简单地将绿色表现指标进行直接比较或加总，就会忽略一些经济社会环境因素的影响作用。基准法在数量比较的同时，可以通过经济社会环境的分析，不断修正结果。此外，基准法还具有简单明了、易于操作、数据处理简单等优点。

应用基准法评价企业绿色表现的一个重要步骤是选择基准指标和确定基准值。由于同行业的企业具有较好的同质性，而不同行业的企业异质性较强，基准指标一般依据行业设置，企业的各项绿色表现指标仅限于与企业所属行业的基准指标进行比较。在行业内，基准指标可以来自于代表性企业、典型企业、最佳企业或理想型企业，基准值可以是行业的平均水平、特定水平、最好水平或目标水平。出于区域研究或区域间比较的需要，基准指标还可以增加区域的维度，依据区域设置，可以来自于同区域同行业的代表性企业、典型企业、最佳企业或理想型企业，基准值可以是同区域同行业的平均水平、最好水平或目标水平。基准法的应用有利于识别企业在本地区本行业中的绿色发展地位和作用。

出于对企业间绿色表现进行比较研究的需要，本研究采取基准法作为主要评价方法，从多方位而不是单一指标对企业的绿色表现情况作出综合评价。本研究基于区域和行业双维度设计了五套基准体系，即发达国家行业基准、国际行业基准、本国行业基准、各省行业基准以及本地本行业基准等。同时，每一种基准体系又分为代表水平、平均水平、最好水平和目标水平基准等四种，因此形成了20个基准指标体系。

应用基准法评价企业绿色表现的下一个步骤是计算绿色基准指数。绿色基准指数是指企业绿色表现指标与相应的基准指标对比的差距程度，可以是大于或等于0的任何数值，其计算公式如下：

$$\text{绿色基准指数}=\frac{\text{绿色表现指标}}{\text{基准表现指标}}$$

或者

$$GBI_i=\frac{GPIV_i}{BPIV_i}$$

式中：

GBI – 绿色基准指数

$GPIV$ – 绿色表现指标

$BPIV$ – 基准表现指标

i – 各种指标，可以是绝对量，也可以是相对量

与发达国家同行业基准比较。毋庸置疑，发达国家不仅仅经济发展水平高，在环保方面也走在世界的前列，是世界迈向可持续发展进程的典范。与发达国家进行比较能够发现中国企业的差距和问题，便于学习国际先进经验，树立明确的发展目标。目前，发达国家主要由 OECD 的 30 个成员国代表，因为 OECD 始终是世界上可持续发展、绿色增长的主要推动者之一。与 OECD 比较分为与平均水平、最好水平和目标水平比较三种。

与国际标准或同行业基准比较。与国际标准比较是随着经济全球化的发展，民族企业与世界接轨的表现。随着全球资源和环境危机的加剧，各国对于建立针对企业的资源环境统计规范的呼声越来越高，现已出台了一些规范准则，如 ISO14001、全球报告倡议等。与国际标准比较也分为与平均水平、最好水平和目标水平比较三种。与国际标准比较对其国家建设绿色生态型企业提出了更高的要求，也会给企业在资源环保领域的改进带来更多的宝贵经验。

与本国同行业基准水平比较。与国家发展水平或政策标准比较是最常用的方法。本国各行业企业绿色发展的平均水平、最好水平和目标水平是评级企业绿色表现的基本标准。另外，国家针对不同行业出台各种相应的标准准则，其中包括十分详细的企业资源、环境标准。规范的企业会每年向地方环保部门报告资源环境统计结果，地方环保部门则依据国家行业标准对企业是否达标进行评估，同时将本地企业的资源环境统计结果进行汇总和整理，继续上报给上级单位，最终形成国家的资源环境统计。企业在下一年度会依据国家和地方的资源环境报告，并结合地方环保部门的评估反馈，总结上一年度的成功经验与不足之处，在新的周期内继续改进。因此，与本国水平比较可以清楚地认清企业的表现水平和地位。

与本地区同行业基准水平比较。选择同行业内各企业的平均水平、最好水平和目标水平作为参考标准，是必不可少的一种基准评价方法，便于发现企业在本地区本行业的地位和作用。

与基准指标体系的应用原则类似，在实际评价中并不需要计算所有这些指数体系，而是要根据所研究问题及其目的的需要从中遴选适宜的体系。

5.6 绿色表现评价清单

综合以上分析，我们建立起了一套可评价企业内部和外部绿色表现的方法体系。将这些方法统一起来结合运用，我们就建立了如表 5.1 所示的企业绿色表现评价清单。其中，第三列表示绿色表现基本指标，共有 30 项，包括绝对量指标 18 项，比重和比率等相对量指标 9 项以及定性指标 3 项；第四列表示绿色强度指标，与绝对量指标的项数对应，共有 18 项；第五列表示绿色进步指数，即强度的变动率，与绿色强度指标的项数对应，共有 18 项；第六列表示绿色脱钩指数，即强度指标分子和分母指标的分别增长率的比值，也与绿色强度指标的项数对应，共有 18 项；最后一列表示绿色基准指数，即各项指标与其基准指标的比值。该指数适用于所有绝对量和相对量指标以及强度指标，因此共有 45 项。

对于绿色表现的评价主要基于三个方面。首先，对于前 18 项绿色表现来说，绿色表现指标和绿色强度指标均是越少越好，绿色进步指数、绿色脱钩指数和绿色基准指数均是越小越好。其次，对于绿色表现的 9 项比重或比率指标来说，绿色表现指标越高越好，绿色基准指数越大越好，而绿色强度指标、绿色进步指数和绿色脱钩指数则不相干。再次，对于最后 3 项绿色表现定性指标的评价需要分两个层次。在第一个层次上，进行有无评判，其中绿色战略、行动和成就项有好于没有，环境违规、事故或处罚次数项没有好于有，对于生物多样性的影响项没有好于有。在第二个层次上，依据每项指标的表现程度作出评价，其中绿色战略、行动和成就项是正项指标，即程度越高越好；而环境违规、事故或处罚次数项和与生物多样性的影响项均为负向指标，即程度越高越不好。

表 5.1 企业绿色表现评价清单

		绿色表现指标	绿色强度指标	绿色进步指数	绿色脱钩指数	绿色基准指数
		绝对量、比重、比率或定性	单位产值	强度变动率	增长变动率；<0，强脱钩；0–1，弱脱钩	与基准比较；>0
1	温室气体排放（GHG）	越少越好	越少越好	越小越好	越小越好	越小越好

续表

		绿色表现指标	绿色强度指标	绿色进步指数	绿色脱钩指数	绿色基准指数
		绝对量、比重、比率或定性	单位产值	强度变动率	增长变动率；<0，强脱钩；0–1，弱脱钩	与基准比较；>0
2	二氧化硫排放（SO_2）	越少越好	越少越好	越小越好	越小越好	越小越好
3	二氧化氮排放（NO_2）	越少越好	越少越好	越小越好	越小越好	越小越好
4	有毒挥发性化合物排放（VOC）	越少越好	越少越好	越小越好	越小越好	越小越好
5	粉尘颗粒物排放（PM）	越少越好	越少越好	越小越好	越小越好	越小越好
6	土地占用	越少越好	越少越好	越小越好	越小越好	越小越好
7	水消耗	越少越好	越少越好	越小越好	越小越好	越小越好
8	能源消耗	越少越好	越少越好	越小越好	越小越好	越小越好
9	自然资源消耗	越少越好	越少越好	越小越好	越小越好	越小越好
10	物质资料消耗	越少越好	越少越好	越小越好	越小越好	越小越好
11	原材料消耗	越少越好	越少越好	越小越好	越小越好	越小越好
12	废气排放	越少越好	越少越好	越小越好	越小越好	越小越好
13	土壤污染物排放	越少越好	越少越好	越小越好	越小越好	越小越好
14	水污染物排放	越少越好	越少越好	越小越好	越小越好	越小越好
15	污水排放	越少越好	越少越好	越小越好	越小越好	越小越好
16	垃圾产生	越少越好	越少越好	越小越好	越小越好	越小越好
17	危险有毒物品产生	越少越好	越少越好	越小越好	越小越好	越小越好
18	当地受污染影响人口	越少越好	越少越好	越小越好	越小越好	越小越好
19	非化石能源比重	越高越好				越大越好
20	可再生能源比重	越高越好				越大越好
21	物质循环利用率	越高越好				越大越好
22	再循环原材料投入比重	越高越好				越大越好
23	可再生原材料消耗比重	越高越好				越大越好
24	绿色投资信贷比重	越高越好				越大越好
25	绿色产值比重	越高越好				越大越好
26	绿色供应商比重	越高越好				越大越好
27	绿色就业比重	越高越好				越大越好

续表

		绿色表现指标	绿色强度指标	绿色进步指数	绿色脱钩指数	绿色基准指数
		绝对量、比重、比率或定性	单位产值	强度变动率	增长变动率；<0，强脱钩；0–1，弱脱钩	与基准比较；>0
28	绿色战略、行动和成就	有无				
29	环境违规、事故或处罚次数	越少越好				
30	对生物多样性的影响	有无				

6. 企业的绿色排名、评级与认证

上一章对于企业的绿色表现评价方法做了较为详细的介绍，这些方法针对企业内外部的绿色表现的主要方面进行评价，有助于我们认识和判断企业在各种绿色表现方面的性质和进步程度。然而，这些方法的不足是它未能提供关于企业整体绿色表现的描述和判断，而这方面非常重要。对于企业整体绿色表现的评价能够明确企业绿色表现的综合程度；能够确定企业的绿色表现在本行业内的相对位置；能够帮助企业确立绿色发展方向，树立标杆，识别差距；能够鼓励先进，扶持上进，帮助改进，带动后进；能够帮助企业设立绿色发展的改进目标、进程和措施；并且能够推动绿色产业发展。

评价企业整体绿色表现程度的一个重要方法是绿色企业评价。绿色企业评价包括排名、评级、验证和认证等内容，是评价企业绿色发展的质量和进程的需要。绿色企业评级有利于明确企业的绿色表现程度及其在本行业中的相对位置，识别企业的差距和问题，设立改进目标和措施。它还有利于树立标杆，鼓励先进，扶持上进，帮助改进，带动后进，为企业绿色发展确立方向。因此，本章旨在为绿色企业评级工作建立方法体系。

评价企业的整体绿色表现情况需要考虑企业内外部绿色表现的各个主要方面，需要对由多标准多指标构成的复杂系统做出综合评价。这是一项富于挑战性的工作，目前还没有完美的理论和方法作指导。从统计技术的角度来看，运用多维指标对事物进行整体评价的方法很多，这些方法自然地都可在一定程度上或多或少地应用于绿色企业研究中，包括企业的绿色表现排名和评级评价。当然，根据绿色企业研究的特点和要求，绿色企业整体评价研究一般不能直接应用既有的常用方法，而是需要对既有方法进行比较研究，选择适宜的方法，并对其做出适当的调整、适应和设计等工作，有的时候甚至需要开发新的方法以提高评价工作的相关性、适用性和有效性。在本章中，我们将在总结既有排名和评级方法的基础上，探讨开发两种新的评级方法并对其做出详细介绍。

6.1 企业绿色表现的排名和评级

对于企业的绿色表现进行排名可以有很多种方法，如按某一项指标排名，按某几项指标排名，或者按全部指标排名，等等。排名一般只能按照单一指标来进行，如果按照两项以上指标排名的话，就需要将这些指标汇总转化成单一的综合指标，再按照此综合指标进行排名。对于企业的整体绿色表现进行排名，则需要在考虑重要相关指标的基础上，将这些指标层汇总成一个单一综合指标然后进行排名。因此，多指标的汇总转化就成为排名工作的关键环节。

多指标汇总方法就是将各个指标按照相应的权重进行汇总合并，求得所有指标的平均代表水平值或者总体分数值。这种方法的运用涉及两个方面，一是指标值的预处理，二是指标权重的确定。由于不同类型的表现指标的单位量纲各不相同，要将这些指标进行汇总首先必须做无量纲化处理，使得不同类型的指标具有可比性和可加性。无量纲化处理方法主要有阈值法和标准化法等，经过其处理后的指标都变成了抽象的相对数，往往丧失掉本来的明确涵义。对于指标权重的确定，通常有主观赋权法和客观赋权法两种，而主观赋权法又分为德尔菲法和层次分析法等，客观赋权法分为主成分分析法和熵值法等。主观赋权法简便易行，但受赋权者主观偏好的影响较重，客观性、真实性和准确性都难于保证。客观赋权法依据大样本数据计算权重，赋权的过程相对比较客观，但是对数据的依赖较重并且赋权过程基于统计技术，一定程度上又忽视了主观判断和赋权的作用。

按照计算方法分类，企业绿色表现排名方法有两种，即名次排名法和指数排名法。名次排名法首先将企业主要绿色表现指标与其相应的基准指标进行对比求得无量纲的相对基准指数，然后分别对于这些指数进行企业间排名，求得本企业各项指数的排名名次，之后再求出本企业各项指数名次的平均名次，最后再在各企业间按照各自的平均名次重新排序求得新的排名名次，从而确定企业的相对绿色表现程度。该方法简便易行、通俗直观，但不够精细。

相对于名次排名法，指数排名法则更加经典和精细。它是指将企业主要绿色表现指标与其相应的基准指标进行对比求得无量纲的相对基准指数，并且结合运用主观和客观赋权法对各项指标进行赋权，然后通过层层加权汇总求出企业各项基准指数的均值指数或总体指数，最后再按照各企业的均值或总体指数进行综合排名，从而确定企业的相对绿色表现程度的一种排名方法。指数排名法设计经典，适用于定量指标，应用简单、直观和广泛，但是过度依赖权重和主观假定，结果抽象，涵义不清。

指数排名法是指通过计算各基础指标与基准指标求得比较指数，同时设定各指标权重，然后层层加权汇总最终得出总指数值，并据此对企业的相对绿色表现程度做出排序分级的一种排名评级方法。该方法便于发现企业在本地区本行业的相对地位和作用，但很大程度上依赖于权重的选择和设定，不可避免地受主观因素影响较大。

6.2 指数排名法

对企业进行绿色排名是绿色企业评价工作很关键的一环。排名基于企业整体的绿色表现，揭示企业在行业中的现实地位。正如第一节所述，指数排名法有不低于其他评价方法的特性，并且还是唯一能够实现相加可分性的方法。因此，本研究开发了一套指数排名法，据此评价企业的绿色表现。

实施指数排名法的第一步是设计指数打分体系。本研究重视方法的可比性和可解释性，因而定义了两种指数，分别是绿色强度指数和绿色规模指数。前者是指绿色强度指标与基准强度指标的比率，后者是绿色规模指标与基准指标的比率。具体定义如下。

对于绿色强度指数，公式如下：

$$GII_i = \frac{GIIV_i}{BIIV_i}$$

式中：

GII – 绿色强度指数

GIIV – 绿色强度指标值

BIIV – 基准强度指标值

i – 各种指标，可以是绝对值或者相对值

表 6.1 是关于该方法的打分体系。从这个表中，可以看出，基准得分被设置为 1，对应着绿色强度指数值在 0.95–1.05 这个范围内。举例来说，如果一家企业的绿色强度指数值落入了 1.05–1.15 的范围内，则该企业得分是 1.1；如果一家企业的绿色强度指数值落入了 0.85–0.95 的范围内，则该企业得分是 0.9。这种对绿色表现进行测量和打分的方法，可以直观地反映企业的绿色强度指标及得分与基准水平的差异程度。

在表 6.1 的第一行，将高于 5 的绿色强度指数值的得分设置为 6，也是最高的得分值。同时，在最后一行将低于 0.05 的绿色强度指数值的得分设置为 0。

表 6.1　绿色强度指数得分表

绿色强度指数值	得分
5.00 以上	6
4.50–5.00	5
4.00–4.50	4.5
3.50–4.00	4
3.00–3.50	3.5
2.50–3.00	3
2.05–2.50	2.5
1.95–2.05	2
1.85–1.95	1.9
1.75–1.85	1.8
1.65–1.75	1.7
1.55–1.65	1.6
1.45–1.55	1.5
1.35–1.45	1.4
1.25–1.35	1.3

续表

绿色强度指数值	得分
1.15–1.25	1.2
1.05–1.15	1.1
0.95–1.05	1
0.85–0.95	0.9
0.75–0.85	0.8
0.65–0.75	0.7
0.55–0.65	0.6
0.45–0.55	0.5
0.35–0.45	0.4
0.25–0.35	0.3
0.15–0.25	0.2
0.05–0.15	0.1
0.05 以下	0

绿色强度指数可以用来评价大多数的绿色表现，但是由于其基于相对指标从而忽略了企业的规模效应。在我们看来，规模效应对于评价企业的绿色表现也是至关重要的。虽然大公司的绿色强度或许会比小公司要低，但由于其本身拥有更大的经营规模，对环境的影响力势必比小公司更强，会产生更多的污染，消耗更多的资源能源，从而对环境造成更大范围和程度的破坏。因此，评价企业的绿色表现必须在绿色强度的基础上，加入对企业规模效应的考量。

根据表 5.1，指标 1–18 是用来测量资源、原材料、能源、污染排放的规模，这些指标均属于绿色规模指标。因此，我们将绿色规模指数定义为绿色规模指标与基准规模指标的比率。公式如下：

$$GSI_i = \frac{GSIV_i}{BSIV_i}$$

式中：

GSI – 绿色规模指数

GSIV – 绿色规模指标值

BSIV – 基准规模指标值

i – 各种指标，可以是绝对值或者相对值

表 6.2 展示了绿色规模指数的打分方法。从表中可以看出，基准得分为 1，对应的是绿色规模指数值在 1.0–5.0 的范围内。可以理解为绿色规模指标是基准规模指标的 1–5 倍。举例说明，如果一家企业的绿色规模指数值落入 5–10 的区域范围内，即该企业的绿色规模指标值是基准规模指标值的 5–10 倍，因此该企业得分为 1.5；如果一家企业的绿色规模指数值落入 0.5–1.0 的区域范围中，即该企业的绿色规模指标值是基准规模指标值的 0.5–1 倍，因此该企业得分为 0.5。

表 6.2　绿色规模指数得分表

指数值	得分
160 以上	4
80–160	3.5
40–80	3
20–40	2.5
10–20	2
5–10	1.5
1.0–5.0	1
0.5–1.0	0.5
0.5 以下	0

其中，表 6.2 的第一行表示绿色规模指数高于 160 时，即企业的绿色规模指标是基准规模指标的 160 倍以上，得分为最大值 4。同理，最后一行表示绿色规模指数低于 0.5 时得分为 0。这种度量、核算和打分的方式不仅考虑到了企业的规模效应，还可以进行规模指数与强度指数的比较分析，从而能够更加全面地评价企业绿色表现。

排名还需要通过对不同层级的指数计算来评估企业的绿色表现，因此构成了指数层级体系。正如附录六第一行所示，我们设计的层级指数体系分为顶层指数、分群指数、分类指数、次分类指数和底层指数等五个层级。其中，第一列的顶层指数是指总指数，可分别使用三种不同的计算方

法依据全部指数数据加总得出，每一种方法都是以不同的形式汇总下一级指数的得分。第二列的分群指数包括绿色环境指数、绿色生态指数和绿色践行指数三种。分群的依据是按照每个群下的分类指数具有相似的特性。第三列的分类指数是根据影响环境的不同方面来划分，其中包括空气、土地、水、资源、能源、生物多样性、垃圾、绿色经营、绿色管理和企业社会责任等10个指数。第四列则将分类指数进一步细分为29个次分类指数，每一个都代表着一种绿色表现。第五列的底层指数包括了强度指数和规模指数两类。

这种指数层次体系具备了相加可分性，但是需要借助权重来汇总不同层级的指数。在第6–11列给出了不同层级指数的权重。其中，第10列是强度与规模指数间权重，第11列是强度及规模指数间权重。本研究的权重可以依据优先顺序或者专家打分给出。虽然打分体系中包含规模指数可能会存有一些争议，毕竟强度指数更受到广泛的认可，但在评价中规模指数可以起到与强度指数相互补充对照的作用，因此本研究认为在绿色评估中采用规模指数是必要的。

在附录六的第12列中，研究假设存在一家企业，其各项指数得分均为1.2，结果展示了该企业的得分的加总过程和最终的企业绿色表现得分。显然，该结果符合相加可分性，并且可以与其他企业进行比较。在结果的可解释性上，这个得分可以视为该企业的绿色表现不如基准企业且相差20%。除此之外，结果也符合其他普遍良好特征。

在现实的例子中，得分及其加总过程需要遵循以下六个步骤：

1）定义和选择评价所需的表现指标和指数

2）定义相应的基准并设定基准值

3）计算基准指标及指数

4）根据规则对基准表现进行打分

5）对各层次得分进行加总，得到最终得分

6）根据最终得分对企业进行排名

值得注意的是，任何一家企业的绿色表现应该位于设定的范围或者介于最好水平和最差水平之间。因此，必须对指数值上界和下界进行定义和测量。对于排名来说，正常情况下最佳表现设为上界，最差表现设为下界。在企业的排名实践中，有必要将企业划分为不同的部分，分别进行企业排名。这种划分或许并不均衡，取决于表现好的、表现正常、表现差的企业的分布状况，通常存在左倾斜分布，但也可能因表现好的企业数居多而呈现右倾斜分布。有时候，采取截断处理的方法有助于更好地进行企业排名。在某些情况下，一些企业的表现远低于基准水平，这些企业不予排名，只有一小部分企业与基准接近可以进行排名。在术语中，将该情况下的排名称为基准排名（BR，Benchmarked Ranking），进行排名的企业称之为基准排名企业（BRF，Benchmark Ranked Firms），而没有进行排名的企业被称为远离基准企业（FAFBF，Far Away From Benchmark Firm）。

6.3 企业绿色等级及其划分标准

绿色企业评级工作将参与评级的企业进行划分，即绿色自愿企业与绿色认证企业，其中对绿色认证企业按其绿色表现程度不同又划分为 4 种类型，即

（0）绿色自愿企业（Green pursuer），（零个绿叶）

（1）绿色转型企业（Green tranformer），（一个绿叶）

（2）绿色成功企业（Green achiever），（二个绿叶）

（3）绿色开拓企业（Green pioneer），（三个绿叶）

（4）绿色引领企业（Front runner），（四个绿叶）

表 6.3　绿色企业分级标准

绿色企业门槛	绿色企业层次	定量条件标准	定性条件标准
（0）绿色自愿企业		大多数指标低于门槛临界值	有参与绿色企业评级活动的意愿；环境友好型企业
绿色认证企业			
	（1）绿色转型企业	大多数指标超过门槛临界值但不显著	具备明确的环保意识、战略、行动和成就；环境友好型企业
	（2）绿色成功企业	大多数指标显著超过较高的临界值水平	具备明确的绿色发展意识、战略、行动和成就；环境友好型企业

续表

绿色企业门槛	绿色企业层次	定量条件标准	定性条件标准
	(3) 绿色开拓企业	大多数指标显著超过较高的临界值水平，部分重要指标表现突出	具备明确的绿色发展战略；在绿色创新和开拓性实践方面取得显著成就；环境友好型企业
	(4) 绿色引领企业	大多数指标显著超过较高的临界值水平，较多的重要指标处于领先前列	具备明确的绿色发展战略；在绿色创新和开拓性实践方面取得显著成就；具有引领本领域、本行业、本地区或本国经济绿色发展方向的能力和影响力；环境友好型企业

这些类型可分为两个层次，即绿色企业门槛和绿色企业等级。如表6.3所示，这些绿色企业门槛和等级都按照明确的定量和定性标准来划分和认定。首先，表中的第一列为绿色企业设置了门槛，将参与评级的企业划分为绿色自愿企业和绿色认证企业两种。其中，绿色自愿企业是有参与评级的意向，但是未能通过绿色企业的最低标准，未能被认定和认证为绿色企业，还不能被称为绿色企业。从定性标准来看，这些企业具有参与绿色企业评级活动的意愿，在环保方面表现基本良好，没有显著的环保问题或事故；从定量标准来看，大多数考察的指标低于门槛临界值水平。与其对应，绿色认证企业则是参与绿色评级的会员企业中通过了绿色企业的最低标准，获得认定和认证为绿色企业的企业，即合格的绿色企业。从定性标准来看，这些企业具备明确的环保意识、战略、行动和成就，在环保方面表现基本良好，没有显著的环保问题或事故；从定量标准来看，大多数指标超过或显著超过门槛临界值水平。

其次，跨进绿色企业门槛获得绿色企业认证的企业又进一步分成从低至高四个等级，即绿色转型企业、绿色成功企业、绿色开拓企业和绿色引领企业。这四个级别可以由低至高分别用一至四个绿叶表示相应的等级。

绿色转型企业应该具备明确的环保意识、战略、行动和成就；无重大环保过失；并且大多数指标超过门槛临界值但不显著。该类型企业的绿色表现水平超过了绿色认证门槛标准，迈上了绿色企业的第一个台阶。绿色转型企业属于绿色企业中的最初级，其绿色发展尚未成熟，正处于向绿色转型阶段。

绿色成功企业应该具备明确的绿色发展意识、战略、行动和成就；无显著环保过失；并且大多数指标显著超过较高的临界值水平。绿色成功企业不仅通过了绿色认证，其绿色表现水平比绿色转型企业明显更成熟更优异，在一定程度上或某些方面已经实现了绿色增长，是真正意义上的绿色企业，因而迈上了绿色企业的第二个台阶。

绿色开拓企业应该具备明确的绿色发展战略；在绿色创新和开拓性实践方面取得显著成就；无显著环保过失；并且大多数指标显著超过较高的临界值水平，部分重要指标表现突出。绿色开拓企业是实现绿色增长的企业中的优秀企业，但不一定是最好的或最领先的企业，其显著特征是在实现绿色增长的某些方面做出了重要创新和开拓性的成就，因而迈上了绿色企业的第三个台阶。

绿色引领企业应该具备明确的绿色发展战略；在绿色创新和开拓性实践方面取得显著成就；具有引领本领域、本行业、本地区或本国经济绿色发展方向的能力和影响力；无重大环保过失；并且大多数指标显著超过较高的临界值水平，较多的重要指标处于领先前列。绿色引领企业是绿色实践企业中跑在最前面的企业，具有极大的示范和领跑作用，因而站上了绿色企业的最高阶，即第四个台阶。

以上仅是对于评级企业的类型的一般性描述，关于绿色企业门槛和绿色企业等级标准还需要设定一系列明确具体的要求，并且运用适当的方法依据这些标准的要求对企业做出综合评价。对于多标准系统做出综合评价是一项技术上尚未完全解决的难题，关键在于如何充分考虑多标准的要求，并能据此得出恰当的判断和结论，这方面目前还没有得到广泛应用的最优方法。最普遍的方法是依据排名的结果按照名次依次对企业的等级做出划分。这种方法虽然简便易行，但如上一节所述，它依据的排名名次通常由各项标准的加权平均得来，而加权平均的过程不可避免地依赖于对于权重的主观判断，并且最终汇总成的单一名次失去了明确的直观含义，用其进行比较评价并不能准确界定企业的绿色表现程度。此外，对于绿色企业评价来说，评价的对象是为数众多的企业，这些受评价企业的集合不是固定不变的，而是一个不断变化的动态集，有的新参与进来，有的退出，随着参与评级的企业的增减变动，各企业的名次也不断发生变化，因而依据名次进行评级就难以做到准确可信。

为此，本研究开发设计了一种基于多标准系统的综合评价企业绿色等级的方法，即筛选评级法。

6.4 筛选评级法

筛选评级法是通过设置一系列的指标分级标准而将企业的绿色表现程度做出分级、框定和筛选的一种绿色企业筛选评级方法。

评级指标

绿色企业评级所需要的评级指标不必是企业绿色表现评价指标的全部，而应该选择评价指标中最重要、最有影响、最具代表性的部分作为评级指标。从各个评价指标的重要程度来看，评价指标可以自上而下分成四个子体系。如表 6.4 所示，第一层次是标题指标子体系，由标题指标组成；第二层次是关键指标子体系，不仅包含第一层次的全部标题指标还包含未进入标题指标层次的一些脱钩指标，即非标题脱钩指标，以及其他关键指标；第三层次是核心指标子体系，不仅包含第二层次的全部关键指标，还包含区域、行业等特色指标，以及其他核心指标；第四层次是基本指标子体系，由第三层次的全部核心指标和其他细化指标组成。因此，全部指标按照重要程度分为四个层次七大类。评级指标应该与这七类指标对应，根据不同企业级别选择不同的指标范围，并且按照这些指标所属的层次确定其重要程度。除此之外，与评级指标相对应，还有一套基准指标。

表 6.4　绿色企业评级方法

标题指标子体系	标题指标						
关键指标子体系	标题指标	非标题脱钩指标	其他关键指标				
核心指标子体系	标题指标	非标题脱钩指标	其他关键指标	区域特色指标	行业特色指标	其他核心指标	
细化指标子体系	标题指标	非标题脱钩指标	其他关键指标	区域特色指标	行业特色指标	其他核心指标	其他细化指标
	1	2	3	4	5	6	7
（0）绿色自愿会员	40%–60% 的指标高于基准平均水平	40%–60% 的指标高于基准平均水平	40%–60% 的指标高于基准平均水平	40%–60% 的指标高于基准平均水平	40%–60% 的指标高于基准平均水平	40%–60% 的指标高于基准平均水平	定性标准
绿色认证会员							
（1）绿色转型会员	60%–80% 的指标高于基准平均水平	60%–80% 的指标高于基准平均水平	60%–80% 的指标高于基准平均水平	60%–80% 的指标高于基准平均水平	60%–80% 的指标高于基准平均水平	60%–80% 的指标高于基准平均水平	定性标准
（2）绿色成功会员	80% 以上的指标比基准平均水平高出 25% 以上	80% 以上的指标比基准平均水平高出 25% 以上	80% 以上的指标比基准平均水平高出 25% 以上	80% 以上的指标比基准平均水平高出 25% 以上	80% 以上的指标比基准平均水平高出 25% 以上	80% 以上的指标比基准平均水平高出 25% 以上	定性标准
（3）绿色开拓会员	80% 以上的指标比基准平均水平高出 50% 以上	80% 以上的指标比基准平均水平高出 50% 以上	80% 以上的指标比基准平均水平高出 50% 以上	80% 以上的指标比基准平均水平高出 50% 以上	80% 以上的指标比基准平均水平高出 50% 以上	80% 以上的指标比基准平均水平高出 50% 以上	定性标准
（4）绿色引领会员	80% 以上的指标比基准平均水平高出 50% 以上，并且至少一项指标最高	80% 以上的指标比基准平均水平高出 50% 以上，并且至少一项指标最高	80% 以上的指标比基准平均水平高出 50% 以上，并且至少一项指标最高	80% 以上的指标比基准平均水平高出 50% 以上，并且至少一项指标最高	80% 以上的指标比基准平均水平高出 50% 以上，并且至少一项指标最高	80% 以上的指标比基准平均水平高出 50% 以上，并且至少一项指标最高	定性标准

筛选标准

筛选标准的确定即是对不同企业级别考核的指标范围、指标所属层次的权重以及级别划分临界值等参数进行赋值。如，表 6.4 中第 1 行中给出的绿色会员企业的入门标准是指其各类指标的 40%–60% 这个范围达到高于基准平均水平这个临界值水平。这里假定各类指标均有同等的权重。如果我们假定各类指标的权重有所不同，其中标题指标的权重为 1，后面各类依次递减 0.1，则这时的各类指标的范围发生了变化，依次递减了 0.1。这就表明，在企业评级中层次越高的指标起到的作用越大。实践中，我们会根据绿色企业的理论标准、参评企业的具体实际、专家意见以及实验的方法等确定最终标准体系。

评级标准体系

由于本研究的基准体系按照基准水平分为特定、平均、最好和目标等四个水平，按照范围分为本地、本省、本国、国际和发达国家等五个主体，相应地评级标准体系也可以分成 20 个体系。每一个体系及其标准的设定要根据具体情况以及研究需要和目的而定。

评级指标范围的设定

评级指标范围临界值是控制各级别入选企业数量的第一个参数。指标范围过小则代表性就小，指标范围越大则筛选的严格程度越高。

评级指标权重的设定

评级指标权重值是控制各级别入选企业数量的第二个参数，其值的设定不可避免地带有主观性，需要慎重处理，否则可能会对最终结果产生较大的影响。各权重值间的差别代表着对于各类指标重要程度的认识。较小的权重值间差别表示较小的各类指标重要程度差异，反之亦然。

分级临界值的设定

分级临界值是控制入选企业数量的第三个参数。对于基准平均水平来说，分级临界值是指高于基准平均水平的临界值；对于基准最好水平来说，分级临界值是指低于基准最好水平的临界值。临界值水平的设置与其他两个参数的设置不无关系。为简单起见，通常可以将临界值等于 1 作为初级绿色企业与高级绿色企业的分水岭。当与基准平均水平比较时，初级绿色企业要看其超过基准平均水平的指标的数量，而高级绿色企业则要看其指标超过基准平均水平的程度。当与基准最好水平比较时，主要看高级绿色企业的各项指标与基准最好水平的距离。

企业级别的确定

基于不同水平的参数值，筛选模型可以筛选出不同企业集合。在此基础上，可以选出那些高频率被选中的企业作为中选企业。筛选模型的构建基于统计方法，如下所示，并不复杂。

首先，设置模型的维度和分类。模型的完整维度一般应与表 6.3 保持一致。这里，为简化起见，仅取其中的一部分设定，即如下几种集合：

j - 行业

f - 企业，总数为 F 个

i - 指标，总数为 N 个

g - 绿色企业级别，总共五个级别

h - 指标作用级别

其次，定义模型的参数如下：

a - 高于基准水平的企业级别临界值

ub - 指标范围临界值上限

lb - 指标范围临界值下限

c - 指标作用程度权重

再次，定义模型的变量如下：

R - 企业级别

V - 指标值

A - 行业基准平均值

最后，建立模型如下：

$$R_f = g$$

如果

$$R^*_{f,j,i} = \frac{V_{f,j,i}}{A_{j,i}} \geq a_{g,j,i}$$

并且

$$lb_g \cdot c_h \leq \frac{N_{R^*}}{N} \leq ub_g \cdot c_h$$

通过变动不同的参数值选出排名稳定的企业。

6.5 绿色企业认证

绿色企业认证是绿色企业评价评级工作的专业化设计，旨在建立和执行一套规范严格的审核和证明程序，对绿色企业评级的结果进行认证。本项目目前已开发建立的规范的评级认证工作程序包括绿色企业评级标准和其他认证文件。如第三章所述，绿色企业评级标准共分 12 项，包括目标、管理及战略，空气，土地，水，资源，能源，生物多样性，废物，产品全周期影响，绿色供应链，绿色管理与实践，企业社会责任等内容。每项内容包括绿色企业标准概述、简介、评估标准、自我评估报告所需的支撑性材料及文件清单，同行评议所需的资料和文件清单等内容。绿色企业认证工作需要按照绿色企业评级标准的要求对评级的结果进行审核、分析和验证。

7. 绿色企业评价流程

联合国工业发展组织“绿色产业平台”（Green Industry Platform，简称GIP）致力于分享世界绿色发展经验，推动各国绿色产业发展。近年GIP还研究开发了“绿色企业评价标准”，并开展了企业绿色表现评价和绿色企业评级认证两项工作。具体工作流程如下。

7.1 工作框架

企业绿色表现评价工作首先由GIP负责开发方法体系，GIP负责建立评价指标体系并向企业提供能力建设培训，设立基准指标评价体系，计算评价指数，对企业的绿色表现做出预评估或排名，并将评价结果反馈给企业听取反馈意见。企业绿色表现评价工作可以针对任何有意愿参与评估的企业。企业通过与GIP建立合作关系参与绿色产业平台建设，接受GIP提供的能力建设培训以及提供相关数据用于评价与评估。

绿色企业评级认证工作是在企业绿色表现评价的基础上的升华，其针对的对象一般是绿色表现相对较好并且有强烈意愿成为名副其实的绿色企业的企业。这项工作需要GIP和企业间的紧密配合。除前期的企业绿色表现评价所需的基础数据之外，企业还需要向GIP提供更加详细的数据、报告和访谈文件等，GIP需要开展进一步的调研、审核和验证工作，包括实地考察等。GIP还需要开发出绿色企业分级和评级的方法从而对企业做出评级。对于评级的结果，GIP需要开发和启动认证程序对其进行正式的认证，这个工作需要得到外部专家和利益相关者的指导、帮助及认可。

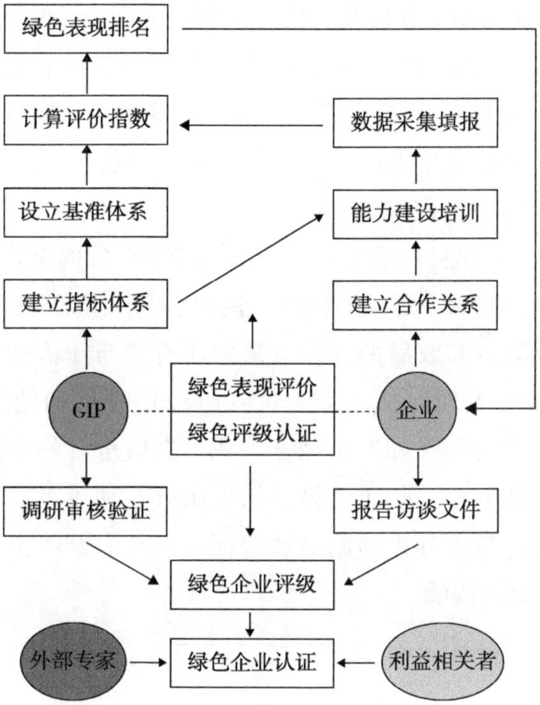

图 7.1　绿色企业评价工作框架

7.2 工作阶段

如图 7.2 所示，绿色企业评价工作按照先后顺序由六个阶段组成，分别是概念框架、方法设计、征询测试和修改、能力建设、绿色表现评价和绿色企业认证。

第一阶段是概念框架的建立。这是依据绿色企业建设理论形成的绿色企业评价工作的指导思想，是支撑整个评价工作的骨架，是评价工作科学性、系统性、严格型和规范化的保证。

第二阶段是方法设计，构成评价工作的方法论。它涉及评价指标体系设计、基准指标体系设立、数据填报和采集、评价指数计算方法、绿色表现排名方法、绿色企业分级标准和评级、绿色企业认证程序以及验证方法等多项技术内容。

第三阶段是征询测试和修改，使 GIP 和企业间产生互动。GIP 将已开发出的方法论的初步成果拿给一些有一定代表性的试点企业，由其审核数据的报告要求和可得性，GIP 根据企业反馈回来的意见和数据对评价方法进行修改和测试，直至形成令人满意的合理、可行且稳定的结果为止。这一过程可能需要多轮的沟通互动和修改。

第四阶段基于测试修改后的评价方法对参与评价的企业开展能力建设培训。培训工作包括编写和发放培训教材，举办培训讲座和企业实地调研培训等。

第五阶段将测试修改后的评价方法向所有参与评价的企业进行推广，即开展正式的绿色表现评估工作。这一阶段将收集和处理大量的数据信息，数据审核、检查和修订工作是重头戏。之后是对各企业的各种绿色表现指数进行计算和汇总，基于计算结果做出分类和排名，基于排名结果进行分析提炼结论，基于分析结论开展验证，并与专家、企业和其他利益相关者进行广泛的交流沟通。

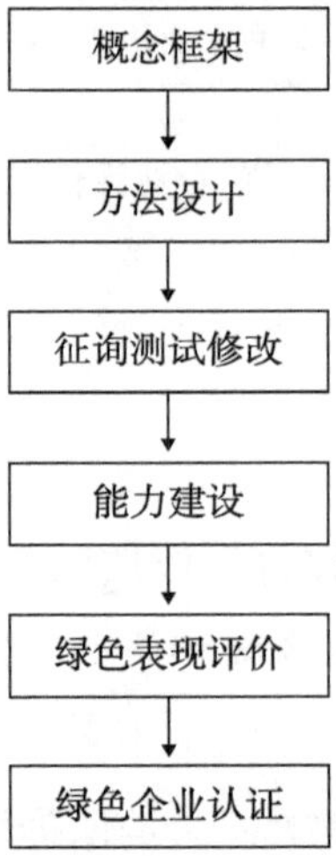

图 7.2 绿色企业评价工作阶段

第六阶段是绿色企业认证的内容，涉及一套严格、规范和复杂的执行程序。简要来看，首先，GIP 与愿意参与绿色企业认证的企业签署合作协议，双方同意开展认证工作。其次，企业按照 GIP 的指导向 GIP 披露所需的信息，GIP 开展调研、审核和评估工作。再次，GIP 得出认证结论，报请专家委员会和审核委员会审核批准。最后，GIP 向获准通过认证的企业颁发证书和牌匾。

7.3 工作环节

绿色企业评价工作的每一阶段都包含一些必要的工作环节或步骤，总共大致需要 16 个环节。如图 7.3 所示，这些环节按照先后发生的顺序依次是构建概念框架、构建指标体系、开发评价方法、征询与研讨、测试试点企业、评估测试结果、修改指标及方法、确定方法体系、会员企业推广、培训及能力建设、评价企业填报、调研审核和验证、评价评级与认证、专家咨询与论证、企业反馈与沟通、评级确认与认证。

其中，第一阶段最为简单，仅包含构建概念框架这一个环节。第二个阶段是方法设计阶段，包括构建指标体系和开发评价方法两个环节。第三阶段是征询测试与修改阶段，包含征询与研讨、测试试点企业、评估测试结果、修改指标及方法、确定方法体系这五个环节。第四阶段是能力建设阶段，包括会员企业推广和培训及能力建设两个环节。第五和第六个阶段共同覆盖评价企业填报、调研审核和验证、评价评级与认证、专家咨询与论证、企业反馈与沟通、评级确认与认证等六个环节。

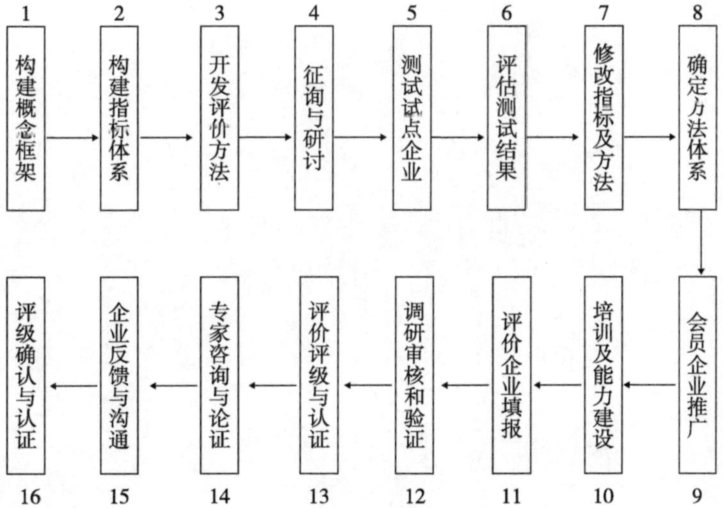

图 7.3　绿色企业评价工作环节

8. 中国上市公司
2017 绿色表现排名

8.1 背景和意义

当前我国正处于经济发展的地位远高于环境保护的历史时期，强调经济增速而忽略环境破坏的现象屡有发生。2014 年北京的“APEC 蓝”引起了公众和政府对环境保护的思考。虽然“APEC 蓝”仅维持了一周不到的时间，但其背后所涉及的一系列问题却值得社会各界有所反思，理论界、商界，甚至普通民众都表达了自己迫切想要关注环境信息披露的态度。绿色发展被提上日程，针对各个经济主体绿色发展的改革势在必行。

绿色发展的一个重要基础是企业的绿色发展。经济活动主要依靠企业进行，企业的环保行为和意识从根本上决定了当地环境的好坏程度。而事实上，企业出于逐利的目的只会不断加大资金投入，消耗更多资源能源，增加污染物排放，对后续的排污治理却缺乏相关的资金、技术和理论支持。随着近年环境问题的加重，公众与政府的环保意识逐渐加强，对企业行为的整治措施和力度不断加大。迫于外界压力，以及与国际标准接轨的实际需求，更多企业选择走上了绿色发展的道路。实现绿色转型是当前企业的唯一选择，是保证未来经营和发展的必由之路。

建设绿色企业，打造生态环保型生产经营模式，需要多方力量的支持。我国政府目前所做的努力之一是加强企业环境信息的披露。自 2005 年起我国不断出台一系列关于企业，特别是针对上市公司披露环境信息的政策文件，致力于推动企业进行有效的自我监测，保障政府与社会公众在透明度更高、针对性更强的条件下对企业进行外部监督。但由于部分企业出于自身利益的考虑，不能严格执行规定进行信息披露，加上环保部门不能做到对每一家企业的生产经营都进行全面的监管，导致了环境信息的监测和披露无法真正地帮助企业进行绿色建设。

因此，为了更好地实现对企业进行环境信息的外部监督，帮助企业找准绿色发展定位，摆明先进企业和落后企业，本研究决定对企业进行绿色排名。上市公司经济体量大、代表性强，肩负更多的社会责任，在经济发展和环境保护中都举足轻重。于是本研究选取了上市公司作为研究的样本，创新式地构建了符合中国国情的企业绿色排名指标体系，可以更明确企业环境信息披露的真实情况，更准确地发现领先企业和代表性企业，更有利于企业的外部监管和内部整治。

8.2 上市公司环境信息披露现状

8.2.1 基本情况

自 2005 年以来，我国对上市公司环境信息公开出台了一系列的规定。2005 年发布的《国务院关于落实科学发展观加强环境保护的决定》要求企业应当公开环境信息。2008 年 2 月，国家环境保护部发布《关于加强上市公司环保监管工作的指导意见》（环发［2008］24 号）。要求对 13 类重污染行业的公司申请首发上市或者再融资进行环保核查。上市公司应该在披露其他经营信息的同时，披露自己的环保信息，包括是否达到环保要求，是否受到了环保处罚等。上海证交所于 2008 年 5 月 4 日发布了《关于加强上市公司社会责任承担工作暨发布 <上市公司环境信息披露指引> 的通知》，鼓励上市公司应当在披露公司年报的同时，也要披露公司的年度社会责任报告，从而使环境信息成为年度报告的内容。此外，随着上市公司的绿色表现受到越来越多的关注，各方利益相关者对企业环保信息和绿色发展信息的诉求逐渐增加，企业社会责任报告作为企业非财务报告的主要形式之一，内容覆盖企业在资源能源消耗量、污染排放量、能耗系数以及社会责任等多方面的表现，也是目前上市公司选择披露绿色信息的主要方式。

本研究搜集了 2016 年中国境内 2800 余家上市公司（A、B 股）的年度报告，有 758 家上市公司发布了社会责任报告（也可以称为可持续发展报告）或环境报告。其中，739 家上市公司发布了企业社会责任报告，8 家发布了环境报告书，11 家同时发布了社会责任报告与环境报告书。按上市地点区分，上海证券交易所 1070 家上市公司中 447 家披露了绿色信息，占比 41.78%；深圳证券交易所 1746 家上市公司中 311 家披露了绿色信息，占比 17.81%，上证交易所按要求披露信息的上市公司是深证交易所的 2 倍多。

研究通过对报告中涉及相关环境数据进行搜集和整理发现，758 家调查企业中有 631 家披露了环境数据，占总数的 83%，有 56 家缺少环境数据，有 71 家完全没有数据。在搜集数据的过程中，可以明显看出自愿披露的上市公司报告中所涉及的内容更全面、更具体，而强制披露的则主要集中在污染物指标等几个方面，且涉及数据的形式多以相对量，即不客观、不可度量。

表 8.1　上市公司环境信息披露情况

顶层指标	报告指标	上市公司
主要污染物	二氧化硫	41
	氮氧化物	23
	颗粒物	25
	化学需氧量	38
	氨氮	18
温室气体	温室气体	28
	碳交易量	4
水	水消耗量	60
	废水排放量	27
固废	一般固废	26
	一般固废处理量	30
	危险废物	19
	危险废物处理量	14
资源	土地	8
	自然生态	0
	原材料	11
	再利用再回收	0
能源	综合能耗	88

续表

顶层指标	报告指标	上市公司
	煤炭消耗	10
	油消耗	12
	天然气消耗	24
	热电消耗	56
	可再生能源消耗	0
绿色作为	绿色管理与实践	0
	绿色投资与金融	16
	环境考核（通过否）	820
	超标、被申诉处罚	6

从表 8.1 中可以看出，上市公司整体信息披露的情况并不乐观。其中，数据量最多的一项是环境考核。但由于统计时将能源管理体系认证、大气污染综合排放标准、环境管理体系认证等多项标准都列入该项，因此存在有些企业披露多项标准考核结果，而有些企业一项认证也没有公布。此外，针对《环境信息公开办法（试行）》文件中明确指出的企业年度资源消耗总量、排放污染物种类和数量、废物的处理处置等信息，上市公司的执行公布效果并不好，仅有不到十分之一的企业进行披露。并且在资源再利用再回收、可再生能源消耗、绿色管理与实践等指标上，没有一家上市公司进行信息披露。

8.2.2 主要特征

通过对上市公司环境信息披露现状整理分析，本研究发现全部上市公司报告中普遍存在以下几个特征：

第一，报告内容、形式不统一。上市公司的社会责任报告和环境报告大多自行拟定，披露的内容多样化，缺乏统一的格式。在报告内容中，对于指标的设定基本都从自身业务出发，共有的指标较少。因此，各指标包含的数据量很少，一般仅在 1–5 条范围内，而所有上市公司加总后的数据多而分散。

第二，指标定性说明为主。大部分企业的环境报告以定性描述为主，如“对环境较为友好”，定量描述的指标很少。一般来说，定性分析受限于分析主体的知识水平、经验积累、代表立场等，存在监测不到位、故意瞒报的可能，对于第三方对其进行监督没有太大参考价值。

第三，数据相对值较多。上市公司的报告中多使用相对变化量指标披露绿色发展信息，如“固体废弃物排放量比去年减少了百分之二十”，以突出自己付出的努力和取得的成果。这类指标尽管反映出企业在绿色发展方面获得的成效，但没有基数，不适用于企业之间的比较。

8.3 上市公司绿色排名指标体系构建

8.3.1 构建思路

（1）构建应体现经济增长与环境发展双重效益

企业的绿色发展不单单一味强调其生产经营过程的绿色化、环保化，而是在保证企业经济利润增长的同时，减少在生产经营活动中低效、非环保的行为，从而实现在经济增长下的环境保护。因此，构建上市公司绿色排名指标体系需要综合考虑经济和环境两大因素，确保能够体现企业绿色发展的真实含义。

（2）构建应体现企业绿色发展的理念与行动

绿色发展要求企业在发展的过程中秉承绿色环保的理念，发展不仅不能对环境加以破坏，还应当促进当地环境更加健康地发展。上市公司绿色排名指标体系不光应该囊括对企业资源能源消耗、污染物排放的检验指标，更应当包含企业在绿色方面所做出的努力与行动。

（3）构建应能够监测企业环境信息披露情况

对企业进行绿色排名的一个关键作用是可以对企业环境信息披露状况进行监测。因此，构建上市公司绿色排名指标体系要结合环境信息披露现实，尽可能将政府文件所要求披露的环境指标包含进去，从而更加全面地、真实地反映企业的绿色表现，也为社会各界的监督提供有效、可信的帮助。

8.3.2 构建原则

构建上市公司绿色排名指标体系，前提和关键是科学合理、可量化。在指标体系的构建过程中，应综合考虑到科学性与客观性、定量化与可操作性、权威性与特色性等原则。

（1）科学性与客观性

上市公司绿色排名指标体系从单个指标的选取、处理和分析，到整体指标体系的构建，都应当在对上市公司绿色发展问题进行广泛调研的基础上，科学地构建指标体系，合理对上市公司进行排名，为政府导向性的政策建议提供可信的参考。科学性一定程度上保障了客观性，即上市公司绿色排名指标体系的构建不能仅依靠主观臆断，要尽可能依托现实状况，选用客观合理的方法进行确定。

（2）定量化与可操作性

定性指标通常无法直接进行测算，虽然有些定性指标在一定程度上可以转化为定量指标，但转化的过程可能对排名结果的准确性有所影响。因而，为了使排名结果具有更好的准确性和客观性，应尽量使用定量指标，减少使用定性指标。

可操作性是上市公司绿色排名指标选取时必须要考虑的。有些指标虽然意义重大，但缺乏获取渠道仍然需要舍弃。因此，可操作性要求在构建上市公司绿色排名指标体系时，保证指标数据的可获得性、准确性以及排名方法的可操作件，这些都是排名结果可以进行现实分析的前提。

（3）权威性和特色性

企业的绿色发展在我国整体的绿色发展战略中举足轻重，要想实现绿色发展，必须要找准企业绿色建设的切入点，必须对企业绿色建设过程进行科学、客观的评价，故应保障上市公司绿色排名指标体系具有权威性。权威性要求指标尽量使用官方权威部门统计和发布的指标，数据应保证统计口径一致。

上市公司绿色排名指标体系的构建要基于绿色经济理论，应有具备特色性的指标构成，力图正确、准确地反映企业绿色发展的内涵，突出绿色发展的实质，把握企业绿色发展进程。同时应做到尽量简洁，避免盲目堆砌过多的指标。

8.3.3 上市公司绿色排名指标体系

基于以上绿色排名指标体系的构建思路及原则，结合上市公司环境信息披露的现状及存在的问题。因此，本研究构建了如下上市公司绿色排名指标体系（如表 8.2 所示）。该指标体系包括经营水平、资源能源利用情况和环境治理水平等 3 个一级指标，在一级指标下又包含经营规模、资源消耗、能源消耗、排放物、污染治理、绿色行为等 6 个二级指标，以及各二级指标项下共 28 个三级指标。

表 8.2　上市公司评价指标体系

一级指标	二级指标	三级指标	统计单位
经营水平	经营规模	营业收入	亿元 / 年
资源能源利用状况	资源消耗	水消耗量	万吨 / 年
		土地	万亩 / 年
		原材料消耗	万吨 / 年
	能源消耗	综合能耗	万吨标煤 / 年
		煤炭消耗	万吨 / 年
		油消耗	万吨 / 年
		天然气消耗	万吨 / 年
		蒸汽消耗总量	万吨 / 年
		可再生能源消耗	万吨 / 年
		耗电总量	万千瓦时 / 年
		热力消耗	百万吉焦 / 年
		绿色发电	亿万千瓦时 / 年
	排放物	二氧化硫排放量	吨 / 年
		氮氧化物排放量	吨 / 年
		颗粒物排放量	吨 / 年
		温室气体排放量	万吨 / 年
		氨氮排放量	吨 / 年
		COD 排放量	吨 / 年
		废水排放量	万吨 / 年
		一般固废排放量	万吨 / 年
		危险废物排放量	万吨 / 年

续表

一级指标	二级指标	三级指标	统计单位
环境治理水平	污染治理	一般固废处理量	万吨 / 年
		危险废物处理量	万吨 / 年
	绿色行为	碳交易量	万吨 / 年
		绿色投资与金融	亿元 / 年
		环境考核	通过否
		超标、被申诉处罚	次 / 年

8.4 上市公司绿色排名方法

8.4.1 常用的排名方法

（1）名次排序法

名次排序法是确定企业相对绿色程度的一种排名方法。首先对企业各项绿色指标的表现程度进行单位化处理后排名，然后再求出各项指标名次的平均值，最后对名次平均值进行排名。

（2）指数排名法

指数排名法是对确定企业的绿色表现程度进行排序的一种方法。首先，对各项指标值进行无量纲化得到基准比较指数。然后根据每个指标的层次与侧重不同赋予特定的权重，将各基准比较指数乘以各自权重后相加即得到综合指数。最后对综合指数进行排名。计算方法如下：

$$I_{f,i}=\frac{V_{f,i}}{A_i} \qquad (1)$$

其中，$I_{f,i}$ 是企业 f 指标 i 的基准比较指数，$V_{f,i}$ 是企业 f 指标 i 的观测值，A_i 是指标 i 的基准值。

$$I_f=\sum_{1}^{N} I_{f,i}W_i \qquad (2)$$

其中，I_j 是企业 f 的综合指数，$I_{f,i}$ 是企业 f 指标 i 的基准比较指数，W_i 是指数 i 的权重。

（3）最大值排名法

最大值是指各项基准比较指数中的最大值，基准比较指数的计算方法如（1）。选取最大值进行排名时，仅考虑超过行业基准最大的指标的贡献，不考虑其他指标。

（4）达标率排名法

达标率是指各项指标达到基准水平所占比例。计算公式如（3）所示：

$$P_f = \frac{N_f}{N} \tag{3}$$

其中，P_f 为指标达标率，N_i 是企业 f 达标的指标个数，N 是指标总数。

8.4.2 绿色企业排名方法

基于对数据本身和简化处理需要，本研究采取名次排序法。即首先对每个指标进行单位化处理，然后对单项指标排名，再对单项指标的排名进行平均化处理，得出名次平均分。最后将名次平均分进行排序，得出上市公司的最终排名。具体计算模型如下：

j - 行业

f - 企业，总数为 F 个

i - 指标，总数为 N 个

定义模型的参数如下：

c - 指标作用程度权重

定义模型的变量如下：

R - 绿色企业排名

S - 指标得分

V - 指标值

A - 经营规模

首先，对各指标进行单位化，

$$V^*_{f,j,i} = \frac{V_{f,j,i}}{A_f} \tag{4}$$

其中，$V^*_{f,j,i}$ 是单位化后的指标值。再对 $V^*_{f,j,i}$ 进行排序得到各指标的名

次 $R_{f,j,i}$ 。

然后，对排名进行标准化处理，得到 f 企业 i 指标排名的得分。再对各指标得分进行加权平均，得到 f 企业的名次平均分。

$$S_{f,j,i} = \frac{R_{f,j,i}}{R^*_{j,i}} \tag{5}$$

$$S_f = \sum_1^N S_{f,j,i} C_i \tag{6}$$

其中，$R^*_{f,i}$ 是该行业下企业的最差排名。为了计算方便，研究将指标权重默认为 1/N，即认为各指标的贡献程度相同。

最后，根据每个企业的名次平均分，得出该企业的排名 R_f 。

其中，为了计算方便，研究将指标权重默认为 1/N，即认为各指标的贡献程度相同。使用该方法对上市公司绿色表现进行排名，可以衡量企业的相对绿色程度，操作简单，结果直观。但缺点是不能确定企业自身的绿色表现程度，不能对企业绿色建设的优劣做出评价。

8.5 上市公司绿色排名的实证研究

8.5.1 数据采集及处理

实证分析的对象是 2015 年全部上市公司，数据来源于上市公司自行发布的企业社会责任报告、可持续发展报告和环境报告，主要通过企业官网、证券交易所和万得数据库等渠道获得。样本剔除了（1）没有社会责任报告或环境报告；（2）剔除重组、停牌、数据缺失及数据异常的上市公司。由于企业报告的格式和内容没有统一的要求以及缺乏第三方监管，所发布的数据缺乏规范化的框架和分类，主要表现在内容缺失、量化指标不多、资源环境信息不细。因此，所搜集的数据会存在统计口径不一致、真实数据缺失等问题。为了方便比较，真实反映出企业的情况，需要对获取的数据进行如下处理：

第一，由于上市公司分属不同行业，数据的收集范围与统计方式不同，导致企业报告数据与指标的统计口径不一致。需要按照规范统一的推算方法和计量单位，对原始数据进行加工处理；

第二，设置了惩罚机制，对企业缺失数据的指标，按照该指标项下最大值进行设置，即无数据视为最差表现；

第三，污染物排放量、资源消耗量等数据会受企业经营规模的影响，为了排名结果的客观性和科学性，选取了上市公司该年度的营业收入作为经营规模的代理变量，对可定量的排名指标进行单位化处理。其中，环境考核、超标被申诉处罚指标作为定性指标，通过统计企业的绿色行为给出数据，与企业经营规模不存在直接联系，因此不对其做单位化处理。

8.5.2 排名结果

（1）整体情况

通过对上市公司发布的企业社会责任报告、可持续发展报告和环境报告，进行搜集、整理和分析，研究得出了 758 家上市公司的绿色排名。

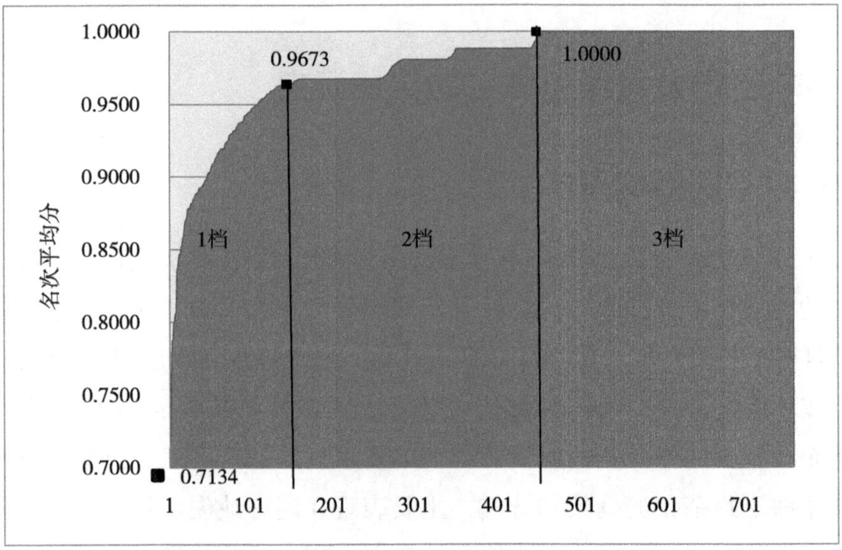

图 8.1　758 家上市公司排名及名次平均分

由图 8.1 可以看出，所有上市公司的排名及名次平均分出现了三个档次。首先，处于第一档的 159 家公司中，前 10 名的上市公司，其名次平均分在 0.71–0.83 之间，处于较强的领先位置，表现出突出的优势。其次在

140 名到 159 名之间，有 12 家企业并列第 142 名；其次，在第二档的 290 家上市公司中，出现了明显的多家上市公司名次并排现象。第 160 名的企业有 98 家，占总数的 13%。第 286 名的企业有 54 家，占总数的 7%。第 350 名的企业有 91 家，占总数的 12%。第二档的名次平均分在 0.96–0.98 之间，总体相差不大；最后，在第三档的上市公司中，有 309 家上市公司排名并列 450 名，且名次平均分为 1，占 758 家上市公司总数的比例为 41%。

可以看出，上市公司的绿色排名呈现了两大特征：一是上市公司间绿色排名的两级分化严重。在本样本的 758 家上市公司中，排名第 1 的上市公司得分为 0.7134 分，排名最后的上市公司的得分为 1 分。名次平均分相差不到 0.3。并且排名靠前的企业总数少，基本有各自对照的名次，呈现指数型分布。本次排名一共有 450 个名次，位于平均位次以下的上市公司占 70% 以上。这都表明了在绿色发展进程中，有大批落后的上市公司还未跟上步伐；二是上市公司绿色排名并列名次较多。从第 160 名开始，上市公司名次出现明显的阶梯型分布，大量上市公司堆积在一个名次上。这种情况并不利于针对每家上市公司进行分析研究。而造成这一现象的主要原因是这些上市公司并未披露相关的环境信息，导致在排名计算时，出现多个指标被惩罚，从而拉低了整体平均分。这也反映了上市公司自身的绿色发展态度不明确，不能全面、规范地自行披露环境信息。

（2）前 10 名上市公司

为了具体研究上市公司绿色排名情况，更好地找出典范和领先企业，本研究对排在前 10 名的上市公司进行分析。如表 8.3 所示，前 10 名的上市公司分别是西部矿业、潍柴动力、海亮股份、广州发展、中航动力、中国石油、云南白药、中国中车、宝钢股份和豫光金铅。

表 8.3　前 10 名上市公司

排名	名次平均分	企业名称	排名所用指标数	有数据指标数	排名前 10 指标数
1	0.7134	西部矿业	28	14	6
2	0.7225	潍柴动力	28	11	6
3	0.7648	海亮股份	28	10	5
4	0.7867	广州发展	28	19	4

续表

排名	名次平均分	企业名称	排名所用指标数	有数据指标数	排名前 10 指标数
5	0.7879	中航动力	28	11	4
6	0.7993	中国石油	28	9	5
7	0.8010	云南白药	28	8	5
8	0.8056	中国中车	28	10	4
9	0.8065	宝钢股份	28	10	6
10	0.8364	豫光金铅	28	8	5

可以看出，第一名西部矿业和第二名潍柴动力的名次平均分远低于其他上市公司，体现出极大的排名优势。并且在 28 个所需要的排名指标中，这两家上市公司有数据的指标也很多，分别为 14 个和 11 个。其次，在单项指标排名前十的个数统计中，这两家上市公司也呈现明显优势，都有 6 个指标进入前十。根据具体的指标显示（如表 8.4），对于单个指标的排名，潍柴动力、广州发展、中国石油、云南白药、中国中车都有各自的领先指标，在全部上市公司单项排名第一。其中，特别是中国石油，其在所有上市公司中拥有最多排名第一的指标，在耗油总量、耗电总量和氮氧化物排放量都具有明显优势。但由于其自身在社会责任报告中只披露了 9 个相关数据指标，因此只在全部排名中位于第六。此外，表 8.4 中仅有 11 个指标的第一名企业上榜了前 10 企业之中，还有 17 个指标第一名的上市公司并没有出现在前 10 名中。因此，其他指标的拖累以及整体信息披露不足，很大程度上影响了上市公司整体的名次。

表 8.4　前 10 名上市公司领先指标一览

排名	上市公司名称	排在前 10 名的指标及名次
1	西部矿业	颗粒物排放量（3）废水排放量（4）煤炭消耗总量（4） 耗油总量（3）天然气消耗量（4）危险废物产生总量（9）
2	潍柴动力	二氧化硫排放量（1）蒸汽消耗总量（2）固体废物总量（5） 环境考核（3）危险废物排放量（4）废水排放量（1）
3	海亮股份	COD 排放量（1）氨氮排放量（1）废水排放量（2） 原材料消耗（6）天然气消耗量（6）
4	广州发展	热力消耗量（1）蒸汽消耗总量（1）颗粒物排放量（9）煤炭消耗总量（9）

续表

排名	上市公司名称	排在前 10 名的指标及名次
5	中航动力	固体废物总量（6）氮氧化物排放量（8） 煤炭消耗总量（4）危险废弃物产生总量（5）
6	中国石油	耗油总量（1）耗电总量（1）氮氧化物排放量（1） 氨氮排放量（5）煤炭消耗总量（5）
7	云南白药	颗粒物排放量（1）氮氧化物排放量（2）COD 排放量（3） 氨氮排放量（3）废水排放量（3）
8	中国中车	天然气消耗量（1）氧化硫排放量（6）颗粒物排放量（8） 绿色发电（10）
9	宝钢股份	碳交易量（3）水消耗量（3）危险废物排放量（3） 环境考核（3）耗电总量（4）原材料消耗（8）
10	豫光金铅	环境考核（3）耗油总量（4）废水排放量（5） 煤炭消耗总量（6）水消耗量（7）

可以看出，这 10 家上市公司的排名之所以靠前，主要是两个方面的原因：一是在数据披露方面上，排名前 10 名的上市公司披露的指标数据与其他上市公司相比明显较多。这 10 家上市公司平均披露的指标数为 11 个，其中排名第 1 的西部矿业有 14 个排名指标有数据。排名前 10 的上市公司中，有数据指标数最多的是广州发展，共有 19 个排名指标有数据，在绿色信息披露方面表现最为突出；二是在个别指标的表现上突出，排名前 10 的上市公司中均有 4 项及以上的指标在 758 家上市公司中排名前 10。在 758 家上市公司中排在前 10 名的指标数平均为 5 个，其中西部矿业、潍柴动力和宝钢股份各有 6 项指标在 758 家上市公司中排名前 10，这三家上市公司在排名靠前的单个指标数目上表现最优秀。在这两个因素的共同驱动下，使得这 10 家上市公司在本次排名中表现突出。

8.6 研究结论和建议

通过构建上市公司绿色排名指标体系，搜集 758 家上市公司的可持续发展报告、社会责任报告和环境报告，整理计算得出上市公司的绿色排名，结果显示上市公司的绿色表现存在巨大差异。总体来看，领先企业优势大，多数企业位于平均名次以下。具体表现在第一档的上市公司得分呈现指数型分布，第二档的上市公司得分呈现阶梯型分布，且层次差距较小，第三档的上市公司得分为 1 且占总数的 41%。所有上市公司报告中普遍存在披露信息不足和数据表述不准确的问题。针对上述结论，结合企业的可持续发展报告和环境报告，本研究发现并提出以下几点建议：

第一，上市公司应完善环境信息的监测和披露。上市公司自身必须认识到绿色发展的重要性和紧迫性，应当根据政策要求加快建立内部监测的机制，配置相应的设备对企业排放物进行监控，并及时进行信息公布和说明，向社会公众表明自身的绿色发展的态度，努力践行其绿色发展的承诺；

第二，政府部门应尽快出台确实、可行的环境信息披露与监督体系，引导上市公司更好、更全面地公开环境信息。政府作为企业行为的引导者和监督者，必须从两方面做起。一是在文件中指明要求环境信息的具体指标，给出具体的监测方法。必要时，需组织企业进行环境监测培训。二是要对上市公司公布的环境报告进行核实，对于不达标的上市公司要加强监管，适当给予处罚；

第三，社会应提升对企业环境信息的关注度，敦促上市公司实现绿色发展。绿色发展切实关系到每一个人的自身利益。每一位社会成员都应加强对上市公司的监督，配合政府的监管行为。针对上市公司的粗放型发展方式，肆意向环境中排放污染物的行为给予抵制，应主动向环保部门检举。同时，公众也应增强自身的绿色发展意识，购买绿色产品，自觉抵制非绿色产品，倒逼上市公司实现绿色发展的目标。

9. 京津冀重点监控企业 2017 绿色排名

9.1 背景和意义

京津冀地区经历了几十年的经济腾飞，取得了令人瞩目的成绩。但现实证明这种仅注重增速的发展方式过度消耗了大量自然要素，打破了当地的生态平衡，不可避免地带来一系列的环境问题。当前京津冀地区正面临着日益突出的经济发展与环境发展的矛盾，赖以生存的自然资产存量及提供自然产品和服务的能力在全方位、深程度消减，呈现着不可持续性。长期锁定的褐色增长方式给生态环境带来的破坏已接近或超出临界点，生态危机的征兆已露端倪。资源紧缺、环境污染、生态失衡等问题已成为制约京津冀地区未来经济社会发展的绊脚石，给这一地区乃至中国经济带来新一轮的挑战。

企业作为经济活动的重要主体，生产经营过程消耗资源、污染环境，几乎是一切环境问题的始作俑者和主要责任人。高投入、高消耗、高污染、低技术、低效率等是企业的主要特征。对于京津冀地区当前暴露的严重资源环境问题，当地企业负有不可推卸的责任，特别是污染型企业。一方面，企业生产经营的动机全部放在逐利上，丝毫不在意其生产过程给环境带来的破坏，经常存在污染排放超标的行为。在环保方面，企业绿色意识不强，作为十分有限，在生产经营的方式、技术、过程等方面均无法达到标准。另一方面，企业的环境不友好行为和后果也未引起社会的重视。首先，社会公众的环保意识、理念和声音不强，缺乏监管及举报途径，无法对企业行为实施有效监督与制约。其次，当地政府一味追求 GDP，强调经济增量和速度，忽视环境破坏的后果，甚至不惜以牺牲环境为代价发展经济。此外，职能部门工作不到位，未能做到严格监督、约束和处罚违规企业，进一步纵容了企业的不环保、非绿色行为。

近年来，随着我国的绿色发展意识不断提高，理念战略逐步完善，社会各界对如何发展绿色经济、打造绿色企业的关注度持续增热。政府开始重视企业的环境行为，出台了一系列相关文件，对企业提出强制性要求，并加强对企业生产经营环节的监管。京津冀作为我国重要的经济区之一，研究具有代表性和可推广性。有鉴于此，为了帮助当地政府更有针对性地对企业行为进行管理与监督，让社会各界更清晰、直接地认识企业在绿色方面的作为，使企业能够更迅速地认识自身的问题、明确绿色发展方向，对企业进行绿色排名有着时代赋予的必要性和紧迫性。

因此，本研究开展了京津冀地区重点监控企业 2017 绿色排名。通过自行设计针对重点监控企业的指标与方法，使用京津冀地区重点监控企业作为样本，根据各企业发布的 2016 年自行监测报告，对企业进行绿色排名。以期通过本次绿色排名，可以帮助企业发现差距，明确企业定位，制定改进措施和政策，更快、更好、更高效地建设绿色型企业。

9.2 京津冀重点监控企业环境信息披露现状

重点监控企业是当地环保部门参照国家环保部的筛选标准，结合本地实际情况确定的污染源企业。根据不同的筛选标准和确立主体又分为国控、省控和市控，一般来说被列入的企业都具有排污量大、社会关注度高、对周围环境影响大等特点。自《国家重点监控企业自行监测及信息公开办法（试行）》(以下简称《公开办法》) 于 2014 年 1 月正式执行后，全国各省级及地市级环保部门陆续建立了地区企业自行监测信息公开平台，由企业自行上传监测数据及污染源监测年度报告，实现重点监控企业的自行监测信息公开化、透明化。根据京津冀三地在监控平台上公布的数据显示，2016 年京津冀地区有 1277 家企业被列入重点监控企业，这些企业在监控平台上发布了自行监测信息，具体包括企业自行监测方案和自行监测开展情况年度监测报告。

据统计，如表 9.1 所示，在京津冀 1277 家重点监控企业中，北京、天津和河北各有 224、157 和 896 家企业，占企业总数 18%、12% 和 70%。在所有企业的年度监测报告中，只有815家企业提供了报告并且报告中包含具体数据，占监控企业总数的64%。其余的462家企业未按照《公开办法》的要求填制监控报告，包括213家企业提供了报告但报告中未包含具体数据，占总数的17%，还有249家企业完全没有提供其监测报告及数据，占总数的19%。

表9.1 京津冀重点监控企业情况

	北京	天津	河北	合计
有数据企业数	157	90	568	815
无数据企业数	24	55	134	213
无资料企业数	43	12	194	249
企业总数	224	157	896	1277

此外，根据地区分布来看企业信息的公布情况，从表9.1的第一行可以看出，北京市有157家企业公开了报告及数据，占当地监控企业总数的70%，但存在27%的企业完全不提供资料；天津市的157家企业中有90家报告中含有数据，占总数的57%。有55家企业提供了报告，但报告中未含有可度量的数据；河北省有568家企业按规定填制了报告，占河北省监控企业总数的63%，但也存在21%的企业完全不提供任何资料。综合来看，北京市重点污染监控企业自我监测表现居首位，对《公开办法》的执行程度最高。天津市企业的自我监测报告质量最差。河北省略好于天津市，但与北京市仍存在不小的差距。这可能与当地相关机构监管力度和政策普及度有关。

对于企业年度监测报告的内容，在《公开办法》中明确规定所有重点污染监控企业按照统一的格式填报，包括企业信息、监测方案、手工监测数据、自动监测数据和年度报告。其中，监测指标主要包括国家十三五规定的二氧化硫、氮氧化物、颗粒物、COD、氨氮、挥发性有机物VOCs等六种主要污染物以及固体废物。

表 9.2　京津冀重点监控企业数据情况

顶层指标	监测指标	重点监控企业
经营规模	营业收入或产值	815
主要污染物	二氧化硫	322
	氮氧化物	330
	颗粒物	277
	化学需氧量	406
	氨氮	391
温室气体	温室气体	0
	碳交易量	0
水	水消耗量	0
	废水排放量	174
固废	一般固废	484
	一般固废处理量	0
	危险废物	80
	危险废物处理量	0
资源	土地	0
	自然生态	0
	原材料	0
	再利用再回收	0
能源	综合能耗	0
	煤炭消耗	9
	油消耗	0
	天然气消耗	6
	热电消耗	15
	可再生能源消耗	0
绿色作为	绿色管理与实践	0
	绿色投资与金融	23
	环境考核（通过否）	0
	超标、被申诉处罚	0
总计		3332

通过对 815 家监控企业的监测报告进行统计，如表 9.2 所示，数据量表现最好的指标是一般固体废弃物，有 484 家企业填报，占企业总数的 59%。此外，填报较多的指标依次是化学需氧量、氨氮、氮氧化物和二氧化硫，均有超过 300 家企业填报。颗粒物和废水排放量的数据量则表现得不太理想，特别是废水，仅有 174 家企业填报，占企业总数的 21%。危险废物、热电消耗和绿色投资与金融存在明显的数据缺失，仅有不到十分之一的企业填报。而其他绿色指标则完全没有数据。据统计，815 家企业只提供了 2517 条环境信息，加上经营规模仅有 3332 条数据，远低于理想中的数据量。

可以看出，当前京津冀地区重点污染监控企业信息披露存在明显的数据公布不足、指标涉及方面狭隘等问题。一是监控企业不能严格遵循《公开办法》要求填制监测报告。仅有少数的企业能够按要求完整地公开数据，这说明这些企业自身缺乏强烈的绿色发展意识，侧面反映了很多企业还不能达到基本的清洁生产要求。二是《公开办法》对于自行监测的规定公布指标要求过低，很多可以真正体现企业绿色行为的指标尚未被纳入其中，比如二氧化碳等温室气体排放、能源、水资源、土地资源、矿产资源、原材料使用与循环、环保实践等鲜有涉及。追根溯源，是我国现存关于绿色企业的相关理论研究尚在起步阶段，相关制度体系还不健全，没有统一的绿色企业标准，不能对企业的行为提出更高的要求。

9.3 绿色企业排名指标设计

9.3.1 设计原则

重点监控企业的绿色排名，旨在真实地反映和评价其绿色水平，比较同行业不同企业绿色表现的差异。因此，设计本次排名指标遵循了以下基本原则：

科学性原则。排名指标的设计根据企业的类型特点，选取能够反映企业真实绿色表现程度的指标。

相关性原则。绿色排名指标选取要基于绿色企业评级体系的理论框架，结合企业实际指标测量情况，要考虑到相关的假设条件、实现进程以及任何相关的财务活动等信息。

有效性原则。指标设计要注重代表性、简洁性和独立性，避免重复、赘述或无用指标的出现。

定量性原则。设计的指标以定量为主，方便测量和计算，能够准确地定位企业名次。

可操作原则。指标数据要可以从企业的监测报告或其他正规渠道中获得，保证指标的真实性、可行性和权威性。

可比性原则。指标应能实现在同行业企业之间进行比较，保证指标的使用意义。

9.3.2 设计思路

在国外，对绿色企业评价的研究已经有一定年头，相较于国内有更丰富的经验。比如印度 CII- Sohrabji Godrej 绿色商务中心开发设计的绿色公司评级和美国《新闻周刊》的绿色公司排名。而在国内有关的实践开始比较晚，大多比较不成熟，存在标准过低的缺陷。代表性的有江苏省在 2013 年发布的企业信用评价标准及办法。

因此，针对重点监控企业的绿色排名指标，应在总结前人经验教训的基础上，结合中国的实际情况，综合考量绿色排名的意义来设计。应当注意以下问题：

第一，在指标的选取上要结合中国的现实状况。在《公开办法》中对企业自行监测方案的内容与方法进行了规范化要求，具体的监测指标集中在废气中二氧化硫、氮氧化物及颗粒物的排放量，废水中化学需氧量 COD 与氨氮的排放量，以及固体废弃物的类型和产生数量等。基于现实条件的限制，对于重点监控企业进行绿色排名，不能脱离这些指标而凭空构想。要结合现存可使用的指标进行设计；

第二，为了实现排名的意义，可度量地进行企业间的比较，所选取的指标必须符合可比性和可操作性的原则。应将不能量化分析的指标，予以排除；

第三，应当根据行业特性对不同的行业在指标上进行区别。要求设计的指标能够真正地反映该行业绿色发展现状，指明主要问题所在。应当多选取该行业直接产生的对环境有影响的指标，即与企业的主营业务相关，在生产经营中产生、排放的会造成环境污染的指标。

9.3.3 绿色排名指标

根据上述设计原则及思路，研究共选取了七个排放物指标用于排名，主要分为空气污染物、水污染物和固体污染物三大类，所有指标均属于负向指标（如表 9.3）。

表 9.3　绿色排名指标

指标名称		产生过程	表现形式	单位
空气污染物	二氧化硫	含硫矿石冶炼、化石燃料燃烧等，如煤、石油	二氧化硫排放量	吨 / 年
	氮氧化物	主要是化石燃料燃烧	氮氧化物排放量	吨 / 年
	颗粒物	主要是化石燃料燃烧	工业烟尘和粉尘排放量	吨 / 年
水污染物	化学需氧量 COD	分解工业废水等	化学需氧量	吨 / 年
	氨氮	分解焦化废水和合成氨化肥厂废水等	氨氮排放量	吨 / 年
	废水	生产、经营活动用水排放	废水总排放量	万吨 / 年
固体污染物	固体废弃物	工业垃圾、生活垃圾等固态或半固态废弃物质排放	一般固废排放量、危险固废排放量	万吨 / 年

由于工业、热电、垃圾、污水企业生产方式不同，产生的主要污染物种类会有所区别。因此，根据不同企业类型的特点，进一步选择各自对应的排名指标（如表 9.4）。

表 9.4　各行业绿色排名指标

		工业企业	热电企业	垃圾处理厂	污水处理厂
空气污染物					
	二氧化硫	√	√	√	×
	氮氧化物	√	√	√	×
	颗粒物	√	√	√	×

续表

		工业企业	热电企业	垃圾处理厂	污水处理厂
水污染物					
	化学需氧量 COD	√	√	√	√
	氨氮	√	√	√	√
	废水总排放量	√	√	√	×
固体污染物					
	固体废物			√	√

9.3.4 绿色企业排名方法

为了方便进行企业间的比较，同时基于对数据本身和简化处理需要，排名使用名次排序法。即首先对每个指标进行单位化处理，然后对单项指标排名，再对单项指标的排名进行平均化处理，得出名次平均分。最后将名次平均分进行排序，得出最终排名。具体计算模型如下：

j - 行业

f - 企业，总数为 F 个

i - 指标，总数为 N 个

定义模型的参数如下：

c - 指标作用程度权重

定义模型的变量如下：

R - 绿色企业排名

S - 指标得分

V - 指标值

A - 经营规模

首先，对各指标进行单位化，

$$V^*_{f,j,i} = \frac{V_{f,j,i}}{A_f} \tag{1}$$

其中，$V^*_{f,j,i}$ 是单位化后的指标值。再对 $V^*_{f,j,i}$ 进行排序得到各指标的名次 $R_{f,j,i}$ 。

然后，对排名进行标准化处理，得到f企业i指标排名的得分。再对各指标得分进行加权平均，得到f企业的名次平均分。

$$S_{f,j,i}=\frac{R_{f,j,i}}{R_{j,i}^{*}} \tag{2}$$

$$S_{f}=\sum_{1}^{N}S_{f,j,i}C_{i} \tag{3}$$

其中，$R_{f,i}^{*}$是该行业下企业的最差排名。为了计算方便，研究将指标权重默认为$1/N$，即认为各指标的贡献程度相同。

9.4 数据采集及处理

9.4.1 数据来源

研究使用的环境数据主要来自于北京市、天津市和河北省企业自行监测信息公开平台。此外，企业经营规模或产值的数据主要通过企业官网、证券交易所和万得数据库等渠道获得。根据《国家重点监控企业污染源监督性监测及信息公开办法》，环境保护主管部门会定期对排污单位的污染物排放状况和自行监测工作开展情况进行环境监测活动。因此，该数据来源具有可靠性、真实性、准确性、完整性的特点。

9.4.2 处理数据需要注意的问题

为了方便比较，更加准确地对重点监控企业绿色表现情况进行排名，研究对企业数据做出以下处理：

第一，由于监控企业的污染物排放量、资源消耗量等数据会受企业经营规模的影响。为了排名结果的客观性和科学性，研究分别选取了营业收入、垃圾处理量、热电产量以及污水处理量作为工业、垃圾、热电、污水四类企业经营规模的代理变量，对排名指标进行单位化处理；

第二，部分监控企业在公布数据时，存在数据相对量或缺失问题，无法统计到真实的数据值。因此，研究设置了惩罚机制，对企业数据缺失项的指标，按照该指标项下行业最大值进行设置，即无数据视为最差表现；

第三，固体废物存在分散范围大、指标数目多的特征，《公开办法》没有对其进行统一的规定，由企业根据自身生产特点设定。由于不同企业发布的固体废弃物种类不同，造成了企业间数据量差别很大。研究将多项固体废弃物数据进行合并，统一计入固体废弃物指标中。

9.5 排名结果及分析

通过对各企业监测报告提供的数据进行搜集、整理和分析，研究得出了京津冀三地重点监控企业的绿色排名。由于排名只能在同行业间进行比较，不同行业的企业对比没有实际意义。因此，本研究按照行业对企业排名结果进行分析。

（1）总体情况

首先从行业分布来看，如图 9.1 所示，在 815 家重点监控企业中工业企业有 362 家、污水处理企业 305 家，总数分列第一、第二。其次是 105 家热电企业，最后是 42 家垃圾处理企业。从行业的地区分布来看，北京属于发达地区，经济发展水平高，资源环境条件相对较好。监控企业数最多的是污水处理厂，其次是工业企业和热电企业。天津的经济及资源环境均处于中等水平，工业和污水处理企业所占比重较大，垃圾处理厂仅 5 家。河北相较于北京、天津，其土地面积辽阔，经济发展相对落后，沿用褐色发展模式所造成的资源环境破坏也最为严重。工业企业和污水处理企业分别是前两地之和的四倍、两倍，污染企业总数也远超北京、天津，是京津冀地区实现企业绿色化的关键所在。

为了比较分析京津冀企业的整体水平，本研究对各地区企业绿色平均名次进行了计算。其中，北京地区工业企业的平均名次是 168 名，天津是 156 名，河北是 167 名，三地工业企业的名次整体上没有明显差距；在热电行业，北京的平均名次是 42 名，天津是 45 名，河北是 60 名，河北的热电企业相对来说整体上表现最弱，平均位于中下游水平；在污水处理行业，北京地区的平均名次是 118 名，天津是 196 名，河北是 156 名。可以看出，北京的污水处理企业整体上表现最优，河北次之，天津最弱；在垃圾处理行业，北京地区的平均名次是 20 名，天津也是 20 名，河北是 24 名，三地的垃圾处理企业整体上没有明显的不同。

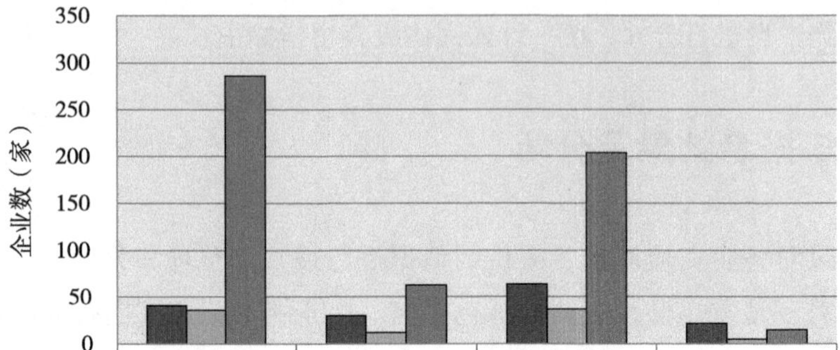

	工业	热电	污水处理	垃圾处理
■北京	41	30	64	22
□天津	36	12	37	5
■河北	286	63	204	15

图 9.1　京津冀重点监控企业分地区行业分布

总体来看，工业企业和垃圾处理企业的京津冀三地平均名次没有显著差异。在热电和污水处理行业，北京地区的企业均有明显的整体优势。接下来，针对各行业前 10 名的企业进行具体分析。

（2）工业企业

京津冀地区重点监控的工业企业共有 363 家，其中有 255 家企业有排名可以使用的数据，对其进行具体排名。此外有 109 家缺少营业收入或全部排名指标数据，均设置为最后一名。表 9.5 展示京津冀三地工业企业绿色排名的前 10 名企业的名单。北京奔驰汽车有限公司、新兴铸管股份有限公司和中国石油天然气股份有限公司大港石化分公司分别是行业排名第一、二和三名，同时又是本地工业企业排名的第一名，其中前两名企业都各有 3 个单项指标排在前 10。根据名次平均分来看，北京奔驰汽车有限公司远远领先于其他 9 家企业。风帆股份有限公司清苑分公司、天津一汽丰田汽车有限公司、中国石油化工股份有限公司天津分公司、北京福田戴姆勒汽车有限公司、中沙（天津）石化有限公司、北京现代汽车有限公司和沧州中铁装备制造材料有限公司分列第 4–10 名，它们在本地的排名也都是在 2–4

名之间。

表 9.5　京津冀工业企业绿色排名前 10 名企业名单

本省市内分行业排名	分行业排名	名次平均分	单位详细名称	地区	行业	排名所用指标数	有数据指标数	排名前10指标数
1	1	0.0855	北京奔驰汽车有限公司	京	工业	6	6	3
1	2	0.1516	新兴铸管股份有限公司	冀	工业	6	6	3
1	3	0.1662	中国石油天然气股份有限公司大港石化分公司	津	工业	6	6	1
2	4	0.2017	风帆股份有限公司清苑分公司	冀	工业	6	6	1
2	5	0.2068	天津一汽丰田汽车有限公司	津	工业	6	5	4
3	6	0.2301	中国石油化工股份有限公司天津分公司	津	工业	6	5	2
2	7	0.2347	北京福田戴姆勒汽车有限公司	京	工业	6	5	3
4	8	0.2465	中沙（天津）石化有限公司	津	工业	6	6	0
3	9	0.2650	北京现代汽车有限公司	京	工业	6	5	3
3	10	0.2705	沧州中铁装备制造材料有限公司	冀	工业	6	6	1

值得注意的是，天津一汽丰田汽车有限公司有 4 项指标位于行业前 10，中国石油化工股份有限公司天津分公司仅有 1 项指标位于前 10。但由于天津一汽丰田汽车有限公司缺失废水排放量指标，因此只能屈居天津市工业企业第二名。此外，在前 10 名企业中有 4 家是外资汽车制造企业，它们分别是北京奔驰汽车有限公司、天津一汽丰田汽车有限公司、北京福田戴姆勒汽车有限公司和北京现代汽车有限公司。作为世界著名的跨国汽车生产企业，且在这次的排行榜上名列前茅，可见其对《公开办法》的认同和严格执行。总体来看，三地在工业企业表现平分秋色。天津有 4 家工业企业进入前 10 名，北京、河北分别有 3 家企业入榜。

（2）热电企业

京津冀地区重点监控的热电企业共有 105 家，该排名共排出了 105 个位次，每个位次代表一个企业，没有并列的情形。表 9.6 是热电行业的前 10 名名单。如表所示，华润协鑫（北京）热电有限公司在 105 家企业中位列第一，同时也是北京地区热电行业的领头羊，该企业的二氧化硫、氮氧化物、化学需氧量和废水排放量等 4 个指标均排在前 10，并且有数据的指标也是所有企业中最全的。天津大唐国际盘山发电有限责任公司位居第六，是天津市热电行业绿色排名第一的企业。中电投石家庄高新热电有限公司作为河北省热电行业绿色排名第一的企业，在京津冀综合排名上位居第九，该企业只提供了 3 项可用数据指标，仅有两项排名前 10。

表 9.6　京津冀热电行业绿色排名前 10 名企业名单

本省市内分行业排名	分行业排名	名次平均分	单位详细名称	地区	行业	排名所用指标数	有数据指标数	排名前 10 指标数
1	1	0.1625	华润协鑫（北京）热电有限公司	京	热电	6	6	4
2	2	0.4718	北京京丰燃气发电有限责任公司	京	热电	6	5	3
3	3	0.4918	北京京桥热电有限公司	京	热电	6	5	3
4	4	0.5072	北京市大兴区供暖管理中心（观音寺）	京	热电	6	3	3
5	5	0.5103	北京市大兴区供暖管理中心（康庄）	京	热电	6	3	3
1	6	0.5112	天津大唐国际盘山发电有限责任公司	津	热电	6	5	2
6	7	0.5174	北京永安热力有限公司	京	热电	6	3	3
7	8	0.5244	北京市房山区供暖所（吴店供热厂）	京	热电	6	3	3
1	9	0.5605	中电投石家庄高新热电有限公司	冀	热电	6	3	2
2	10	0.5625	石家庄市藁城区天意热电有限公司	冀	热电	6	3	2

总体来看，在热电行业的前 10 名企业中，北京市的企业占了 7 家，表现出绝对的压倒性优势。天津只有 1 家企业榜上有名，而河北省仅有的 2 家上榜企业且排在前 10 中的最后两名。

（3）污水处理企业

京津冀地区重点监控的污水处理企业共有 305 家。其中，有 300 家可以进行具体排名，5 家缺少营业收入或全部排名指标数据，均设置为最后一名。如表 9.7 所示，北京的小汤山污水厂和万家水务有限公司（溪翁庄污水处理厂）分获第 1 和 4 名。唐山海湾开发区水务有限公司在河北省行业排名第一，总排名第二，3 个指标都排名前 10。其中，小汤山污水厂和唐山海湾开发区水务有限公司所有指标均位于前 10，表现出色。但从名次平均分来看，前 10 名企业差距不大。

表 9.7 京津冀污水处理行业绿色排名前 10 名企业名单

本省市内分行业排名	分行业排名	名次平均分	单位详细名称	地区	行业	排名所用指标数	有数据指标数	排名前10指标数
1	1	0.5070	小汤山污水厂	京	污水	3	3	3
1	2	0.5156	唐山海港开发区水务有限公司	冀	污水	3	3	3
2	3	0.5263	顺平县清源污水处理有限公司	冀	污水	3	3	1
2	4	0.5602	北京万家水务有限公司（溪翁庄污水处理厂）	京	污水	3	3	1
3	5	0.5694	承德市中保水务有限公司	冀	污水	3	3	2
4	6	0.5844	永清北方污水处理有限公司	冀	污水	3	3	1
5	7	0.5859	华电水务石家庄有限公司	冀	污水	3	3	1
6	8	0.5876	承德市鹰手营子矿区柳源污水处理有限公司	冀	污水	3	3	1
7	9	0.5917	安国市污水处理厂	冀	污水	3	3	1
8	10	0.5927	蔚县清润污水处理有限公司	冀	污水	3	3	1

可以看出，污水处理企业所提供的可用数据较全，名次可信度更高。在污水处理企业的前 10 名中，河北企业上榜最多。此外仅有 2 家为北京企业，但排名靠前，均位于前五。天津则未有一家进入前 10 名。

（4）垃圾处理企业

京津冀重点监控的垃圾处理企业共有 42 家，其中有 37 家有排名可以使用的数据，可以进行具体排名。5 家缺少营业收入或全部排名指标数据，并列最后一名。如表 9.8 所示，北京的阿苏卫综合处理厂名列第 1，因为其报告了 7 项考核指标的全部，并且有 6 项指标都进入单项前 10 名的行列。与其类似的企业还有廊坊莱索思环境技术有限公司，该企业名列河北省第

1，但因为某些项单项指标的表现明显弱于排名前五位的企业，故在京津冀三地的总排名中只能屈居第6。从名次平均分来看，前两名的企业远超于其他企业。总体来说，在垃圾处理企业的前10名中，北京企业占了7家，有5家位列前五，表现出明显的优势。其余3家全部为河北企业，天津未有1家进入前10名。

表9.8　京津冀垃圾处理行业绿色排名前10名企业名单

本省市内分行业排名	分行业排名	名次平均分	单位详细名称	地区	行业	排名所用指标数	有数据指标数	排名前10指标数
1	1	0.3078	国中生物科技有限公司阿苏卫综合处理厂	京	垃圾	7	7	6
2	2	0.3735	北京环境卫生工程集团有限公司第一分公司（南宫堆肥厂）	京	垃圾	7	5	5
3	3	0.5111	北京市顺义区生活垃圾综合处理厂（庞村）	京	垃圾	7	6	5
4	4	0.5513	北京鼎泰鹏宇环保科技有限公司（危险废物经营贮存）	京	垃圾	7	4	4
5	5	0.5614	北京市海淀区六里屯垃圾填埋场	京	垃圾	7	4	4
1	6	0.6198	廊坊莱索思环境技术有限公司	冀	垃圾	7	7	6
6	7	0.6274	北京中首精滤科贸有限公司（危险废物运输）	京	垃圾	7	4	3
2	8	0.6326	河北丰源环保科技股份有限公司	冀	垃圾	7	6	3
7	9	0.6481	北京市门头沟区垃圾无害化处理中心（焦家坡）	京	垃圾	7	4	4
3	10	0.6754	河北港安环保科技有限公司	冀	垃圾	7	4	3

总的来看，在各行业绿色排名前10名企业的地区分布上，工业企业京津冀三地平分秋色，北京企业在热电行业和垃圾处理行业表现突出，河北省在污水处理行业具备优势，天津市则没有格外突出的行业，这与对总体情况分析所得出的结论基本一致。

9.6 研究结论与建议

通过设计绿色指标，分地区、分行业计算京津冀地区重点监控企业的绿色排名，结果显示三地在不同行业的绿色表现存在差异。总体来看，北京地区表现最好，其企业在热电行业和垃圾处理行业均有名次优势，且具备大量领先企业。天津市总体表现位居中间，仅在工业行业平均名次上略微领先其他两地，但缺少优势企业。而河北监控企业在所有行业中表现均不突出，仅在污水处理行业平均名次领先于天津市且拥有自己的领先企业。针对上述结论，结合现实状况，本研究发现以下问题，并提出建议：

第一，健全自下而上的信息披露机制。针对企业的监控报告，在统计数据时发现多数企业存在指标数据缺失的现象。其原因一个是企业自身的重视程度不够，不能按照《公开办法》的要求填报；二是企业监测技术不成熟，无法准确测量数据信息；三是监管力度不够，对于缺失数据的企业没有有效地惩罚机制来管控。因此，政府应当加强对企业自主监测的监控工作，做好相关的技术培训，给予企业更多的指导；

第二，鼓励企业参与指标体系的设计。绿色排名指标是基于企业监控报告建立的，现实状况是企业进行绿色排名只能被动接受，不利于企业开展内部自查自纠的积极性。因此，建议更多企业参与到绿色排名指标的设计中来，开放更多必需的数据。可以采取企业座谈的方式，邀请利益相关者参与整个排名的过程，建立更高效、更有价值的绿色排名。

第三，提高企业绿色意识。企业应能够自觉按照《公开办法》的要求，进行自我监测，提交报告的数据。同时应在国家相关标准和文件的指导下，多与排名靠前的企业开展交流学习，发现差距和问题，建立绿色生产经营理念，加快企业绿色发展步伐，积极改造破坏大、污染重的生产模式，寻求更环保、绿色、高效的发展道路。

10. 结论与建议

本研究的目的是帮助决策机构和企业界充分理解绿色企业和绿色产业发展的理论、政策和实践，通过技术和经验传播以及能力建设等手段引导和促进企业和产业的绿色转型和拓展，并开发建立企业的绿色评价体系以评估绿色企业和绿色产业的发展进程。为此，本研究在绿色企业发展的理论、方法和实践等方面做出了一些尝试。

在理论方面，本研究详细探讨了绿色和绿色发展的确切涵义，澄清了绿色发展与可持续发展、生态发展、低碳发展及循环发展等其他发展间的关系，分析了绿色企业发展的动因和建设内容，并建立和提出了绿色企业评价的理论基础和概念框架。

在方法方面，本研究建立形成了一个12321形式的绿色企业评价方法体系，即1套绿色企业评价标准，2种绿色表现评价指标，3个绿色表现评价指数，2种绿色企业评价方法，即排名和评级，以及1套绿色企业认证程序。这些方法相辅相成，共同作用，能够对企业的绿色表现程度做出科学的测算和评价。

在实践方面，本研究试图在企业中开展评价评级活动，以测试和验证已开发建立的理论和方法体系的适用性和有效性，进而推动绿色企业发展工作。但这种尝试目前并未得到企业界的认可和支持，因而造成评价评级工作设想无法展开和实现。我们分析造成这个问题的原因可能有如下几种：

一是企业无法提供所需的数据，因为企业没有环境数据，没有检测和填报制度；

二是企业没有参与绿色评价的动力和压力，完全基于自愿的原则决定是否参与评级；

三是企业能够清楚地预见到发展绿色可能带来的成本与风险，却看不到发展绿色所能够确保带来的眼前利益以及远期利益；

四是企业对绿色发展态势不清不明，缺乏绿色发展的意识和意愿，未制定绿色发展战略、目标和行动部署；

五是企业的行为和形象不受社会监督，未得到职能部门的有效监管，因而也就不受绿色与否的影响。

为此，本研究尝试利用企业公开的数据资源对企业的绿色表现做客观评价。目前存在两种社会公共资源可供使用，即部分上市公司自愿公开发布的企业社会经济环境表现数据，以及重点监控企业被强制要求发布的污染排放数据。但这两个数据来源显著特点是数据都不够完整、系统和规范。依据这些数据不足以开展评级工作，只能勉强用于排名，因为排名对于数据的要求相对来说没有评级那么严格。排名的主要作用是宣传，也不足以支撑绿色政策、金融、信贷等参考。

基于这些困难和问题，本研究形成如下建议：

第一，国家应尽快出台绿色发展战略、绿色产业发展规划以及绿色企业发展政策，为企业指明方向和任务。这些包括，绿色发展的目标、政策和时间表问题，国家及地方层面的绿色发展战略，产业层面的绿色发展战略，企业层面的绿色发展战略，居民层面的绿色生活方式，以及社会层面的绿色及可持续发展方向。

第二，企业的绿色发展近期应以强制为主，中期逐渐过渡到市场调节为主，不能依赖企业社会责任和自觉自愿。

第三，企业需要认识到绿色发展要求的必然性和紧迫性，积极思考绿色企业建设问题，尽快做好应对准备。

第四，目前迫切需要建立企业的绿色核算制度、信息公开披露制度、监控管制制度以及综合评价指标体系。目前中国企业绿色信息建设的现状几近空白，因此有必要分析产生问题的关键原因，澄清企业开展绿色信息建设与披露工作的一些重要理论和实践问题，提出中国企业建立绿色信息建设与披露的制度、方法和监控体系，为企业绿色发展政策和决策的制定提供参考。

第五，对企业的绿色发展建立评价标准，识别真伪，严格认证，划分等级，将企业的绿色形象和作为公布于众。

最后，在目前这种情况下，应该将绿色企业评价的重点放到排名上来，应该坚持排名工作，通过排名活动吸引、督促和影响企业积极参与绿色评级活动。

参考文献

[1] British Standards Institution (BSI) (2011), *Assessing the Life-Cycle Greenhouse Gas Emissions of Goods and Services* PAS 2050.

[2] Department for Environment, Food and Rural Affairs in UK.*Environmental Key Performance Indicators Reporting Guidelines for UK Business*[R].2006：18–64.

[3] G4 *Sustainability Reporting Guidelines.*

[4] Global Reporting Initiative (2011), *Sustainability Reporting Guidelines* [R]. 2011：7–42.

[5] International Energy Agency (IEA) (2013a), IEA Data Services.

[6] IEA (2013b), *End-use petroleum product prices and average crude oil import costs* July 2013 (brochure).

[7] IEA (2013c), *Energy Prices and Taxes*, Vol. 2012/4, OECD Publishing, Paris.

[8] Intergovernmental Panel on Climate Change (IPCC), Climate Change 1995：*The Science of Climate Change*, *Contribution of Working Group I to the Second Assessment Report of the Intergovernmental Panel on Climate Change*, 1996.

[9] Intergovernmental Panel on Climate Change (IPCC), Climate Change (2007), *The Physical Science Basis*, *Contribution of Working Group I to the Fourth Assessment Report of the Intergovernmental Panel on Climate Change.*

[10] International Organization for Standardization (2005), *Enterprise environment management standardized criteria* ISO14001.

[11] *Millennium Ecosystem Assessment*, 2003, 2005.

[12] OECD (2008), *OECD Environmental Outlook to 2030*, Paris.

[13] OECD *Environmental Indicators Development*, *Measurement and Use*, Reference Paper, Paris.

[14] OECD (2012a), "*OECD economic outlook No. 91*", OECD Economic Outlook：Statistics and Projections (database).

[15] OECD (2013), "*Annual labor force statistics*", OECD Employment and Labor Market Statistics (database).

[16] OECD (2013), *OECD Environment Statistics* (*database*).

[17] OECD (2013), *Regions at a Glance*, OECD Publishing, Paris.

[18] OECD (2014), "*Biodiversity and ecosystems: land resources*", OECD Green Growth Indicators.

[19] OECD (2014), "*The OECD Green Growth Measurement Framework and indicators*", OECD Green Growth Indicators.

[20] OECD (2015), "*Water: Freshwater Abstractions*", OECD Environment Statistics (database).

[21] United Nations (2012), *System of Environmental-Economic Accounting 2012.*

[22] World Resources Institute (WRI) and World Business Council for Sustainable Development (WBCSD) (2011), '*GHG Protocol Corporate Value Chain (Scope 3) Accounting and Reporting Standard*'.

附录一：企业基本情况报告指标体系

一级指标	二级指标	三级指标
G.1 战略与分析	G.1.1 企业领导介绍本企业绿色发展的意义、理念和战略	
	G.1.2 企业介绍本企业绿色发展的关键影响、风险和机遇	
G.2 企业简介	G.2.1 企业名称	
	G.2.2 企业的基本品牌、产品和服务	
	G.2.3 企业对外部加工（outsourcing）的依赖程度	
	G.2.4 企业的经营结构	
		G.2.4.1 主要部门
		G.2.4.2 经营公司
		G.2.4.3 辅助单位
		G.2.4.4 合资企业
	G.2.5 企业总部的地点	
	G.2.6 企业在各地区的分布	
	G.2.7 企业的所有制及法人形式	
	G.2.8 企业服务的市场（分地区、分部门、分顾客及受益人）	
	G.2.9 企业的规模（雇员数量、经营点数量、总资产、产值、净收入、纳税）	
	G.2.10 企业对外部加工（outsourcing）的依赖程度	
	G.2.11 企业的相关利益人	
		G.2.11.1 所处社区
		G.2.11.2 客户（零售、批发、业务、政府）
		G.2.11.3 董事或投资人

续表

一级指标	二级指标	三级指标
		G.2.11.4 供应商 G.2.11.5 贸易联盟或伙伴 G.2.11.6 劳动力（直接、间接） G.2.11.7 其他
G.3 报告简介	G.3.1 报告信息所属的时期 G.3.2 最近报告的时间 G.3.3 报告周期 G.3.4 关于报告问题的咨询方式）	
G.4 企业环境管理	G.4.1 企业的管理结构 G.4.2 企业环保工作安排 G.4.3 企业环保人员安排 G.4.4 外界与企业对环境相关问题的互动过程 G.4.5 企业对提高环境相关问题的集体性知识所采取的措施 G.4.6 企业及外界对于环境影响、风险与机会的识别与管理 G.4.7 企业关于环境问题的风险管理的有效性 G.4.8 企业关注或审查环境影响、风险与机会的频率 G.4.9 企业对于绿色表现报告的工作安排（专职人员、资源投入、审查、批准）	
G.5 雇佣与工资	G.5.1 全部雇员数 G.5.2 全部劳动力 G.5.3 工资总额 G.5.4 平均工资 G.5.5 与环境表现相关的绩效工资、薪酬、奖金等	
G.6 经济表现	G.6.1 企业总产值 G.6.2 企业增加值 G.6.3 企业纳税收入	

续表

一级指标	二级指标	三级指标
	G.6.4 企业纳税额 G.6.5 产生及分配的直接经济价值 G.6.6 环保给企业带来的财务涵义、风险和机遇 G.6.7 企业从政府获得的财务援助	
G.7 原材料范围界定	G.7.1 列出企业合并财务报表包括的单位 G.7.2 解释报告内容的范围 G.7.3 列出定义报告内容过程中界定的原材料方面 G.7.4 对每个原材料方面报告企业内部范围 G.7.5 对每个原材料方面报告企业外部范围 G.7.6 报告复述之前报告信息的效应 G.7.7 报告自之前报告期以来原材料范围的变化	
G.8 供应链情况	G.8.1 描述企业的供应链 G.8.2 报告在报告期内企业规模、结构、所有制及供应链方面的显著变化 G.8.3 报告企业是否或如何考虑或应用预防原理 G.8.4 列出企业参与承诺的外部发展的章程、原则和倡议等 G.8.5 列出企业参与的协会、倡议组织等	
G.9 企业环境事务	G.9.1 企业对环境的影响 G.9.2 环境对企业的影响 G.9.3 企业的环境政策 G.9.4 企业的环境表现	G.9.1.1 显著影响 G.9.2.1 环保约束 G.9.3.1 如何管理这些影响 G.9.4.1 环境管理表现 G.9.4.2 政策执行情况
	G.9.5 企业的环保行动	G.9.5.1 环保报告体系 G.9.5.2 环保监控体系

续表

一级指标	二级指标	三级指标
		G.9.5.3 环保改进措施 G.9.5.4 是否组织或参与环保评价评级工作 G.9.5.5 如何组织或参与环保评价评级工作
G.10 企业环评系统	G.10.1 行业标准 G.10.2 地方标准 G.10.3 国家标准 G.10.4 国际标准	

附录二：企业环境表现报告指标体系

一级指标	二级指标	三级指标	四级指标
1. 空气	1.1 空气污染物排放		
		1.1.1 污染物排放量	
			1.1.1.1 酸雨及烟雾前驱
			1.1.1.2 尘埃和微粒（PM）
			1.1.1.3 臭氧危害原材料（ODS）
			1.1.1.4 氟氯化碳 11（CFC–11）
			1.1.1.5 挥发性有机化合物（VOC）
			1.1.1.6 金属向空气中的排放物
			1.1.1.7 持久性有机污染物（POP）
			1.1.1.8 有害空气污染物（HAP）
			1.1.1.9 其他空气污染物
	1.2 温室气体排放		
		1.2.1 直接排放	
			1.2.1.1 二氧化碳（CO_2）
			1.2.1.2 甲烷（CH_4）
			1.2.1.3 氧化亚氮（N_2O）
			1.2.1.4 氢氟碳化物（HFCs）
			1.2.1.5 全氟化碳（PFCs）
			1.2.1.6 六氟化硫（SF_6）
			1.2.1.7 三氟化氮（NF_3）
		1.2.2 能源间接排放	
		1.2.3 其他间接排放	

续表

一级指标	二级指标	三级指标	四级指标
		1.2.4 全部排放变动	
2. 土地	2.1 土地		
		2.1.1 土地占用量	
			2.1.1.1 生产用地
			2.1.1.2 办公用地
			2.1.1.3 其他用地
	2.2 土壤		
		2.2.1 土壤质量状态	
			2.2.1.1 受影响土地
			2.2.1.2 影响程度
		2.2.2 土壤污染排放	
			2.2.2.1 杀虫剂和化肥
			2.2.2.3 金属向土壤中的排放物
			2.2.2.5 酸和有机污染物
3. 水	3.1 水资源		
		3.1.1 水抽取	
			3.1.1.1 从地表水抽取，如湿地、江河湖海
			3.1.1.2 从地下水抽取
			3.1.1.3 收集及储存的雨水
			3.1.1.4 来自于其他企业的废水
			3.1.1.5 来自于自来水或其他水源
		3.1.7 受抽水影响的水源	
			3.1.7.1 水源规模
			3.1.7.2 是否保护水源
			3.1.7.3 生物多样性价值
			3.1.7.4 水源对当地社会和居民的价值或重要性
		3.1.8 水再循环及再利用	
			3.1.8.1 再循环及再利用水的体积
			3.1.8.2 再循环及再利用水占全部抽水的比例

续表

一级指标	二级指标	三级指标	四级指标
	3.2 水污染		
		3.2.1 水污染物排放量	
			3.2.1.1 养分和有机污染物
			3.2.1.2 金属向水中的排放物
4. 资源	4.1 矿物资源		
		4.1.1 开采量或消耗量	
			4.1.1.1 金属
			4.1.1.2 矿产
			4.1.1.3 砂石
	4.2 生物资源		
		4.2.1 农产品资源消耗	
			4.2.1.1 森林
			4.2.1.2 水产
		4.2.2 野生动植物资源消耗	
	4.3 生态破坏		
		4.3.1 对地表形态的破坏	
		4.3.2 对动物的破坏	
		4.3.3 对植物的破坏	
	4.4 原材料		
		4.4.1 原材料消耗	
			4.4.1.1 不可再生原材料消耗
			4.4.1.2 可再生原材料消耗
		4.4.2 原材料生产率	
			4.4.2.1 基于需求的原材料生产率
			4.4.2.2 废物产生强度及恢复比例
			4.4.2.3 营养流及平衡
		4.4.3 原材料再循环	
			4.4.3.1 再循环原材料投入占总原材料投入比重

续表

一级指标	二级指标	三级指标	四级指标
5. 能源	5.1 企业能源消耗		
		5.1.1 不可再生能源消耗	
			5.1.1.1 天然气
			5.1.1.2 石油
			5.1.1.3 煤
		5.1.2 可再生能源消耗	
		5.1.3 用电消耗	
		5.1.4 供热消耗	
		5.1.5 制冷消耗	
		5.1.6 蒸汽消耗	
		5.1.7 用电销售	
		5.1.8 供热销售	
		5.1.9 制冷销售	
		5.1.10 蒸汽销售	
6. 生物多样性	6.1 保护区		
		6.1.1 位于或邻近保护区及保护区外高生物多样性价值区域的经营场地	
		6.1.2 经济活动及其产品服务对于保护区及保护区外高生物多样性价值区域的显著影响	
		6.1.3 受企业排放影响的保护区	
	6.2 栖息地		
		6.2.1 受保护或恢复的水体或栖息地	
	6.3 物种		
		6.3.1 对于濒危物种的影响	
		6.3.2 受企业排放影响的保护区	
		6.3.3 受企业排放影响的生物	

续表

一级指标	二级指标	三级指标	四级指标
7. 垃圾	7.1 污水排放量		
		7.1.1 去向一，数量及质量，是否及如何处理过	
		7.1.2 去向二，数量及质量，是否及如何处理过	
		7.1.3 去向三，数量及质量，是否及如何处理过	
	7.2 非危险品垃圾		
		7.2.1 再利用	
		7.2.2 再循环	
		7.2.3 沤肥	
		7.2.4 恢复，包括能源恢复	
		7.2.5 焚烧（集中式直接焚烧）	
		7.2.6 深井灌注	
		7.2.7 垃圾填埋	
		7.2.8 就地贮存	
		7.2.9 其他	
	7.3 危险品垃圾处理		
		7.3.1 再利用	
		7.3.2 再循环	
		7.3.3 沤肥	
		7.3.4 恢复，包括能源恢复	
		7.3.5 焚烧（集中式直接焚烧）	
		7.3.6 深井灌注	
		7.3.7 垃圾填埋	
		7.3.8 就地贮存	
		7.3.9 其他	
	7.4 危险品运输		
		7.4.1 危险品运输	

续表

一级指标	二级指标	三级指标	四级指标
		7.4.2 危险品进口	
		7.4.3 危险品出口	
		7.4.4 危险品外部处理	
	7.5 泄漏		
		7.5.1 油泄漏（地表或水面）	
		7.5.2 燃料泄漏（地表或水面）	
		7.5.3 垃圾泄漏（地表或水面）	
		7.5.4 化学品泄漏（主要在地表或水面）	
		7.5.5 其他泄漏（企业说明）	
	7.6 垃圾对生物多样性的影响		

附录三：企业社会影响报告指标体系

一级指标	二级指标	三级指标	四级指标
8. 产品全周期环境影响	8.1 产品及服务		
		8.1.1 产品及服务环境影响的治理程度	
		8.1.2 产品及包装回收的比例	
			8.1.2.1 分产品
			8.1.2.2 回收
	8.2 运输产生的环境影响		
		8.2.1 产品及材料运输产生的环境影响及运输人员数	
			8.2.1.1 物流意图
			8.2.1.2 运输
			8.2.1.3 运输人员数
9. 绿色供应链影响	9.1 供应商环保行为		
		9.1.1 以环保标准监测的新供应商的比例	
		9.1.2 供应链及行动中导致的实际及潜在环境负影响	
			9.1.2.1 受环境影响评价的供应商数目
			9.1.2.2 识别为有实际及潜在环境负影响的供应商数目
			9.1.2.3 供应链中识别的具有实际及潜在环境负影响的供应商数目
			9.1.2.4 识别为有实际及潜在环境负影响的供应商占受环境影响评价的供应商的比例

续表

一级指标	二级指标	三级指标	四级指标
			9.1.2.5 识别为有实际及潜在环境负影响的供应商中被结束关系的比例，及原因
	9.2 下游企业		
	9.3 全球价值链影响		
10. 绿色管理与实践	10.1 绿色战略与决策		
		10.1.1 绿色发展长、短期目标	
			10.1.1.1 污染降低
			10.1.1.2 土地利用率提高
			10.1.1.3 污水减少
			10.1.1.4 能耗降低
		10.1.2 行动方案	
			同上
		10.1.3 绿色转型	
			10.1.3.1 绿色投入转型
			10.1.3.2 绿色技术转型
			10.1.3.3 绿色产品转型
			10.1.3.4 绿色经营转型
			10.1.3.5 绿色管理转型
	10.2 绿色投资与金融		
		10.2.1 全部环保支出及投资	
			10.2.1.1 全部环保支出
			10.2.1.2 各项环保投资
		10.2.2 获得的绿色投资	
			10.2.2.1 绿色投资额
		10.2.3 获得的绿色信贷	
			10.2.3.1 绿色信贷额
	10.3 绿色研发与创新		

续表

一级指标	二级指标	三级指标	四级指标
		10.3.1 绿色研发	
			10.3.1.1 由于绿色研发的投资
		10.3.2 绿色创新	
			10.3.2.1 绿色专利数
	10.4 绿色就业与培训		
		10.4.1 绿色就业	
			10.4.1.1 绿色岗位比重
		10.4.2 绿色培训	
			10.4.2.1 绿色培训支出
	10.5 绿色咨询与服务		
		10.5.1 绿色咨询	
			10.5.1.1 支出与收入
		10.5.2 绿色服务	
			10.5.2.1 支出与收入
11. 企业环保社会责任	11.1 环境罚款与支出		
		11.1.1 环保违规被罚款数额及处罚数目	
			11.1.1.1 环保违规次数
			11.1.1.2 环保违规受处罚次数
			11.1.1.3 环保违规受处罚金额
	11.2 环境申诉		
		11.2.1 环境申诉、被回应及解决的数目	
			11.2.1.1 正常渠道上报的环境影响申诉
			11.2.1.2 得到回应的申诉的数目
			11.2.1.3 得到解决的申诉的数目
			11.2.1.4 报告期之前申诉在报告期得到解决的申诉数目

续表

一级指标	二级指标	三级指标	四级指标
	11.3 生活环境质量		
		11.3.1 企业环境导致的健康问题及成本	
			11.3.1.1 企业内部职业病例
			11.3.1.2 空气污染影响的附近人口：$PM_{2.5}$ 污染下的人口
			11.3.1.3 噪音对员工及附近居民的影响
		11.3.2 企业造成的风险下的人口及相应的成本	
			11.3.2.1 承受企业带来风险的人口
			11.3.2.2 企业风险造成的成本
			11.3.2.3 企业风险预防及治理成本

附录四：企业环境表现评价指标体系

一级指标	二级指标	三级指标	四级指标
	1.1 空气污染物排放		
		1.1.1 污染物排放量	
			1.1.1.1 酸雨及烟雾前驱
			1.1.1.2 尘埃和微粒（PM）
			1.1.1.3 臭氧危害原材料（ODS）
			1.1.1.4 氟氯化碳 11（CFC-11）
			1.1.1.5 挥发性有机化合物（VOC）
			1.1.1.6 金属向空气中的排放物
			1.1.1.7 持久性有机污染物（POP）
			1.1.1.8 有害空气污染物（HAP）
			1.1.1.9 其他空气污染物
1 空气		1.1.2 排放量变动	
			同上
		1.1.3 排放强度	
			同上
		1.1.4 排放强度变动	
			同上
		1.1.5 污染排放生产率	
			同上
		1.1.6 污染排放生产率变动	
			同上
	1.2 温室气体排放		
		1.2.1 直接排放	

续表

一级指标	二级指标	三级指标	四级指标
			1.2.1.1 二氧化碳（CO_2）
			1.2.1.2 甲烷（CH_4）
			1.2.1.3 氧化亚氮（N_2O）
			1.2.1.4 氢氟碳化物（HFCs）
			1.2.1.5 全氟化碳（PFCs）
			1.2.1.6 六氟化硫（SF_6）
			1.2.1.7 三氟化氮（NF_3）
		1.2.2 能源间接排放	
		1.2.3 其他间接排放	
		1.2.4 全部排放变动	
		1.2.5 排放强度	
		1.2.6 排放强度变动	
		1.2.7 碳排放生产率	
		1.2.8 碳排放生产率变动	
2 土地	2.1 土地		
		2.1.1 土地占用量	
			2.1.1.1 生产用地
			2.1.1.2 办公用地
			2.1.1.3 其他用地
		2.1.2 用地变动	
		2.1.3 用地强度	
		2.1.4 用地强度变动	
		2.1.5 土地生产率	
		2.1.6 土地生产率变动率	
	2.2 土壤		
		2.2.1 土壤质量状态	
			2.2.1.1 受影响土地
			2.2.1.2 影响程度
		2.2.2 土壤污染排放	
			2.2.2.1 杀虫剂和化肥
			2.2.2.2 杀虫剂和化肥减少量

续表

一级指标	二级指标	三级指标	四级指标
			2.2.2.3 金属向土壤中的排放物
			2.2.2.4 金属向土壤中的排放物减少量
			2.2.2.5 酸和有机污染物
			2.2.2.6 酸和有机污染物减少量
		2.2.3 土壤污染排放变动	
			同上
3 水	3.1 水资源		
		3.1.1 水抽取	
			3.1.1.1 从地表水抽取，如湿地、江河湖海
			3.1.1.2 从地下水抽取
			3.1.1.3 收集及储存的雨水
			3.1.1.4 来自于其他企业的废水
			3.1.1.5 来自于自来水或其他水源
		3.1.2 水抽取变动	
		3.1.3 水使用强度	
		3.1.4 水使用强度变动	
		3.1.5 水生产率	
		3.1.6 水生产率变动率	
		3.1.7 受抽水影响的水源	
			3.1.7.1 水源规模
			3.1.7.2 是否保护水源
			3.1.7.3 生物多样性价值
			3.1.7.4 水源对当地社会和居民的价值或重要性
		3.1.8 水再循环及再利用	
			3.1.8.1 再循环及再利用水的体积
			3.1.8.2 再循环及再利用水占全部抽水的比例
	3.2 水污染		
		3.2.1 水污染物排放量	
			3.2.1.1 养分和有机污染物

续表

一级指标	二级指标	三级指标	四级指标
			3.2.1.2 金属向水中的排放物
		3.2.2 水污染物排放变动	
			3.2.2.1 养分和有机污染物变动
			3.2.2.2 金属向水中的排放物变动
4 资源	4.1 矿物资源		
		4.1.1 开采量或消耗量	
			4.1.1.1 金属
			4.1.1.2 矿产
			4.1.1.3 砂石
		4.1.2 开采或消耗的变动	
			同上
	4.2 生物资源		
		4.2.1 农产品资源消耗	
			4.2.1.1 森林
			4.2.1.2 水产
		4.2.2 农产品资源消耗的变动	
			同上
		4.2.3 野生动植物资源消耗	
		4.2.4 野生动植物资源消耗变动	
	4.3 生态破坏		
		4.3.1 对地表形态的破坏	
		4.3.2 对动物的破坏	
		4.3.3 对植物的破坏	
	4.4 原材料		
		4.4.1 原材料消耗	
			4.4.1.1 不可再生原材料消耗
			4.4.1.2 可再生原材料消耗
		4.4.2 原材料消耗变动	

续表

一级指标	二级指标	三级指标	四级指标
			同上
		4.4.3 原材料生产率	
			4.4.3.1 基于需求的原材料生产率
			4.4.3.2 废物产生强度及恢复比例
			4.4.3.3 营养流及平衡
		4.4.4 原材料生产率变动	
			同上
		4.4.5 原材料再循环	
			4.4.5.1 再循环原材料投入占总原材料投入比重
5 能源	5.1 企业能源消耗		
		5.1.1 不可再生能源消耗	
			5.1.1.1 天然气
			5.1.1.2 石油
			5.1.1.3 煤
		5.1.2 可再生能源消耗	
		5.1.3 用电消耗	
		5.1.4 供热消耗	
		5.1.5 制冷消耗	
		5.1.6 蒸汽消耗	
		5.1.7 用电销售	
		5.1.8 供热销售	
		5.1.9 制冷销售	
		5.1.10 蒸汽销售	
	5.2 企业能源消耗变动		
		同上	
			同上
	5.3 能源强度		

续表

一级指标	二级指标	三级指标	四级指标
	5.4 能源强度变动		
	5.5 能源生产率		
	5.6 能源生产率变动		
	5.7 可再生能源比重		
	5.8 可再生能源比重变动		
6 生物多样性	6.1 保护区		
		6.1.1 位于或邻近保护区及保护区外高生物多样性价值区域的经营场地	
		6.1.2 经济活动及其产品服务对于保护区及保护区外高生物多样性价值区域的显著影响	
		6.1.3 受企业排放影响的保护区	
	6.2 栖息地		
		6.2.1 受保护或恢复的水体或栖息地	
	6.3 物种		
		6.3.1 对于濒危物种的影响	
		6.3.2 受企业排放影响的保护区	
		6.3.3 受企业排放影响的生物	
7 垃圾	7.1 污水排放量		
		7.1.1 去向一，数量及质量，是否及如何处理过	
		7.1.2 去向二，数量及质量，是否及如何处理过	
		7.1.3 去向三，数量及质量，是否及如何处理过	
	7.2 非危险品垃圾		

续表

一级指标	二级指标	三级指标	四级指标
		7.2.1 再利用	
		7.2.2 再循环	
		7.2.3 沤肥	
		7.2.4 恢复，包括能源恢复	
		7.2.5 焚烧（集中式直接焚烧）	
		7.2.6 深井灌注	
		7.2.7 垃圾填埋	
		7.2.8 就地贮存	
		7.2.9 其他	
	7.3 危险品垃圾处理		
		7.3.1 再利用	
		7.3.2 再循环	
		7.3.3 沤肥	
		7.3.4 恢复，包括能源恢复	
		7.3.5 焚烧（集中式直接焚烧）	
		7.3.6 深井灌注	
		7.3.7 垃圾填埋	
		7.3.8 就地贮存	
		7.3.9 其他	
	7.4 危险品运输		
		7.4.1 危险品运输	
		7.4.2 危险品进口	
		7.4.3 危险品出口	
		7.4.4 危险品外部处理	
	7.5 泄漏		
		7.5.1 油泄漏（地表或水面）	
		7.5.2 燃料泄漏（地表或水面）	
		7.5.3 垃圾泄漏（地表或水面）	

续表

一级指标	二级指标	三级指标	四级指标
		7.5.4 化学品泄漏（主要在地表或水面） 7.5.5 其他泄漏（企业说明）	
	7.6 垃圾对生物多样性的影响		

附录五：主要资源环境指标解释

1. 空气

1	指标名称	酸雨及烟雾前驱
2	指标编号	GC-N-1-1-1-1
3	指标定义	酸雨及烟雾前驱（亦即富营养化前驱）主要指的是二氧化硫（SO_2）、氮氧化物（NO_X）、氨气（NH_3）和一氧化碳（CO），它们被排放强度后能在大气中远距离的流动，最终以降水或干沉降的方式储存下来。
4	测算方法	烟雾前驱由化石燃料的燃烧而产生，其产生量可通过相关数据计算得出，这些数据包括标准排放强度因子，燃料的量和种类，以及锅炉或内燃机的种类。制造硝酸化合物的生产者可通过其生产效率（大量的产品对比及反应物对比得出）来计算出，其氮氧化物的排放强度量。

1	指标名称	尘埃和微粒
2	指标编号	GC-N-1-1-1-2
3	指标定义	指直径在 10 纳米（百万分之一毫米）到 100 微米（百万分之一米）之间的浮尘、气溶胶或微粒，主要通过两种方式扩散，一是微粒形成后的直接排放强度，二是前驱气体在空气中发生化学反应形成“二次微粒”。
4	测算方法	通过给定燃料的数量和种类，以及锅炉和内燃机的种类，估算企业产生的尘埃和微粒排放强度量。

1	指标名称	臭氧危害物质（Ozone Depleting Substance）
2	指标编号	GC-N-1-1-1-3
3	指标定义	臭氧危害物质（Ozone Depleting Substance）是一类加速对高空中臭氧层破坏的空气污染，主要有氟氯烃（氟氯化碳和氟利昂）、卤代烷、甲基氯仿、四氯化碳（氟利昂的主要前驱）和甲基溴这几类物质。
4	测算方法	记录当前所使用的相关材料（可以根据使用这些材料的制冷系统、空调和灭火器的种类被估算出来）和如泄漏发生所排放强度出的量，或者是灭火器所使用的量。将臭氧危害原料作为原料的企业需提供产品中臭氧危害原材料所使用的数量的数据和错误故障发生时可能泄漏排放强度出的量。

续表

1	指标名称	挥发性有机化合物（VOC）
2	指标编号	GC-N-1-1-1-5
3	指标定义	挥发性有机化合物（Volatile Organic Compounds）是一些常用的、当暴露在空气中容易挥发的化学品。一些常见的挥发性有机化合物有三氯乙烯、四氯乙烯（一种干洗液）、三氯乙烷、苯、甲苯和二甲苯。
4	测算方法	利用燃料的数量和种类以及锅炉和内燃机的信息，通过将燃料转换为排放强度量的燃料转换公式可以计算出从燃料中产生的挥发性有机化合物的排放强度量。在特定工业过程中产生的挥发性有机物排放强度可以基于具体的化学品种类、数量、挥发性和水汽压力进行估算。

1	指标名称	金属向空气中的排放量
2	指标编号	GC-N-1-1-1-6
3	指标定义	金属如铅、汞、镉、砷、镍等都能对环境产生很大的影响，通常某些被广泛使用的重金属以微粒或粉尘的形式排放到空气中，而后沉积在地面或水中，累积在土壤、水、沉积物和泥土中。
4	测算方法	作为燃料燃烧产物的金属排放量可基于燃料种类和燃烧所用的锅炉或内燃机种类的标准燃料排放因子来估算。其中燃料使用量可通过燃料费账单来估算。在工业生产过程中，排放更偏向局部化因而可在排放源处通过直接测量计算，或是通过抽样和分析当地的空气质量来估计而得知。

1	指标名称	直接排放强度
2	指标编号	GC-N-1-2-1
3	指标定义	直接排放强度是指温室气体产生后被排放强度源的企业拥有或所控制。如从排放强度管道、工厂、空调设施及企业所拥有或控制的交通工具产生的排放强度。
4	测算方法	使用全球变暖潜能值衡量直接排放强度的二氧化碳当量（一种用来基于全球变暖潜能值来比较不同温室气体排放强度的方法）计算温室气体的直接排放强度量，且要除去任何温室气体交易，例如购买、销售、抵消或津贴的转换等。其中的方法包括：转换成温室气体时的能源消耗直接测量、物质守恒计算、特定场合数据计算（比如燃料消耗分析）、基于已发布的标准进行计算（排放强度因子、全球变暖潜能值）、估算以及对温室气体的直接测量。

1	指标名称	间接排放强度
2	指标编号	GC-N-1-2-2
3	指标定义	间接排放强度是指温室气体的产生源自该企业的运行结果，而排放强度源为其他企业拥有或控制，如外购电力、热力和蒸汽。对于一些部门来说间接排放强度产生的温室气体比其直接排放强度还要大。

续表

4	测算方法	计算全部外购使用的电力、热力、制冷和蒸汽等制造过程中产生的间接温室气体排放强度，并除去温室气体交易，例如购买、销售、抵消或津贴的转换等。

1	指标名称	其他间接排放强度
2	指标编号	GC–N–1–2–3
3	指标定义	其他间接排放强度是指排放强度作为该企业的活动结果，在排放强度源产生，而这一排放强度源并不被这一企业拥有和控制，比如委外加工制造、员工通勤或商务旅行、原材料开采及产品使用期间造成的。这一指标加上直接排放强度和间接能源排放强度的量值就反映了全部温室气体的排放强度量。
4	测算方法	可通过上下游分部门方式计算排放强度量。如上游部门包括购买的产品和服务、生产资料、与燃料和能源相关的活动（除去直接排放强度和间接排放强度）、上游运输和配送、运行过程中的浪费、商务旅行、职工通勤、上游租赁资产及其他，下游包括下游运输和配送、商品加工、商品利用、下游租赁资产、专营权、投资及其他等。通过说明每一环节的二氧化碳当量排放强度，可计算出温室气体的排放强度量。

1	指标名称	排放强度的强度
2	指标编号	GC–N–1–2–5
3	指标定义	排放强度的强度是反映一个企业的温室气体排放强度量和经济发展相关联的指标，其表示为温室气体排放强度量（二氧化碳当量）除以国民生产总值，从而反映出每单位的活动、产出或任何企业的特定价值所带来的温室气体排放强度。排放强度的强度主要包括产品排放强度的强度、服务强度和销售强度。
4	测算方法	对于企业每单位的产出或活动，可以通过生产数量、产量（吨、公升、兆瓦小时等）、大小（平方米）、全职员工数量、货币计量（税收额、销售额）来反映。温室气体排放强度量则直接利用前面所述直接排放强度、间接排放强度和其他间接排放强度量的数据，排放强度的强度等于排放强度量除以产出。

1	指标名称	排放强度减少量
2	指标编号	GC–N–1–2–6
3	指标定义	排放强度减少量是指在相同测度时长内温室气体排放强度的相对减少量。这一指标综合了直接排放强度、间接排放强度和其他间接排放强度，从而实现关于企业目标或是国际国内相关管制对温室气体排放强度减少量的监测。
4	测算方法	

续表

1	指标名称	碳排放强度生产率
2	指标编号	GC–N–1–2–7
3	指标定义	碳排放强度生产率可分为基于生产的碳生产率和基于需求的碳生产率。前者指的是单位二氧化碳排放强度所产生的GDP值，其中的排放强度包括来源于化石燃料燃烧所直接产生的除掉污水等间接影响的全部二氧化碳。后者指的是单位二氧化碳所带来的真实国民收入，它是生产的排放强度量加上进口排放强度量再减去出口排放强度量。
4	测算方法	基于生产的碳生产率和基于需求的碳生产率可根据其定义来计算。其中基于需求的碳生产率的概算假定同质产品生产及进口形成相对集聚的工业企业的宏观方法，这意味着对于同一部门不同高低的碳排放强度生产率无法区分。

2. 土地

1	指标名称	土地
2	指标编号	GC–N–2–1
3	指标定义	地球表层的陆地部分及其以上、以下一定幅度空间范围内的全部环境要素，以及人类社会生产生活活动作用于空间的某些结果所组成的自然——经济综合体。土地是一种有限的资源，它是环境变化的主要驱动因素之一，并且它对于生命体和生态系统有着重要的影响。
4	测算方法	只考虑企业发展会改变土地利用形式，排放强度物在后面会单独作为一个指标列出。

1	指标名称	土地占用量
2	指标编号	GC–N–2–1–1
3	指标定义	土地占用量是指人工土地开发占用的农业、森林和其他半自然和自然土地的数量。它主要包括办公用地、生产用地和其他用地。
4	测算方法	以企业各生产及经营部门的总占地面积作为参考，尤其是开发占用的自然土地资源。

1	指标名称	用地变动
2	指标编号	GC–N–2–1–2
3	指标定义	用地变动是指一定时间内土地用途分配的变化。土地用途由人们在特定覆盖类型的土地上进行生产、改变或保持其类型的安排、活动、投入所决定。观察的单位是同一类用途的土地中，在一定时间内改变为另一种用途的土地所占的比例。

续表

4	测算方法	报告期内企业因各项生产经营活动开发改变土地用途的面积，参考企业相关项目开发计划书及土地使用许可文件确定。

1	指标名称	土地生产率
2	指标编号	GC–N–2–1–5
3	指标定义	土地生产率是指每单位的占用土地所产生的经济产出。土地生产率是以“产出”为基础的，即计算生产消耗或产出直接使用的土地量。
4	测算方法	以企业报告期内的经济产值除以土地占用量计算得出。

1	指标名称	土壤
2	指标编号	GC–N–2–2
3	指标定义	土壤是自然环境的重要组成部分，是经济发展的自然资产基础。土壤对生产粮食和其他生物生存生长、保护生物多样性和生态系统生产力有至关重要的作用。
4	测算方法	可参考相关政府监测部门在企业所在区域的检测结果，或请专业机构进行相应检测。

1	指标名称	土壤质量状态
2	指标编号	GC–N–2–2–1
3	指标定义	土壤质量状态是指土壤的养分含量和碳储存量。土壤质量状态受很多因素影响。酸性降雨、化肥和农药的过量使用、垃圾填埋等都会使土壤酸化。
4	测算方法	可参考相关政府监测部门在企业所在区域的检测结果，或请专业机构进行相应检测。

1	指标名称	杀虫剂和化肥
2	指标编号	GC–N–2–2–2–1
3	指标定义	杀虫剂是一种用来杀死或限制昆虫、啮齿动物、鸟类、杂草、真菌或微生物（细菌和病毒）有害影响的药剂；肥料的主要成分是氮、磷、钾，其他成分有硫、镁、钙。杀虫剂和化肥广泛分布于农田之中，会导致土壤排水不良、土壤微量营养元素缺乏、河流湖泊富营养化等一系列重大影响。
4	测算方法	应当测量杀虫剂和化肥在一年中的应用总量。

1	指标名称	金属向土壤中的排放量
2	指标编号	GC–N–2–2–2–3

续表

3	指标定义	在经营过程中向土壤中排放金属物质会对当地环境产生很严重的危害。一旦超出了排放量限制和生物可接受的范围，所有金属都会对自然栖息地产生严重的危害。特别是汞、镉、铬、铜、锌、铅等金属都有剧毒。土壤中金属物质浓度的攀升会阻碍微生物分解植物质料从而影响营养物质的释放。
4	测算方法	金属向土壤中的排放量可以通过抽样、直接测量和使用排放物因子大量平衡计算转换而得。各国采用的分析过程有所差异；直接测量方法的选择取决于污染物清单的报告要求及建立方法。目前，欧盟已经开发出多种工具可以量化金属向土壤中的排放量。

1	指标名称	酸和有机污染物
2	指标编号	GC–N–2–2–2–5
3	指标定义	有机酸和无机酸广泛应用于许多工业过程中并且可能被排放到土壤中。有机污染物的范围很广泛，如长链碳氢化合物（存在于石油、汽油和柴油中）和工业生产过程中产生的有机化合物（甲醇和醇类溶剂）等，也可能被排放到土壤中。这些物质的排放通常是由意外溢出导致的，其影响很广泛：一些化学物质与土壤结合成为长期污染物；一些会渗入当地的水源污染水资源；酸类可以集中存在于土壤和水体中改变土壤和水体的 pH 值，从而对当地的动植物产生破坏性的影响。
4	测算方法	溢出量可以通过比较一种物质在生产过程前后的体积 / 质量之比进行估算。如果溢出发生在管道或软管中，则可以通过监控流动速率和溢出时间来估算溢出量。

3. 水

1	指标名称	水资源
2	指标编号	GC–N–3–1
3	指标定义	水是企业在生产和提供产品与服务过程中使用到的一项基本的、重要必不可少的资源。各个行业都会用到水资源。
4	测算方法	关于水资源的信息可以通过实际用水量或者缴纳的水费获得。尽管不同的国家定义和估算方式会有差别，但是这并不会阻碍获取水资源相关信息。目前需要改进的是关于抽取水的相关信息的完整性、历史数据一致性以及改进再生水资源总量的估算方式。另外还需要更充分地揭露获得资源使用强度的空间分布。

1	指标名称	水抽取
2	指标编号	GC–N–3–1–1

续表

3	指标定义	水抽取是指在报告期间，从任何途径（包括地表水、地下水、雨水、市政供水等）抽取的，用于任何用途的抽取水的总量。
4	测算方法	需确定通过各个途径抽取的水资源的总体积（包括冷却水的抽取）。可通过估算、建模、直接测算等进行测算。

1	指标名称	水使用强度
2	指标编号	GC–N–3–1–3
3	指标定义	水使用强度是使用淡水资源的强度，表示为总抽取量占总可用可再生淡水资源（包括从邻国流入本国的）的百分比或是总抽取量占国内淡水资源（沉积降雨量减蒸发量）的百分比。用于水力发电的水被排除在外不进行计算。水使用强度分为以下几种程度： 低（≤ 10%）对资源没有较大压力；中（10%–20%）；中高（20%–40%）；高（> 40%）。
4	测算方法	关于水资源的信息可以通过实际用水量或者缴纳的水费获得。尽管不同的国家定义和估算方式会有差别，但是这并不会阻碍获取水资源相关信息。目前需要改进的是关于抽取水的相关信息的完整性、历史数据一致性以及改进再生水资源总量的估算方式。
1	指标名称	水生产率
2	指标编号	GC–N–3–1–5
3	指标定义	水生产率是指每单位的抽取水所产生的经济产出，例如在农业方面，水生产率可表示为每公顷产出的灌溉用水量。
4	测算方法	以报告期内企业的经济产值除以水抽取量计算得出

1	指标名称	受抽水影响的水源
2	指标编号	GC–N–3–1–7
3	指标定义	这一指标衡量了企业用水对水源的影响规模。尽管水源的状况也受这个水源其他的使用者的影响，但是这个指标还是可以大致评估水源的风险或改善程度以及稳定性。从水域中抽取水资源会使水位降低、可用水的体积减少，还会使生态系统的职能发生改变。这些变化会产生很广泛的经济和社会后果。
4	测算方法	企业 / 组织抽取水会对水资源产生巨大的影响。满足以下一个或多个标准即为显著抽取水资源：所抽取的水的体积达到水体年平均体积的 5% 以上；由专家认定，所抽取的水体对濒危动植物的相对规模、形态大小及特性有威胁；所抽取的水源为拉姆萨尔 78 号公约或其他国家、国际上宣布的保护区湿地；所抽取的水源有很高的生物多样性价值（如物种多样性和特有性、受保护物种总数等）；所抽取的水源被认定对当地的社区和土著居民有较高价值和重要性。

续表

1	指标名称	水再循环及再利用
2	指标编号	GC-N-3-1-8
3	指标定义	水再循环及再利用是指将使用过的水或废水在最终处理和排放到生态环境之前，先进入另一个循环的过程。一般来说，再循环及再利用水有三种类型：废水再循环回同一生产过程或在同一生产过程中对循环水中的进一步使用；废水在同一设备的不同过程中进行再循环或者再利用；废水在其他设备中进行再利用。
4	测算方法	确定再循环再利用水的体积；确定是否有水或流量未计算，并通过建模进行估算。例如：一个企业 / 组织有一个生产周期每次循环需要 20 立方米的水，这个企业 / 组织抽取了 20 立方米水，并重复利用了三次，则再循环再利用水的总体积为 60 立方米。

1	指标名称	再循环及再利用水的体积
2	指标编号	GC-N-3-1-8-1
3	指标定义	再循环及再利用水的体积是指一个企业 / 组织所使用的再循环及再利用水的总体积。
4	测算方法	以企业相关生产经营过程中供水单位的相关收费数据及再循环再利用水相关设备的数据进行估算

1	指标名称	再循环及再利用水占全部抽水的比例
2	指标编号	GC-N-3-1-8-2
3	指标定义	再循环及再利用水占全部抽水的比例是指一个企业 / 组织所使用的再循环及再利用水占其抽取水总量的比例。
4	测算方法	以再循环及再利用水量除以水抽取总量计算得出

1	指标名称	养分和有机污染物
2	指标编号	GC-N-3-2-1-1
3	指标定义	有机物质广泛存在于地下水和内陆水域中，会严重污染水域并破坏水生生物栖息地。向水体中大量排放有机污染物会使河流、湖泊、河口、海岸和海洋水域富营养化（多余的养分刺激水体中植物疯长消耗大量氧气，从而阻碍了其他水生生物的生长）。需氧型污染物广泛存在于污水排放和工业排放等有机废水中，有机废水中的主要污染物有多氯联苯（PCBs）、多环芳烃（PAHs）、六氯环己烷（HCH）、苯、甲苯、二甲苯、乙苯、二噁英和酚，以及一般的废水和污水。

续表

4	测算方法	测量向水中排出的有机物一般有两种方法，通过测定已知特定物质的排放浓度（其中一些是已经排放的或者是在排放过程中易被识别的）；当排放物的成分复杂，难以估计某一种特定物质排放浓度时，可以估算排放物的总质量。对于特定排放物的测量，可以通过标准实验测试测算其在水中的浓度。 水质量测试可以通过参数评估水体的潜在富营养化程度。参数如下： 生化需氧量（BOD）指水体中所有有机物被细菌消耗所需的耗氧总量。 悬浮固体总量（TSS/SS）指的是水中固体颗粒的总量，包括了高浓度细菌、营养物质以及杀虫剂，水中的固体颗粒会破坏生生环境。 水中有机物浓度可以通过以下参数得出： 有机碳总量（TOC）测量了样本中可以被氧化成二氧化碳的有机物的含量。 化学需氧量（COD）是指通过重铬酸钾法测定出的能被氧化的有机物的量。对于不同的测量方法，材料和数据的采集过程各不相同，所需的花费和投入也取决于所使用的技术。

1	指标名称	金属向水中的排放量
2	指标编号	GC–N–3–2–1–2
3	指标定义	金属向水中的排放物主要包括砷、镉、铬、铜、汞、镍、铅、锌。金属及金属化合物存在于工业废水、饮用水、冷却水和径流水中。金属排放物会在很多不同的方面影响水环境，并且一些金属的浓度随食物链各个营养级的递增而逐渐增加，这一过程称为生物放大。
4	测算方法	计算金属向水中的排放量可以使用排放估计技术。各国采用的抽样样本和水源监控分析过程有所差异；直接测量方法的选择取决于污染物清单的报告要求及建立方法。目前，欧盟已经开发出多种工具可以量化金属向水中的排放量。

4. 资源

1	指标名称	金属开采量或消耗量
2	指标编号	GC–N–4–1–1–1
3	指标定义	金属是不可再生的能源之一，也是许多经济活动中必需的原材料，最常用的金属资源是铁、铝（铝土）、铜、铅、镍、锌、金和银。
4	测算方法	金属的开采量通常在产地进行测量

1	指标名称	矿产开采量或消耗量
2	指标编号	GC–N–4–1–1–2

续表

3	指标定义	矿产资源的不可再生性意味着，持续的开采与使用将导致其耗尽。此外，采矿的每一方面对环境都产生影响：例如自然栖息地往往被破坏，并且采矿过程及其副产品都对环境产生严重影响。
4	测算方法	矿物质的开采量通常在产地进行测量，企业应该测量开采的矿物量而不是矿石。

1	指标名称	砂石开采量或消耗量
2	指标编号	GC–N–4–1–1–3
3	指标定义	砂石由碎石与砂砾组成，作为基本的原材料在许多行业中使用，包括建筑业、农业以及使用复杂化学制品的工业与冶金过程。尽管基础产品的价值较低，但砂石的开采是世界上采矿工业中最重要的，因为其每年的产量高达（15，000 Mtpa），仅低于化石燃料。
4	测算方法	砂石的开采量通常在产地进行测量

1	指标名称	森林开采量或消耗量
2	指标编号	GC–N–4–2–1–1
3	指标定义	这个指标侧重原木以及不同木制品采伐量 . 尽管森林与木材通常被认为是可再生资源，但过度开发尤其是林场未得到可持续性的管理，威胁到整个环境尤其是生物多样性。森林的生态功能在基因、物种以及生态系统的多样性方面是十分有价值的，应该被保护。从合法且受到可持续管理的森林进行合理采伐与使用木材是环境绩效中的一个积极指标。
4	测算方法	森林管理应该定期监控他们的运营产生的环境影响，并测量木材的采伐量，包括过程中的浪费与残留物。监测的频率与强度决定于采伐操作的规模与强度。

1	指标名称	水产开采量或消耗量
2	指标编号	GC–N–4–2–1–2
3	指标定义	这个指标指全国鱼类捕捞量以及随时间变化相关捕捞量的变化。水产养殖可以通过合理的生产管理提高鱼类产量并缓解野生资源的快速消耗。这些指标给出了鱼类的容量，它们应该补充鱼类生理状态的相关信息。
4	测算方法	野生鱼类的捕捞量在捕捞时进行测量。人工养殖的水产地需要定期监控与测量捕捞量与剩余容量。

1	指标名称	野生动植物资源消耗
2	指标编号	GC–N–4–2–3
3	指标定义	野生动植物资源是生态系统与自然资本中的重要元素之一，它们为经济中许多部门的生产与发展提供原材料。它们的多样性在生命系统与生活质量中扮演重要角色。

续表

4	测算方法	在捕猎或采摘野生动植物时，测量相关物种的捕猎量。在保护区内定期进行测量。

1	指标名称	对地表形态的破坏
2	指标编号	GC-N-4-3-1
3	指标定义	人类的不合理开发行为对土地形态造成的影响，如：水土流失，土壤盐碱化等问题。
4	测算方法	参考报告期内因企业生产经营活动造成的土地形态变化及问题的状况。

1	指标名称	对动物的破坏
2	指标编号	GC-N-4-3-2
3	指标定义	人类的不合理开发行为对动物生存环境造成的破坏，影响到动物物种的多样性。过度捕猎动物使动物面临物种濒危的威胁。
4	测算方法	参考报告期内因企业生产经营活动造成的动物物种及生存环境的变化及问题。

1	指标名称	对植物的破坏
2	指标编号	GC-N-4-3-3
3	指标定义	人类的不合理开发行为对植物环境造成的破坏，影响到植物物种的多样性。过度捕猎动物使动物面临物种濒危的威胁。
4	测算方法	参考报告期内因企业生产经营活动造成的植物物种及生长环境变化及问题。

1	指标名称	原材料消耗
2	指标编号	GC-N-4-4-1
3	指标定义	在报告期内用于生产和包装企业初级产品或服务所消耗的原材料的总重量或总体积。
4	测算方法	在生产过程中进行管理，测量投入生产的原材料数量。

1	指标名称	不可再生原材料消耗
2	指标编号	GC-N-4-4-1-1
3	指标定义	报告用来生产和包装企业生产的初级产品消耗的不可再生原材料的总重量或总体积。（短期内不可再生的材料如矿产、金属等）
4	测算方法	在生产过程中进行管理，测量投入生产的不可再生的原材料数量。

1	指标名称	可再生原材料消耗

续表

2	指标编号	GC–N–4–4–1–2
3	指标定义	报告用来生产和包装企业生产的初级产品消耗的可再生原材料的总重量或总体积。
4	测算方法	在生产过程中进行管理，测量投入生产的可再生原材料数量。

1	指标名称	原材料生产率
2	指标编号	GC–N–4–4–3
3	指标定义	单独考虑原材料，以投入原材料量作为总投入计算的生产率，如多少元 / 吨（钢材）
4	测算方法	在生产过程中进行管理，测量投入生产的原材料数量及最终生产出的相应总产量。

1	指标名称	再循环原材料投入占总原材料投入比重
2	指标编号	GC–N–4–4–5–1
3	指标定义	报告用于制造企业初级产品与服务过程中，回收再利用材料占总原材料投入的比例
4	测算方法	在生产过程中进行管理，测量重复循环投入生产的原材料数量。

5. 能源

1	指标名称	化石能源消耗
2	指标编号	GC–N–5–1–1
3	指标定义	其中主要包括天然气、石油和煤。 天然气是一种混合的主要由碳氢化合物组成，以气体形式存在的化石燃料；主要成分是甲烷，它蕴藏在地表以下且常和油田有关联；经过提炼后，常通过管道运输或被压缩成液化天然气。石油是由碳氢化合物组成的一种重要化石燃料。石油是有限资源，且其开采会造成消极的环境影响。运输过程中的泄漏会造成前面所讲的酸雨和挥发性有机化合物，而石油的燃烧会产生尘埃微粒和温室气体。煤也是一种重要的化石燃料，因其是不可再生能源所以连续的开采会导致最终的枯竭。
4	测算方法	在开采源头测量天然气、石油、煤的开采量。

1	指标名称	企业外总能源消耗
2	指标编号	GC–N–5–1–2
3	指标定义	企业外总能源消耗是指发生在企业上下游且与其运行相关的活动产生的能源消耗，包括消费者对销售商品的使用以及商品被使用后的处理。

续表

4	测算方法	可通过上下游分部门方式计算排放强度量。如上游部门包括购买的产品和服务、生产资料、与燃料和能源相关的活动（除去直接排放强度和间接排放强度）、上游运输和配送、运行过程中的浪费、商务旅行、职工通勤、上游租赁资产及其他，下游包括下游运输和配送、商品加工、商品消耗、商品后期处理、下游租赁资产、专营权、投资及其他等。通过说明每一环节的能源消耗，可计算出企业外总能源消耗。

1	指标名称	能源强度
2	指标编号	GC–N–5–3
3	指标定义	能源强度是反映一个企业的能源消耗量和经济发展相关联的指标，其表示为能源消耗量除以经济产出。
4	测算方法	对于企业每单位的产出或活动，可以通过生产数量、产量（吨、公升、兆瓦小时等）、大小（平方米）、全职员工数量、货币计量（税收额、销售额）来反映。能源消耗则直接利用前述企业内总能源消耗和企业外总能源消耗的数据，能源强度等于能源消耗量除以经济产出。

1	指标名称	能源减少
2	指标编号	GC–N–5–4
3	指标定义	能源消耗的减少反映出企业高效利用能源的能力，而能源消耗对于经营成本有直接影响并且可影响能源供应链和价格。
4	测算方法	报告期内企业能源消耗量的相对变化量

1	指标名称	单位产品能耗减少
2	指标编号	GC–N–5–5
3	指标定义	表示每一单位产品所利用消耗的能源量减少。
4	测算方法	报告期内企业能源消耗量除以产品总量计算得出单位产品能耗，并计算其相对变化量

1	指标名称	能源生产率
2	指标编号	GC–N–5–6
3	指标定义	能源生产率是用以测度每一单位的全部一次能源所带来的 GDP。
4	测算方法	能源生产率 =GDP/ 能源消耗。

续表

6. 生物多样性

1	指标名称	位于或邻近保护区及保护区外高生物多样性价值区域的经营场地
2	指标编号	GC–N–6–1–1
3	指标定义	报告位于或邻近保护区及保护区外高生物多样性价值区域的经营场地的相关信息：地理位置，企业可能经营管理的地表及地下土地，与保护区的相对位置，经营方式（办公、制造或生产），经营场地的大小（以 km^2 为单位）及相应保护区的生物多样性价值（陆地、淡水或海洋生态系统）。
4	测算方法	参考企业土地使用的相关许可文件

1	指标名称	经济活动及其产品服务对于保护区及保护区外高生物多样性价值区域的显著影响
2	指标编号	GC–N–6–1–2
3	指标定义	报告对生物多样性显著的直接或间接影响，包括受影响的物种；受影响的区域范围；影响的持续时间及影响是否可逆。
4	测算方法	参考报告期内企业生产经营活动造成的重大生态问题及影响状况

1	指标名称	受企业排放强度影响的保护区
2	指标编号	GC–N–6–1–3
3	指标定义	报告由于企业空气或水体污染物排放强度，而受到影响的保护区及保护区外具有高生物多样性区域的地理位置、区域大小，受影响类型及程度。
4	测算方法	参考企业生产经营所在区域内及一定距离范围内可能受企业污染排放影响的保护区情况

1	指标名称	受保护或恢复的水体或栖息地
2	指标编号	GC–N–6–2–1
3	指标定义	报告所有受保护或恢复的栖息地的位置与规模，以及恢复的成功程度衡量是否由独立的外部专家认证。不同于企业已经监控与实施的恢复或保护措施，报告是否与第三方主体合作保护或恢复栖息地。报告每个区域在报告期结束时的状态。报告使用的方法、标准及假定。
4	测算方法	参考企业生产经营所在区域内及一定距离范围内可能受保护或恢复的水体或栖息地的情况

1	指标名称	对于濒危物种的影响
2	指标编号	GC–N–6–3–1

3	指标定义	根据濒危风险程度分别报告受企业经营活动影响的栖息地区域内，被列入《国家重点保护野生动物名录》的不同濒危物种的总数量。分为：极度濒危、濒危、易危、近危及无危物种。
4	测算方法	参考企业生产经营所在区域内及一定距离范围内可能受企业经营活动影响的栖息地情况

1	指标名称	受企业排放强度影响的生物所在地
2	指标编号	GC–N–6–3–2
3	指标定义	报告由于企业空气或水体污染物排放强度，而受到影响的生物所在地的数量，位置及受影响程度。
4	测算方法	参考企业生产经营所在区域内及一定距离范围内可能受企业污染排放影响的生物所在地的情况

1	指标名称	受企业排放强度影响的生物
2	指标编号	GC–N–6–3–3
3	指标定义	报告由于企业空气或水体污染物排放，而受到影响的动物及植物物种，数量及受影响程度。
4	测算方法	参考企业生产经营所在区域内及一定距离范围内可能受企业污染排放影响的生物情况

7. 垃圾

1	指标名称	污水排放量
2	指标编号	GC–N–7–1
3	指标定义	报告计划内及计划外的总排水量，按照排放的目的地，污水质量及处理方法，以及其是否为其他企业或组织再次使用。报告使用的标准、方法以及假定。
4	测算方法	生产经营过程中及污水排放前监测报告期内企业排放污水的质量

1	指标名称	非危险品垃圾处理
2	指标编号	GC–N–7–2

续表

3	指标定义	非危险品垃圾包括市区内（如家庭的）垃圾与办公室垃圾，如纸张、硬纸板、塑料与金属包装以及有机材料。按照处理方式的不同分别报告数量或体积。按不同处理方式可以细分为以下指标。 GC-N-7-2-1 再利用：废品再利用通过将不想要的家具、电脑等在尽可能远的范围内进行再分配，使这些最终将变为垃圾的物件被重新利用，有助于减少最终送到掩埋场的垃圾数量。 GC-N-7-2-2 再循环：垃圾分类和处理后被送到循环的设备中，将垃圾再循环比直接从原材料中提取更节能。回收铝比直接生产纯铝节能 95%，回收玻璃比直接生产玻璃节能 50%，而回收纸张比生产纸张节能 60%。但要回收的垃圾必须被分类后送到一个适当的循环回收设施中。 GC-N-7-2-3 沤肥。 GC-N-7-2-4 恢复，包括能源恢复：部分垃圾在受控条件下高温燃烧，整个过程由环保部门监控。垃圾焚化是再生能源的一种重要来源，焚烧释放出大量的二氧化碳，焚烧也产生其他许多气体的排放强度，例如氮氧化合物、二氧化硫与灰烬，尽管可以通过物理过程减少这些排放。燃烧后的灰烬中含有集中数量的重金属，很难被处理掉，污水污泥转移到农地应用也可以看作一种恢复操作。 GC-N-7-2-5 焚烧。 GC-N-7-2-6 深井灌注。 GC-N-7-2-7 垃圾掩埋：大部分垃圾会被运往填埋场进行掩埋，废弃物用特殊的材料包裹住，这些材料可以严格监控甲烷、温室气体以及渗透液的泄漏。在填埋场释放的甲烷会被收集到一起烧掉或者注入到沼气发动机来制造动力。 GC-N-7-2-8 就地贮存。 GC-N-7-2-9 其他。
4	测算方法	在规定的一段时间内，通过估计离开企业的垃圾箱的重量或数量来衡量垃圾的数量。如果垃圾在被回收前被分类了，就可以得到每种垃圾更详细的测量数据（如：多少吨的玻璃）

1	指标名称	危险品垃圾处理
2	指标编号	GC-N-7-3
3	指标定义	放射性废物是核燃料生产的副产品，也会在发电和放射性材料使用的过程中产生。主要有三个部分：高放射性废物（记为 HLW）是再加工废核燃料过程中高温产生的废物。中强度放射性废物（记为 ILW）在分解与再加工使用过的燃料过程中以及核电站的一般性操作中产生。低放射性废物（记为 LLW）指包含放射性物质但不超过特定的活动量的废物。按照处理方式的不同分类报告数量或体积。

4	测算方法	企业衡量放射性废物时应该遵循环境监管部门给出的指南，详细信息见《放射性废物安全管理条例》。 利用核能发电的企业应该衡量使用过的燃料。使用过的燃料重量应该在企业管理系统中记录，并按照每年进行加总合计，以公吨为单位报告每年的消耗量。

1	指标名称	危险品运输
2	指标编号	GC-SE-7-4
3	指标定义	在巴塞尔协议2的附录I、II、III及VIII条款中被认定为危险品的垃圾中，报告被运输、进口、出口以及外部处理的总重量分别为多少；并报告运输的垃圾中国际运输所占的比例。
4	测算方法	确定在报告期内，由企业自身或为了企业运输的危险品，按照运输目的地分类。包括跨界运输及内部运输。用以下公式计算运输的危险品总重量。 按目的地分类运输危险品的总重量 = 从不属于企业的其他外部供应商或来源运输进入企业的危险品总重量 + 企业运出到企业外部的供应商或来源的危险品总重量 + 在企业管理、租赁或拥有的土地之间国内或国际运输的危险品总重量。

1	指标名称	泄漏
2	指标编号	GC-SE-7-5
3	指标定义	报告记录中重大泄漏发生的总数量或总体积。对于在企业财务报表中报告出的泄漏，报告每一次泄漏的以下相关信息：泄漏的位置；泄漏的体积；泄漏的物质类型：油泄漏（地表或水面）、燃料泄漏（地表或水面）、垃圾泄漏（地表或水面）、化学品泄漏（主要在地表或水面）、其他泄漏（企业说明）。报告重大泄漏造成的影响。
4	测算方法	确定所有记录中的重大泄漏事故产生的泄漏总数量或总体积。确定这些泄漏中哪些会被或已经被记录到企业的财务报表中。针对在企业财务报表中报告的泄漏，补充报告其他相关信息。

1	指标名称	垃圾对生物多样性的影响
2	指标编号	GC-SE-7-6
3	指标定义	报告受企业污水排放强度或垃圾严重影响的水体与相关栖息地的以下信息：水体与相关栖息地的大小，水体与相关栖息地是否被设定为保护区（国家或国际）及生物多样性价值（例如受保护的物种总数量）。
4	测算方法	参考企业生产经营活动涉及区域内及距离一定范围内的水体及相关栖息地情况。

附录六：绿色评价指标打分体系

顶层指数	分群指数	分类指数	次分类指数	底层指数	顶层指数权重	分群指数权重	分类指数权重	次分类指数权重	强度与规模指数间权重	强度及规模指数权重	实际指数得分
企业绿色发展总指数											1.2
	A. 绿色环境指数				0.3						1.2
		1. 空气影响指数			0.1	0.3333					1.2
			温室气体指数（GHG）		0.04		0.4				1.2
				二氧化碳（CO_2）排放强度指数				0.64	0.80	0.80	1.2
				其他温室气体排放强度指数				0.16	0.80	0.20	1.2
				二氧化碳（CO_2）排放规模指数				0.16	0.20	0.80	1.2
				其他温室气体排放规模指数				0.04	0.20	0.20	1.2
			空气污染物指数		0.06		0.6				1.2

续表

				二氧化硫（SO_2）排放强度指数				0.24	0.80	0.30	1.2
				二氧化氮（NO_2）排放强度指数				0.24	0.80	0.30	1.2
				有毒挥发性化合物（VOC）排放强度指数				0.16	0.80	0.20	1.2
				粉尘颗粒物（PM）排放强度指数				0.16	0.80	0.20	1.2
				二氧化硫（SO_2）排放规模指数				0.06	0.20	0.30	1.2
				二氧化氮（NO_2）排放规模指数				0.06	0.20	0.30	1.2
				有毒挥发性化合物（VOC）排放规模指数				0.04	0.20	0.20	1.2
				粉尘颗粒物（PM）排放规模指数				0.04	0.20	0.20	1.2
		2. 土地影响指数			0.1	0.3333					1.2
			土地占用指数		0.04		0.4				1.2
				土地占用强度指数				0.80	0.80	1.00	1.2
				土地占用规模指数				0.20	0.20	1.00	1.2
			土地污染指数		0.06		0.6				1.2
				土地污染强度指数				0.56	0.80	0.70	1.2

续表

				土地污染物排放强度指数				0.24	0.80	0.30	1.2
				土地污染规模指数				0.14	0.20	0.70	1.2
				土地污染物排放规模指数				0.06	0.20	0.30	1.2
		3. 水资源影响指数			0.1	0.3333					1.2
			水资源使用指数		0.06		0.6				1.2
				水资源使用强度指数				0.80	0.80	1.00	1.2
				水资源使用规模指数				0.20	0.20	1.00	1.2
			水资源污染指数		0.04		0.4				1.2
				水资源污染强度指数				0.48	0.80	0.60	1.2
				水资源污染物排放强度指数				0.32	0.80	0.40	1.2
				水资源污染规模指数				0.12	0.20	0.60	1.2
				水资源污染物排放规模指数				0.08	0.20	0.40	1.2
	B. 绿色生态指数				0.4						1.2
		4. 自然资源影响指数			0.1	0.25					1.2

续表

			矿物资源使用指数		0.02		0.2				1.2
				矿物资源使用强度指数				0.80	0.80	1.00	1.2
				矿物资源使用规模指数				0.20	0.20	1.00	1.2
			生物资源使用指数		0.02		0.2				1.2
				生物资源使用强度指数				0.80	0.80	1.00	1.2
				生物资源使用规模指数				0.20	0.20	1.00	1.2
			生态破坏指数		0.02		0.2				1.2
				生态破坏强度指数				0.80	0.80	1.00	1.2
				生态破坏规模指数				0.20	0.20	1.00	1.2
			原材料使用指数		0.02		0.2				1.2
				原材料使用强度指数				0.80	0.80	1.00	1.2
				原材料使用规模指数				0.20	0.20	1.00	1.2
			原材料循环指数		0.02		0.2				1.2
				原材料再循环比例指数				1.0	1.0	1.0	1.2
		5. 能源影响指数			0.1	0.25					1.2
			传统能源使用指数		0.08		0.8				1.2
				传统能源使用强度指数				0.8	0.8	1.0	1.2

续表

				传统能源使用规模指数				0.2	0.2	1.0	1.2
			可再生能源使用指数		0.02		0.2				1.2
				可再生能源强度指数				0.8	0.8	1.0	1.2
				可再生能源利用率指数				0.2	0.2	1.0	1.2
		6. 生物多样性影响指数			0.1	0.25					1.2
			保护区侵害指数		0.02		0.2				1.2
				保护区侵害强度指数				0.8	0.8	1.0	1.2
				保护区侵害规模指数				0.2	0.2	1.0	1.2
			物种伤害指数		0.08		0.8				1.2
				物种伤害强度指数				0.8	0.8	1.0	1.2
				物种伤害规模指数				0.2	0.2	1.0	1.2
		7. 垃圾产生影响指数			0.1	0.25					1.2
			污水排放指数		0.02		0.2				1.2
				污水排放强度指数				0.80	0.80	1.00	1.2
				污水排放规模指数				0.20	0.20	1.00	1.2
			非危险品垃圾产生指数		0.02		0.2				1.2
				非危险品垃圾产生强度指数				0.40	0.40	1.00	1.2

续表

				非危险品垃圾产生规模指数				0.20	0.20	1.00	1.2
				非危险品垃圾处理比例指数				0.40	0.40	1.00	1.2
			危险品垃圾产生指数		0.02		0.2				1.2
				危险品垃圾产生强度指数				0.20	0.20	1.00	1.2
				危险品垃圾产生规模指数				0.50	0.50	1.00	1.2
				危险品垃圾处理比例指数				0.30	0.30	1.00	1.2
			危险品垃圾运输指数		0.02		0.2				1.2
				危险品垃圾运输强度指数				0.80	0.80	1.00	1.2
				危险品垃圾运输规模指数				0.20	0.20	1.00	1.2
			污染物垃圾泄露指数		0.02		0.2				1.2
				污染物垃圾泄露强度指数				0.80	0.80	1.00	1.2

续表

				污染物垃圾泄露规模指数				0.20	0.20	1.00	1.2
	C. 绿色践行指数				0.3						1.2
		8. 绿色经营影响指数			0.1	0.3333					1.2
			全周期绿色发展指数		0.05		0.5				1.2
				绿色产值比重指数				1.00	1.00	1.00	1.2
			绿色供应链发展指数		0.05		0.5				1.2
				绿色供应商比重指数				1.00	1.00	1.00	1.2
		9. 绿色管理影响指数			0.1	0.3333					1.2
			绿色认知指数		0.04		0.4				1.2
				绿色发展目标指数				0.40	0.40	1.00	1.2
				绿色行动方案指数				0.30	0.30	1.00	1.2
				绿色转型策略指数				0.30	0.30	1.00	1.2
			绿色就业指数		0.01		0.1				1.2
				绿色岗位比重指数				1.00	1.00	1.00	1.2
			绿色收入指数		0.025		0.25				1.2
				绿色经营收入占比指数				0.30	0.30	1.00	1.2

续表

				绿色咨询与服务收入占比指数				0.30	0.30	1.00	1.2
				绿色发展补贴占比指数				0.40	0.40	1.00	1.2
			绿色支出指数		0.025		0.25				1.2
				基本环保支出占比指数				0.30	0.30	1.00	1.2
				绿色研发支出占比指数				0.30	0.30	1.00	1.2
				绿色投融资占比指数				0.40	0.40	1.00	1.2
		10. 企业社会责任指数			0.1	0.3333					1.2
			环境违规受罚受诉指数		0.03		0.3				1.2
				环境违规超标占比指数				0.30	0.30	1.00	1.2
				环境受罚超标占比指数				0.30	0.30	1.00	1.2
				环境受诉超标占比指数				0.40	0.40	1.00	1.2
			企业内部环境健康指数		0.03		0.3				1.2
				企业内部员工生病超标占比指数				0.30	0.30	1.00	1.2
				企业内部空气超标占比指数				0.30	0.30	1.00	1.2
				企业内部噪音超标占比指数				0.40	0.40	1.00	1.2

续表

			企业社会环境影响指数		0.04		0.4				1.2
				附近居民生病超标占比指数				0.30	0.30	1.00	1.2
				附近地区空气超标占比指数				0.30	0.30	1.00	1.2
				附近地区噪音超标占比指数				0.40	0.40	1.00	1.2

附录七：北京师范大学绿色企业评价中心上市公司2017绿色排名

公司名称	排名	名次平均分	公司名称	排名	名次平均分	公司名称	排名	名次平均分
西部矿业	1	0.7134	京东方A	51	0.9038	中铁二局	101	0.9455
潍柴动力	2	0.7225	金正大	52	0.9066	旗滨集团	102	0.9467
海亮股份	3	0.7648	金岭矿业	53	0.9085	中信银行	103	0.9474
广州发展	4	0.7867	中国国航	54	0.9089	中国交建	104	0.9476
中航动力	5	0.7879	瀚蓝环境	55	0.9092	江中药业	105	0.9479
中国石油	6	0.7993	鑫科材料	56	0.9109	柳钢股份	106	0.9488
云南白药	7	0.8010	西山煤电	57	0.9124	华峰氨纶	107	0.9493
中国中车	8	0.8056	三元股份	58	0.9140	中材国际	108	0.9495
宝钢股份	9	0.8065	东方证券	59	0.9144	冠福股份	109	0.9495
豫光金铅	10	0.8364	大秦铁路	60	0.9165	皖维高新	110	0.9505
葛洲坝	11	0.8371	四创电子	61	0.9169	北辰实业	111	0.9515
华友钴业	12	0.8436	福建水泥	62	0.9181	宝钛股份	112	0.9521
中海发展	13	0.8470	陕鼓动力	63	0.9186	太阳电缆	113	0.9526
经纬纺机	14	0.8471	中色股份	64	0.9193	光明乳业	114	0.9534
兴业银行	15	0.8516	华仁药业	65	0.9195	林洋能源	115	0.9538
中金黄金	16	0.8526	外运发展	66	0.9196	江南嘉捷	116	0.9538
江铃汽车	17	0.8575	金枫酒业	67	0.9196	巨化股份	117	0.9540
中海油服	18	0.8592	华润万东	68	0.9201	紫金矿业	118	0.9546
广深铁路	19	0.8648	华润三九	69	0.9228	湖北能源	119	0.9552
中国远洋	20	0.8695	伟明环保	70	0.9237	诺力股份	120	0.9554
太钢不锈	21	0.8707	神马股份	71	0.9244	安阳钢铁	121	0.9569
马应龙	22	0.8716	东方雨虹	72	0.9246	建峰化工	122	0.9570
中兴通讯	23	0.8775	山东钢铁	73	0.9260	一汽轿车	123	0.9571

续表

公司名称	排名	名次平均分	公司名称	排名	名次平均分	公司名称	排名	名次平均分
大唐电信	24	0.8782	中船防务	74	0.9287	片仔癀	124	0.9576
上港集团	25	0.8782	上汽集团	75	0.9293	生益科技	125	0.9586
民丰特纸	26	0.8787	歌尔声学	76	0.9297	中国电建	126	0.9591
国投电力	27	0.8814	北方导航	77	0.9300	城投控股	127	0.9593
海正药业	28	0.8820	曙光股份	78	0.9302	泰达股份	128	0.9594
宏达股份	29	0.8823	上海电力	79	0.9319	天津港	129	0.9597
锡业股份	30	0.8845	东阿阿胶	80	0.9319	上海能源	130	0.9603
贵糖股份	31	0.8849	上海电气	81	0.9322	泛海控股	131	0.9607
中国神华	32	0.8868	中国石化	82	0.9322	东旭光电	132	0.9615
五粮液	33	0.8880	氯碱化工	83	0.9345	鞍钢股份	133	0.9620
外高桥	34	0.8885	杭汽轮 B	84	0.9349	东方航空	134	0.9625
景兴纸业	35	0.8890	烽火通信	85	0.9361	佐力药业	135	0.9627
中国联通	36	0.8893	柳工	86	0.9368	华润双鹤	135	0.9627
中国银行	37	0.8922	悦心健康	87	0.9372	东风汽车	137	0.9629
中化国际	38	0.8922	青岛海尔	88	0.9373	金隅股份	138	0.9629
科伦药业	39	0.8927	兴蓉环境	89	0.9376	上海医药	139	0.9632
陆家嘴	40	0.8929	马钢股份	90	0.9381	南钢股份	140	0.9637
奇正藏药	41	0.8932	上海机电	91	0.9381	联发股份	141	0.9644
佰利联	42	0.8944	中煤能源	92	0.9390	驰宏锌锗	142	0.9646
格林美	43	0.8953	山推股份	93	0.9422	东方钽业	142	0.9646
兖州煤业	44	0.8965	南方航空	94	0.9423	新和成	142	0.9646
海立股份	45	0.8979	复星医药	95	0.9425	江苏神通	142	0.9646
中国建筑	46	0.8983	环旭电子	96	0.9431	中国武夷	142	0.9646
浦东建设	47	0.9004	中国天楹	97	0.9436	安洁科技	142	0.9646
攀钢钒钛	48	0.9023	安徽合力	98	0.9442	中海集运	142	0.9646
中国平安	49	0.9029	海南航空	99	0.9446	达安基因	142	0.9646
云南铜业	50	0.9034	铁汉生态	100	0.9450	罗牛山	142	0.9646
时代新材	142	0.9646	北方稀土	160	0.9673	大华股份	160	0.9673
天士力	142	0.9646	碧水源	160	0.9673	*ST 光学	160	0.9673
空港股份	142	0.9646	杰赛科技	160	0.9673	新天科技	160	0.9673

续表

公司名称	排名	名次平均分	公司名称	排名	名次平均分	公司名称	排名	名次平均分
大连港	154	0.9661	金钼股份	160	0.9673	金卡股份	160	0.9673
上海石化	155	0.9662	汇川技术	160	0.9673	中天城投	160	0.9673
中国中铁	156	0.9663	科陆电子	160	0.9673	联化科技	160	0.9673
华孚色纺	157	0.9664	杰瑞股份	160	0.9673	恒邦股份	160	0.9673
光迅科技	158	0.9671	伟星新材	160	0.9673	*ST 夏利	258	0.9675
安徽水利	159	0.9673	海康威视	160	0.9673	日照港	259	0.9678
利民股份	160	0.9673	浙江鼎力	160	0.9673	工商银行	260	0.9679
高能环境	160	0.9673	广日股份	160	0.9673	平煤股份	261	0.9679
粤电力 A	160	0.9673	置信电气	160	0.9673	中储股份	262	0.9679
格力电器	160	0.9673	瑞贝卡	160	0.9673	华夏银行	263	0.9688
雅戈尔	160	0.9673	元力股份	160	0.9673	伊泰 B 股	263	0.9688
长城电脑	160	0.9673	天广消防	160	0.9673	山西汾酒	265	0.9694
三一重工	160	0.9673	国电南瑞	160	0.9673	广发证券	266	0.9698
中粮生化	160	0.9673	厦门信达	160	0.9673	长江电力	267	0.9702
新希望	160	0.9673	榕基软件	160	0.9673	平安银行	268	0.9710
汇鸿集团	160	0.9673	豪迈科技	160	0.9673	华电能源	269	0.9719
惠泉啤酒	160	0.9673	许继电气	160	0.9673	南京银行	270	0.9732
厦工股份	160	0.9673	中能电气	160	0.9673	沱牌舍得	271	0.9738
新安股份	160	0.9673	四方股份	160	0.9673	软控股份	272	0.9745
雪人股份	160	0.9673	亚宝药业	160	0.9673	盐湖股份	273	0.9760
华东电脑	160	0.9673	中金岭南	160	0.9673	国电电力	274	0.9762
南风股份	160	0.9673	天健集团	160	0.9673	亚泰集团	275	0.9762
摩登大道	160	0.9673	中联重科	160	0.9673	海通证券	276	0.9773
浔兴股份	160	0.9673	上海凯宝	160	0.9673	北京银行	277	0.9777
东华软件	160	0.9673	山东路桥	160	0.9673	云维股份	278	0.9777
武钢股份	160	0.9673	创业环保	160	0.9673	交通银行	279	0.9783
洋河股份	160	0.9673	动力源	160	0.9673	福能股份	280	0.9790
众和股份	160	0.9673	英力特	160	0.9673	*ST 闽能	281	0.9792
出版传媒	160	0.9673	金陵饭店	160	0.9673	国药一致	282	0.9797
银宝山新	160	0.9673	中集集团	160	0.9673	深圳能源	283	0.9798

续表

公司名称	排名	名次平均分	公司名称	排名	名次平均分	公司名称	排名	名次平均分
康美药业	160	0.9673	百隆东方	160	0.9673	鲁泰 A	284	0.9802
好当家	160	0.9673	海鸥卫浴	160	0.9673	潞安环能	285	0.9805
华微电子	160	0.9673	冠城大通	160	0.9673	莱宝高科	286	0.9806
太阳纸业	160	0.9673	广汽集团	160	0.9673	酒钢宏兴	286	0.9806
新开普	160	0.9673	中材科技	160	0.9673	吉恩镍业	286	0.9806
亚邦股份	160	0.9673	安诺其	160	0.9673	上峰水泥	286	0.9806
立讯精密	160	0.9673	贵绳股份	160	0.9673	德美化工	286	0.9806
亚厦股份	160	0.9673	宝信软件	160	0.9673	卧龙电气	286	0.9806
永高股份	160	0.9673	皖通科技	160	0.9673	北方股份	286	0.9806
汉缆股份	160	0.9673	中工国际	160	0.9673	双钱股份	286	0.9806
惠而浦	160	0.9673	航天信息	160	0.9673	东杰智能	286	0.9806
华电重工	160	0.9673	嘉化能源	160	0.9673	芭田股份	286	0.9806
延华智能	160	0.9673	*ST 元达	160	0.9673	远望谷	286	0.9806
凤凰传媒	160	0.9673	塔牌集团	160	0.9673	新时达	286	0.9806
杭齿前进	160	0.9673	辉煌科技	160	0.9673	华帝股份	286	0.9806
欧菲光	160	0.9673	梅花生物	160	0.9673	康得新	286	0.9806
菲达环保	160	0.9673	荣安地产	160	0.9673	浙江龙盛	286	0.9806
大族激光	286	0.9806	厦门钨业	350	0.9879	TCL 集团	350	0.9879
福晶科技	286	0.9806	紫江	350	0.9879	诺德股份	350	0.9879
正泰电器	286	0.9806	奥克股份	350	0.9879	中海海盛	350	0.9879
新世界	286	0.9806	四方达	350	0.9879	大连国际	350	0.9879
杉杉股份	286	0.9806	华联矿业	350	0.9879	林州重机	350	0.9879
北化股份	286	0.9806	雪峰科技	350	0.9879	比亚迪	350	0.9879
四维图新	286	0.9806	保变电气	350	0.9879	中牧股份	350	0.9879
航天机电	286	0.9806	物产中大	350	0.9879	宁沪高速	350	0.9879
新疆众和	286	0.9806	远光软件	350	0.9879	皖通高速	350	0.9879
士兰微	286	0.9806	贵人鸟	350	0.9879	界龙实业	350	0.9879
老板电器	286	0.9806	美邦服饰	350	0.9879	广晟有色	350	0.9879
南山铝业	286	0.9806	贵航股份	350	0.9879	中粮地产	350	0.9879
浦东金桥	286	0.9806	圣农发展	350	0.9879	上柴股份	350	0.9879

续表

公司名称	排名	名次平均分	公司名称	排名	名次平均分	公司名称	排名	名次平均分
古越龙山	286	0.9806	海南橡胶	350	0.9879	金自天正	350	0.9879
北方国际	286	0.9806	互动娱乐	350	0.9879	西藏矿业	350	0.9879
珠江实业	286	0.9806	华侨城 A	350	0.9879	南玻 A	350	0.9879
唐山港	286	0.9806	伊力特	350	0.9879	洛阳钼业	350	0.9879
凤竹纺织	286	0.9806	广汇能源	350	0.9879	老百姓	350	0.9879
中文传媒	286	0.9806	时代出版	350	0.9879	同力水泥	350	0.9879
万和电气	286	0.9806	长安汽车	350	0.9879	中科曙光	350	0.9879
三友化工	286	0.9806	特变电工	350	0.9879	步森股份	350	0.9879
湖南黄金	286	0.9806	福田汽车	350	0.9879	同仁堂	350	0.9879
双汇发展	286	0.9806	航天发展	350	0.9879	南京化纤	350	0.9879
华兰生物	286	0.9806	中粮屯河	350	0.9879	太极股份	350	0.9879
会稽山	286	0.9806	金新农	350	0.9879	硅宝科技	350	0.9879
广博股份	286	0.9806	贵研铂业	350	0.9879	洛阳玻璃	350	0.9879
东软集团	286	0.9806	五矿稀土	350	0.9879	利亚德	350	0.9879
宏润建设	286	0.9806	阳光照明	350	0.9879	海油工程	350	0.9879
国药股份	286	0.9806	岳阳兴长	350	0.9879	有研新材	350	0.9879
华域汽车	286	0.9806	天坛生物	350	0.9879	丽江旅游	350	0.9879
江河创建	286	0.9806	天源迪科	350	0.9879	万科 A	350	0.9879
中信国安	286	0.9806	安泰科技	350	0.9879	上海家化	350	0.9879
中信重工	286	0.9806	三钢闽光	350	0.9879	机器人	350	0.9879
大洋电机	286	0.9806	赛轮金宇	350	0.9879	洽洽食品	350	0.9879
中国铝业	286	0.9806	昆明机床	350	0.9879	万华化学	350	0.9879
乐视网	286	0.9806	重庆钢铁	350	0.9879	航民股份	350	0.9879
国民技术	286	0.9806	昆药集团	350	0.9879	华映科技	350	0.9879
华信国际	286	0.9806	百利电气	350	0.9879	万向钱潮	350	0.9879
青松股份	286	0.9806	石基信息	350	0.9879	兴业科技	350	0.9879
江山股份	340	0.9810	徐工机械	350	0.9879	澳洋科技	350	0.9879
中国化学	341	0.9813	阳光城	350	0.9879	歌华有线	441	0.9882
昊华能源	342	0.9821	国海证券	350	0.9879	石化油服	442	0.9890
建设银行	342	0.9821	汉威电子	350	0.9879	全柴动力	443	0.9905

续表

公司名称	排名	名次平均分	公司名称	排名	名次平均分	公司名称	排名	名次平均分
*ST 中鲁	344	0.9823	豫园商城	350	0.9879	民生银行	444	0.9911
牧原股份	345	0.9826	中航光电	350	0.9879	中国重工	445	0.9927
现代制药	346	0.9838	江西长运	350	0.9879	光大银行	446	0.9933
中国铁建	347	0.9846	中航电子	350	0.9879	农业银行	447	0.9955
兰花科创	348	0.9848	中新药业	350	0.9879	云天化	447	0.9955
招商银行	349	0.9866	天地科技	350	0.9879	白云山	449	0.9992
西宁特钢	350	0.9879	银亿股份	350	0.9879	圆通速递	450	1.0000
万达院线	450	1.0000	华远地产	450	1.0000	连云港	450	1.0000
温氏股份	450	1.0000	莱克电气	450	1.0000	吉林高速	450	1.0000
东方财富	450	1.0000	胜利股份	450	1.0000	海欣食品	450	1.0000
万达信息	450	1.0000	龙江交通	450	1.0000	东吴证券	450	1.0000
锦龙股份	450	1.0000	中南传媒	450	1.0000	同方股份	450	1.0000
柳化股份	450	1.0000	古井贡酒	450	1.0000	嘉事堂	450	1.0000
深圳农产品	450	1.0000	九牧王	450	1.0000	浙大网新	450	1.0000
金融街	450	1.0000	宁波银行	450	1.0000	凤形股份	450	1.0000
中南建设	450	1.0000	青海华鼎	450	1.0000	海宁皮城	450	1.0000
宝新能源	450	1.0000	云煤能源	450	1.0000	博瑞传播	450	1.0000
中源协和	450	1.0000	青山纸业	450	1.0000	江南水务	450	1.0000
铜陵有色	450	1.0000	方正科技	450	1.0000	电子城	450	1.0000
天房发展	450	1.0000	上海普天	450	1.0000	神火股份	450	1.0000
燕京啤酒	450	1.0000	华数传媒	450	1.0000	黑牡丹	450	1.0000
中国宝安	450	1.0000	国泰君安	450	1.0000	新兴铸管	450	1.0000
北陆药业	450	1.0000	三木集团	450	1.0000	通化东宝	450	1.0000
张裕 A	450	1.0000	金地集团	450	1.0000	威孚高科	450	1.0000
天宸股份	450	1.0000	金螳螂	450	1.0000	中炬高新	450	1.0000
鲁信创投	450	1.0000	永安林业	450	1.0000	康芝药业	450	1.0000
广汇汽车	450	1.0000	宝胜股份	450	1.0000	锦州港	450	1.0000
山煤国际	450	1.0000	翠微股份	450	1.0000	国信证券	450	1.0000
白云机场	450	1.0000	浙江东日	450	1.0000	精工钢构	450	1.0000
百联股份	450	1.0000	福建高速	450	1.0000	航天晨光	450	1.0000

续表

公司名称	排名	名次平均分	公司名称	排名	名次平均分	公司名称	排名	名次平均分
国投新集	450	1.0000	漳州发展	450	1.0000	华泰股份	450	1.0000
方正证券	450	1.0000	海虹控股	450	1.0000	新湖中宝	450	1.0000
江淮汽车	450	1.0000	大恒科技	450	1.0000	盐田港	450	1.0000
风神股份	450	1.0000	莫高股份	450	1.0000	恺英网络	450	1.0000
浙江广厦	450	1.0000	平潭发展	450	1.0000	纽威股份	450	1.0000
中原特钢	450	1.0000	荣盛发展	450	1.0000	方大特钢	450	1.0000
申能股份	450	1.0000	大名城	450	1.0000	人民网	450	1.0000
河钢股份	450	1.0000	中技控股	450	1.0000	美克家居	450	1.0000
澄星股份	450	1.0000	中青旅	450	1.0000	凯乐科技	450	1.0000
科达洁能	450	1.0000	真视通	450	1.0000	闽东电力	450	1.0000
中国核电	450	1.0000	轴研科技	450	1.0000	保利地产	450	1.0000
华丽家族	450	1.0000	雏鹰农牧	450	1.0000	文山电力	450	1.0000
光明地产	450	1.0000	冀中能源	450	1.0000	蓝色光标	450	1.0000
泸州老窖	450	1.0000	平庄能源	450	1.0000	国机汽车	450	1.0000
龙净环保	450	1.0000	山西证券	450	1.0000	卧龙地产	450	1.0000
永辉超市	450	1.0000	纳川股份	450	1.0000	光线传媒	450	1.0000
中原高速	450	1.0000	厦门国贸	450	1.0000	赤天化	450	1.0000
华媒控股	450	1.0000	美健康	450	1.0000	东方市场	450	1.0000
申通地铁	450	1.0000	电广传媒	450	1.0000	博汇纸业	450	1.0000
东北证券	450	1.0000	亿利洁能	450	1.0000	东风股份	450	1.0000
申万宏源	450	1.0000	三全食品	450	1.0000	中体产业	450	1.0000
首开股份	450	1.0000	西部证券	450	1.0000	晶方科技	450	1.0000
海印股份	450	1.0000	掌趣科技	450	1.0000	冠农股份	450	1.0000
海信电器	450	1.0000	登海种业	450	1.0000	昆仑万维	450	1.0000
神州泰岳	450	1.0000	龙溪股份	450	1.0000	高乐股份	450	1.0000
九州通	450	1.0000	好想你	450	1.0000	京能电力	450	1.0000
双鹭药业	450	1.0000	红宝丽	450	1.0000	四川长虹	450	1.0000
浙报传媒	450	1.0000	东方电气	450	1.0000	南京熊猫	450	1.0000
张江高科	450	1.0000	金风科技	450	1.0000	福耀玻璃	450	1.0000
长园集团	450	1.0000	中航飞机	450	1.0000	国金证券	450	1.0000

续表

公司名称	排名	名次平均分	公司名称	排名	名次平均分	公司名称	排名	名次平均分
大北农	450	1.0000	辽宁成大	450	1.0000	中科三环	450	1.0000
中远航运	450	1.0000	银座股份	450	1.0000	深高速	450	1.0000
华发股份	450	1.0000	中恒集团	450	1.0000	用友网络	450	1.0000
建发股份	450	1.0000	海南矿业	450	1.0000	泰禾集团	450	1.0000
川投能源	450	1.0000	中国医药	450	1.0000	煤气化	450	1.0000
广安爱众	450	1.0000	国元证券	450	1.0000	鲁商置业	450	1.0000
浦发银行	450	1.0000	岭南园林	450	1.0000	中国巨石	450	1.0000
启迪桑德	450	1.0000	赣粤高速	450	1.0000	晋西车轴	450	1.0000
申华控股	450	1.0000	宁波联合	450	1.0000	中航重机	450	1.0000
宇通客车	450	1.0000	宁波海运	450	1.0000	中航资本	450	1.0000
宁波港	450	1.0000	通宝能源	450	1.0000	苏宁环球	450	1.0000
万向德农	450	1.0000	北矿磁材	450	1.0000	易成新能	450	1.0000
西昌电力	450	1.0000	吉林敖东	450	1.0000	江苏吴中	450	1.0000
苏州固锝	450	1.0000	爱尔眼科	450	1.0000	科大讯飞	450	1.0000
东百集团	450	1.0000	招商蛇口	450	1.0000	扬农化工	450	1.0000
深科技	450	1.0000	中材节能	450	1.0000	冠豪高新	450	1.0000
奥飞动漫	450	1.0000	中国太保	450	1.0000	中国卫星	450	1.0000
四川成渝	450	1.0000	信达地产	450	1.0000	伟星股份	450	1.0000
兴业证券	450	1.0000	北巴传媒	450	1.0000	恒丰纸业	450	1.0000
棕榈园林	450	1.0000	北京城建	450	1.0000	*ST 美利	450	1.0000
开滦股份	450	1.0000	长江证券	450	1.0000	安琪酵母	450	1.0000
爱建集团	450	1.0000	山东高速	450	1.0000	天虹商场	450	1.0000
红星发展	450	1.0000	美的集团	450	1.0000	飞亚达 A	450	1.0000
五矿发展	450	1.0000	上海建工	450	1.0000	宁波热电	450	1.0000
深圳燃气	450	1.0000	华闻传媒	450	1.0000	兴发集团	450	1.0000
苏宁云商	450	1.0000	新大陆	450	1.0000	苏州高新	450	1.0000
金山股份	450	1.0000	长城汽车	450	1.0000	太平洋	450	1.0000
山东黄金	450	1.0000	华电国际	450	1.0000	大众交通	450	1.0000
福日电子	450	1.0000	天药股份	450	1.0000	郑煤机	450	1.0000
富春通信	450	1.0000	铁龙物流	450	1.0000	东兴证券	450	1.0000

续表

公司名称	排名	名次平均分	公司名称	排名	名次平均分	公司名称	排名	名次平均分
黔源电力	450	1.0000	市北高新	450	1.0000	大众公用	450	1.0000
涪陵电力	450	1.0000	盛屯矿业	450	1.0000	西南证券	450	1.0000
星网锐捷	450	1.0000	利达光电	450	1.0000	*ST 松辽	450	1.0000
国际医学	450	1.0000	巴安水务	450	1.0000	通策医疗	450	1.0000
上实发展	450	1.0000	海螺水泥	450	1.0000	西水股份	450	1.0000
桂东电力	450	1.0000	新潮实业	450	1.0000	*ST 乐电	450	1.0000
南京高科	450	1.0000	中信证券	450	1.0000	招商证券	450	1.0000
深振业 A	450	1.0000	中国人寿	450	1.0000	国中水务	450	1.0000
横店东磁	450	1.0000	中孚实业	450	1.0000	新文化	450	1.0000
一拖股份	450	1.0000	华谊兄弟	450	1.0000	光大证券	450	1.0000
大冷股份	450	1.0000	钢研高纳	450	1.0000	陕国投 A	450	1.0000
浪潮信息	450	1.0000	营口港	450	1.0000	保龄宝	450	1.0000
中国中冶	450	1.0000	江西铜业	450	1.0000	联络互动	450	1.0000
华泰证券	450	1.0000	华能国际	450	1.0000	航天电子	450	1.0000
大唐发电	450	1.0000	云内动力	450	1.0000	深天马 A	450	1.0000
鸿博股份	450	1.0000	网宿科技	450	1.0000	游族网络	450	1.0000
新华保险	450	1.0000	中泰化学	450	1.0000	栋梁新材	450	1.0000
天茂集团	450	1.0000						
三峡水利	450	1.0000						
安信信托	450	1.0000						
益民集团	450	1.0000						
云铝股份	450	1.0000						
小商品城	450	1.0000						
青岛啤酒	450	1.0000						
濮耐股份	450	1.0000						

附录八：北京师范大学绿色企业评价中心京津冀重点污染监控企业2017绿色排名

1. 工业企业排名

本省市内分行业排名	分行业排名	名次平均分	单位详细名称	地区	行业
1	1	0.0855	北京奔驰汽车有限公司	京	工业
1	2	0.1516	新兴铸管股份有限公司	冀	工业
1	3	0.1662	中国石油天然气股份有限公司大港石化分公司（国控源）	津	工业
2	4	0.2017	风帆股份有限公司清苑分公司	冀	工业
2	5	0.2068	天津一汽丰田汽车有限公司（国控源）	津	工业
3	6	0.2301	中国石油化工股份有限公司天津分公司（国控源）	津	工业
2	7	0.2347	北京福田戴姆勒汽车有限公司	京	工业
4	8	0.2465	中沙（天津）石化有限公司（国控源）	津	工业
3	9	0.2650	北京现代汽车有限公司	京	工业
3	10	0.2705	沧州中铁装备制造材料有限公司	冀	工业
4	11	0.2877	艾尔姆风能叶片制品（秦皇岛）有限公司	冀	工业
5	12	0.2966	神威药业集团有限公司	冀	工业
4	13	0.3317	北京首钢冷轧薄板有限公司	京	工业
6	14	0.3625	石家庄金刚内燃机零部件集团有限公司	冀	工业
5	15	0.3696	北京燕京啤酒股份有限公司	京	工业
7	16	0.3707	河北冀衡（集团）药业有限公司	冀	工业

续表

本省市内分行业排名	分行业排名	名次平均分	单位详细名称	地区	行业
8	17	0.3734	山海关船舶重工有限责任公司	冀	工业
6	18	0.4174	北京京东方显示技术有限公司	京	工业
9	19	0.4192	石家庄力源生物蛋白有限公司	冀	工业
5	20	0.4269	天津渤化永利化工有限责任公司天津碱厂（国控源）	津	工业
10	21	0.4346	恒天然（唐山）汉沽牧场	冀	工业
7	22	0.4358	北京华联印刷有限公司	京	工业
11	23	0.4440	石家庄钢铁有限责任公司	冀	工业
12	24	0.4542	河北德瑞淀粉有限公司	冀	工业
13	25	0.4548	河北新启元能源技术开发股份有限公司	冀	工业
14	26	0.4664	宏启胜精密电子（秦皇岛）有限公司	冀	工业
15	27	0.4732	石家庄永盛乳业有限公司	冀	工业
16	28	0.4785	河北千喜鹤肉类产业有限公司	冀	工业
17	29	0.4963	河北万全宏宇化工有限责任公司	冀	工业
18	30	0.5018	光为绿色新能源股份有限公司	冀	工业
19	31	0.5030	河北旭阳焦化有限公司	冀	工业
20	32	0.5096	建滔（河北）焦化有限公司	冀	工业
21	33	0.5116	建滔（河北）化工有限公司	冀	工业
22	34	0.5135	迁安中化煤化工有限责任公司	冀	工业
6	35	0.5167	通用半导体（中国）有限公司（国控源）	津	工业
8	36	0.5204	壳牌统一（北京）石油化工有限公司	京	工业
23	37	0.5404	河北松赫再生资源股份有限公司	冀	工业
24	38	0.5411	辛集市圣马皮革有限公司	冀	工业
25	39	0.5449	保定港安有色金属有限公司	冀	工业
26	40	0.5454	风帆股份有限公司有色金属分公司	冀	工业
27	41	0.5507	邢台市振成机械有限公司	冀	工业
28	42	0.5507	秦皇岛鹏远淀粉有限公司	冀	工业
29	43	0.5529	中海石油中捷石化有限公司	冀	工业
30	44	0.5589	承德建龙特殊钢有限公司	冀	工业

续表

本省市内分行业排名	分行业排名	名次平均分	单位详细名称	地区	行业
31	45	0.5597	唐山佳华煤化工有限公司	冀	工业
32	46	0.5678	唐山中润煤化工有限公司	冀	工业
7	47	0.5727	玖龙纸业（天津）有限公司（国控源）	津	工业
33	48	0.5751	邢台钢铁有限责任公司	冀	工业
8	49	0.5761	天津冶金集团轧三友发钢铁有限公司（国控源）	津	工业
9	50	0.5985	北京金隅加气混凝土有限责任公司	京	工业
9	51	0.6040	天津荣程联合钢铁集团有限公司（国控源）	津	工业
34	52	0.6107	安新县硕兴有色金属熔炼有限公司	冀	工业
10	53	0.6116	天津博信汽车零部件有限公司（国控源）	津	工业
35	54	0.6123	沧州临港金隅水泥有限公司	冀	工业
36	55	0.6193	南宫市龙腾煤化工	冀	工业
10	56	0.6231	瑞萨半导体（北京）有限公司	京	工业
37	57	0.6243	河北中煤旭阳焦化有限公司	冀	工业
38	58	0.6352	石家庄新宇三阳实业有限公司	冀	工业
11	59	0.6425	天津北方食品有限公司（国控源）	津	工业
39	60	0.6434	冀东水泥滦县有限责任公司	冀	工业
40	61	0.6458	崇利制钢有限公司	冀	工业
41	62	0.6479	龙星化工股份有限公司	冀	工业
42	63	0.6518	迁安市津唐球墨铸管有限公司	冀	工业
43	64	0.6597	河北东明牛皮制革有限公司	冀	工业
44	65	0.6630	唐山钢铁集团有限责任公司	冀	工业
45	66	0.6661	河北兴柏药业集团有限公司	冀	工业
46	67	0.6663	河北津西钢铁集团股份有限公司	冀	工业
47	68	0.6713	迁安市宏奥工贸有限公司	冀	工业
48	69	0.6754	河北省保定市东方造纸有限公司	冀	工业
49	70	0.6770	唐山三友硅业有限责任公司	冀	工业
50	71	0.6835	河北新金钢铁有限公司	冀	工业
51	72	0.6865	河北诚信有限责任公司	冀	工业

续表

本省市内分行业排名	分行业排名	名次平均分	单位详细名称	地区	行业
52	73	0.6907	河北津西钢铁集团特钢有限公司	冀	工业
53	74	0.6911	河北冀衡（集团）化肥有限公司	冀	工业
54	75	0.6915	晋煤冀州银海化肥有限责任公司	冀	工业
11	76	0.6920	北京宝岛包装印刷有限公司	京	工业
55	77	0.6934	河北永新纸业有限公司	冀	工业
56	78	0.6943	富智康精密电子（廊坊）有限公司	冀	工业
57	79	0.6996	德龙钢铁有限公司	冀	工业
58	80	0.7017	唐山港陆钢铁有限公司	冀	工业
59	81	0.7026	玉锋实业集团（河北玉锋淀粉糖业集团有限公司）	冀	工业
60	82	0.7035	秦皇岛骊骅淀粉股份有限公司	冀	工业
61	83	0.7037	武安市广耀铸业有限公司	冀	工业
62	84	0.7045	河北文丰钢铁有限公司	冀	工业
63	85	0.7058	辛集市梅花皮业有限公司	冀	工业
64	86	0.7070	华北制药股份有限公司（制药总厂）	冀	工业
65	87	0.7128	辛集市宏四海皮革有限公司	冀	工业
66	88	0.7164	鹿泉市曲寨水泥有限公司	冀	工业
67	89	0.7270	唐山瑞丰钢铁（集团）粤丰钢铁有限公司	冀	工业
68	90	0.7297	唐县冀东水泥有限责任公司	冀	工业
12	91	0.7326	天津江南汽车部件装饰有限公司（国控源）	津	工业
69	92	0.7332	唐山三友化工股份有限公司	冀	工业
70	93	0.7391	河北东明皮革有限公司	冀	工业
71	94	0.7391	石家庄新世纪煤化实业集团有限公司	冀	工业
72	95	0.7398	曲阳金隅水泥有限公司	冀	工业
73	96	0.7412	唐山瑞丰钢铁（集团）有限公司	冀	工业
74	97	0.7415	中国石化集团保定石油化工厂	冀	工业
75	98	0.7465	承德避暑山庄企业集团有限责任公司	冀	工业
76	99	0.7485	河北金万泰化肥有限责任公司	冀	工业
77	100	0.7503	承德信通首承矿业有限责任公司	冀	工业

续表

本省市内分行业排名	分行业排名	名次平均分	单位详细名称	地区	行业
78	101	0.7515	河北纵横钢铁集团有限公司	冀	工业
79	102	0.7535	奎山冀东水泥有限公司	冀	工业
13	103	0.7535	天津长芦汉沽盐场有限责任公司（国控源）	津	工业
80	104	0.7546	河北凯跃化工集团有限公司	冀	工业
81	105	0.7559	武安市裕华钢铁有限公司	冀	工业
82	106	0.7600	河北京兰水泥有限公司	冀	工业
83	107	0.7625	青岛啤酒（廊坊）有限公司	冀	工业
14	108	0.7696	天津三安光电有限公司（国控源）	津	工业
84	109	0.7701	保定飓风蓄电池有限公司	冀	工业
85	110	0.7726	涞水冀东水泥有限责任公司	冀	工业
86	111	0.7742	唐山中浩化工有限公司	冀	工业
87	112	0.7749	辛集市盛洋皮业有限公司	冀	工业
88	113	0.7769	唐山建龙简舟钢铁有限公司	冀	工业
89	114	0.7772	河北金鼎绒业有限公司	冀	工业
90	115	0.7799	武安市新峰水泥有限责任公司	冀	工业
91	116	0.7828	唐山燕山钢铁有限公司	冀	工业
92	117	0.7881	辛集市通宝皮业有限公司	冀	工业
93	118	0.7896	文安县新钢钢铁有限公司	冀	工业
94	119	0.7905	开滦（集团）蔚州矿业有限责任公司单侯矿	冀	工业
95	120	0.7911	承德承钢正桥矿业开发有限公司	冀	工业
96	121	0.7918	河北冀衡（集团）药业有限公司深州分公司	冀	工业
97	122	0.7927	三利集团有限公司	冀	工业
98	123	0.7956	唐山北极熊建材有限公司	冀	工业
99	124	0.7962	中车唐山机车车辆有限公司	冀	工业
100	125	0.7985	石家庄东华金龙化工有限公司	冀	工业
101	126	0.8002	河北迁安化肥股份有限公司	冀	工业
102	127	0.8036	迁安市四通纸业有限公司	冀	工业
103	128	0.8042	河北兴华钢铁有限公司	冀	工业

续表

本省市内分行业排名	分行业排名	名次平均分	单位详细名称	地区	行业
12	129	0.8071	北京青岛啤酒三环有限公司	京	工业
104	130	0.8076	保定太行和益水泥有限公司	冀	工业
105	131	0.8092	唐山首钢京唐西山焦化有限责任公司	冀	工业
106	132	0.8092	恒天然（玉田）牧场有限公司	冀	工业
107	133	0.8110	石家庄正元化肥有限公司	冀	工业
108	134	0.8133	张家口察哈尔乳业有限公司	冀	工业
109	135	0.8145	唐山东海钢铁集团有限公司	冀	工业
110	136	0.8171	灵寿冀东水泥有限责任公司	冀	工业
111	137	0.8188	邯郸钢铁集团有限责任公司	冀	工业
112	138	0.8205	唐山冀东水泥股份有限公司（唐山分公司）	冀	工业
113	139	0.8216	河北吉藁化纤有限责任公司	冀	工业
13	140	0.8233	北京太行前景水泥有限公司	京	工业
114	141	0.8245	唐山国丰钢铁有限公司	冀	工业
115	142	0.8266	唐山东华钢铁企业集团有限公司	冀	工业
116	143	0.8303	首钢股份公司迁安钢铁公司	冀	工业
117	144	0.8305	河北鑫强集团有限公司	冀	工业
118	145	0.8341	鹿泉金隅鼎鑫水泥有限公司	冀	工业
15	146	0.8346	天津三星电机有限公司（国控源）	津	工业
119	147	0.8351	容城县容兴纸业有限公司	冀	工业
120	148	0.8372	河北天宝化工股份有限公司	冀	工业
121	149	0.8375	河北宁纺集团有限责任公司	冀	工业
122	150	0.8383	河北鑫合生物化工有限公司	冀	工业
14	151	0.8399	北京威卡威汽车零部件股份有限公司	京	工业
123	152	0.8432	唐山金螺包装材料有限公司	冀	工业
16	153	0.8449	天津杰士电池有限公司（国控源）	津	工业
15	154	0.8464	北京金隅天坛家具股份有限公司	京	工业
17	155	0.8465	天津运城制版有限公司（国控源）	津	工业
124	156	0.8482	唐山三友集团东光浆粕有限责任公司	冀	工业
125	157	0.8493	秦皇岛首秦金属材料有限公司	冀	工业

续表

本省市内分行业排名	分行业排名	名次平均分	单位详细名称	地区	行业
16	158	0.8498	北京三元食品股份有限公司	京	工业
18	159	0.8540	天津汤浅蓄电池有限公司（原汤浅电池有限公司）（国控源）	津	工业
126	160	0.8555	河北津西钢铁集团正达钢铁有限公司	冀	工业
17	161	0.8564	北汽福田汽车股份有限公司北京宝沃汽车厂	京	工业
18	162	0.8591	北京京东方光电科技有限公司	京	工业
127	163	0.8612	河北东海特钢集团有限公司	冀	工业
128	164	0.8617	秦皇岛金海食品工业有限公司	冀	工业
129	165	0.8622	河北荣信钢铁有限公司	冀	工业
130	166	0.8627	唐山钢源冶金炉料有限公司	冀	工业
131	167	0.8627	凯瑞环保科技股份有限公司	冀	工业
132	168	0.8630	固安嘉祥皮草有限公司	冀	工业
133	169	0.8637	迁安轧一钢铁集团有限公司	冀	工业
134	170	0.8656	河北华西钢铁有限公司	冀	工业
19	171	0.8663	天津灯塔涂料有限公司（国控源）	津	工业
135	172	0.8668	河北燕京啤酒有限公司	冀	工业
136	173	0.8669	河北武山水泥有限公司	冀	工业
19	174	0.8688	北京二七轨道交通装备有限责任公司	京	工业
137	175	0.8696	承德承钢双福矿业有限公司	冀	工业
20	176	0.8713	北京德宝商三包装印刷有限公司	京	工业
138	177	0.8717	小洋人生物乳业集团有限公司	冀	工业
139	178	0.8722	唐山市丰润区昇泰金属表面处理有限公司	冀	工业
20	179	0.8729	天津钢管制铁有限公司（国控源）	津	工业
140	180	0.8742	河北敬业钢铁有限公司	冀	工业
141	181	0.8752	河北珠江啤酒有限公司	冀	工业
142	182	0.8762	辛集市名花皮业有限公司制革分公司	冀	工业
143	183	0.8762	秦皇岛沅泰纸业有限公司	冀	工业
144	184	0.8763	邢台市宁波紧固件有限公司	冀	工业
145	185	0.8770	唐山冀东启新水泥有限责任公司	冀	工业

续表

本省市内分行业排名	分行业排名	名次平均分	单位详细名称	地区	行业
146	186	0.8779	秦皇岛金茂源纸业有限公司	冀	工业
147	187	0.8845	河北天成化工股份有限公司卢龙分公司	冀	工业
148	188	0.8862	石家庄市天马淀粉厂	冀	工业
21	189	0.8894	南车二七车辆有限公司	京	工业
149	190	0.8899	唐山冀东水泥三友有限公司	冀	工业
150	191	0.8920	河北名世锦簇纺织有限公司	冀	工业
151	192	0.8922	天津荣程集团唐山特种钢有限公司	冀	工业
152	193	0.8932	迁安市成达精密铸造有限公司	冀	工业
153	194	0.8938	河北新武安钢铁集团鑫山钢铁有限公司	冀	工业
154	195	0.8948	黄骅德富皮革制品有限公司	冀	工业
155	196	0.8980	河北圣雪大成唐山制药有限责任公司	冀	工业
21	197	0.9012	天津友信材料科技有限公司（国控源）	津	工业
156	198	0.9039	华北制药华胜有限公司	冀	工业
157	199	0.9047	华北制药威可达有限公司	冀	工业
158	200	0.9068	石家庄鸿欣橡胶制品有限公司	冀	工业
22	201	0.9076	北京盛通印刷股份有限公司	京	工业
159	202	0.9079	沙河市长城玻璃有限公司	冀	工业
160	203	0.9114	河北天柱钢铁集团有限公司	冀	工业
161	204	0.9132	河北新化股份有限公司	冀	工业
162	205	0.9136	今麦郎面品有限公司	冀	工业
163	206	0.9144	秦皇岛方圆包装玻璃有限公司	冀	工业
164	207	0.9154	河北圣雪大成制药有限责任公司	冀	工业
165	208	0.9168	承德天宝水泥有限公司	冀	工业
166	209	0.9191	秦皇岛市抚宁县丰满板纸有限公司	冀	工业
167	210	0.9202	唐山建龙实业有限公司	冀	工业
23	211	0.9241	蒙牛乳业（北京）有限责任公司	京	工业
168	212	0.9247	石药集团中诺药业（石家庄）有限公司中润生产区	冀	工业
169	213	0.9249	河北裕丰京安养殖有限公司	冀	工业

续表

本省市内分行业排名	分行业排名	名次平均分	单位详细名称	地区	行业
170	214	0.9252	秦皇岛浅野水泥有限公司	冀	工业
171	215	0.9257	沧州大化股份有限公司聚海分公司	冀	工业
172	216	0.9262	唐山三友集团兴达化纤有限公司	冀	工业
173	217	0.9271	青岛啤酒（石家庄）有限公司	冀	工业
174	218	0.9275	赞皇金隅水泥有限公司	冀	工业
175	219	0.9290	秦皇岛市兆丰纸业有限公司	冀	工业
176	220	0.9307	沧州博昌皮革工业有限公司	冀	工业
177	221	0.9309	首钢京唐钢铁联合有限责任公司	冀	工业
178	222	0.9315	保定钞票纸业有限公司	冀	工业
179	223	0.9329	河北永顺实业集团有限公司	冀	工业
180	224	0.9336	河北曲寨矿峰水泥股份有限公司	冀	工业
181	225	0.9349	秦皇岛北方玻璃集团有限公司	冀	工业
22	226	0.9356	昂高（天津）有限公司（国控源）	津	工业
182	227	0.9394	宣化钢铁集团有限责任公司	冀	工业
183	228	0.9422	燕京啤酒（邢台）有限公司	冀	工业
184	229	0.9455	玉田县大众宝来纸业有限公司	冀	工业
185	230	0.9478	南宫市泉源毛皮制品厂	冀	工业
186	231	0.9530	秦皇岛索坤玻璃有限公司	冀	工业
187	232	0.9604	涿鹿玉晶淀粉有限公司	冀	工业
188	233	0.9605	河北健民淀粉糖业有限公司	冀	工业
189	234	0.9620	沙河市恒森涂布纸有限公司	冀	工业
190	235	0.9626	秦皇岛方圆玻璃有限公司	冀	工业
191	236	0.9640	唐山新宝泰钢铁有限公司	冀	工业
192	237	0.9664	南宫市华澳皮毛有限公司	冀	工业
193	238	0.9670	英利能源（中国）有限公司	冀	工业
24	239	0.9686	北京南口轨道交通机械有限责任公司	京	工业
25	240	0.9719	中芯国际集成电路制造（北京）有限公司	京	工业
194	241	0.9736	沧州大化 TDI 有限责任公司	冀	工业
195	242	0.9738	中溶科技股份有限公司	冀	工业

续表

本省市内分行业排名	分行业排名	名次平均分	单位详细名称	地区	行业
196	243	0.9749	唐山三友远达纤维有限公司	冀	工业
197	244	0.9752	丰源（邢台）特种纸业有限责任公司	冀	工业
198	245	0.9781	秦皇岛宏兴钢铁有限公司	冀	工业
199	246	0.9791	沙河市安全实业有限公司	冀	工业
200	247	0.9800	河北天同齐盛皮革股份有限公司	冀	工业
201	248	0.9815	华北制药集团华栾有限公司	冀	工业
202	249	0.9851	沧州市银光镀锌厂	冀	工业
203	250	0.9912	河北华澳矿业开发有限公司	冀	工业
204	251	0.9917	卢龙县双益磷化有限责任公司	冀	工业
205	252	0.9945	唐山贝氏体钢铁（集团）顺兴钢铁有限公司	冀	工业
206	253	0.9959	容城县金玉城印染有限公司	冀	工业
207	254	0.9967	河北金源化工股份有限公司	冀	工业
208	255	0.9978	昌黎县兴国精密机件有限公司	冀	工业
26	256	1.0000	中国石油化工股份有限公司北京燕山分公司	京	工业
26	256	1.0000	北京东方石油化工有限公司有机化工厂	京	工业
26	256	1.0000	中国石化催化剂有限公司北京奥达分公司	京	工业
26	256	1.0000	北京通美晶体技术有限公司	京	工业
26	256	1.0000	国泰半导体材料有限公司	京	工业
26	256	1.0000	北京燕京啤酒股份有限公司一分公司	京	工业
26	256	1.0000	北京市标致家具有限责任公司	京	工业
26	256	1.0000	维达北方纸业（北京）有限公司	京	工业
26	256	1.0000	揖斐电电子（北京）有限公司	京	工业
26	256	1.0000	博世力士乐（北京）液压有限公司	京	工业
26	256	1.0000	利乐包装（北京）有限公司	京	工业
26	256	1.0000	安姆科软包装（北京）有限公司	京	工业
26	256	1.0000	北京东进世美肯科技有限公司	京	工业
26	256	1.0000	北京卓宝科技有限公司	京	工业

续表

本省市内分行业排名	分行业排名	名次平均分	单位详细名称	地区	行业
26	256	1.0000	北京美亚斯磷脂技术有限公司	京	工业
26	256	1.0000	北京南车时代机车车辆机械有限公司	京	工业
23	256	1.0000	天津钢管制造有限公司（国控源）	津	工业
23	256	1.0000	天津钢铁集团有限公司（国控源）	津	工业
23	256	1.0000	天津渔阳酒业有限公司（国控源）	津	工业
23	256	1.0000	天津荣程祥矿产有限公司（国控源）	津	工业
23	256	1.0000	天津市精美特表面技术有限公司（国控源）	津	工业
23	256	1.0000	年和电子科技（天津）有限公司（国控源）	津	工业
23	256	1.0000	天津市津宝乐器有限公司（国控源）	津	工业
23	256	1.0000	天津 ISA 有限公司（国控源）	津	工业
23	256	1.0000	天津电装电子有限公司（国控源）	津	工业
23	256	1.0000	长城汽车股份有限公司天津哈弗分公司（国控源）	津	工业
23	256	1.0000	SEW- 工业减速机（天津）有限公司（国控源）	津	工业
23	256	1.0000	大成万达天津有限公司（非国控）	津	工业
23	256	1.0000	中国海洋石油渤海公司（非国控）	津	工业
23	256	1.0000	天津市嘉立荷牧业有限公司（国控源）	津	工业
209	256	1.0000	石药集团维生药业（石家庄）有限公司	冀	工业
209	256	1.0000	中国石油化工股份有限公司石家庄炼化分公司	冀	工业
209	256	1.0000	百威英博（唐山）啤酒有限公司	冀	工业
209	256	1.0000	开滦（集团）有限责任公司钱家营矿业分公司	冀	工业
209	256	1.0000	玉田县顺发实业有限公司	冀	工业
209	256	1.0000	迁安市九江线材有限责任公司	冀	工业
209	256	1.0000	秦皇岛市前韩纸业有限公司	冀	工业
209	256	1.0000	沙河市东方纸业有限公司	冀	工业
209	256	1.0000	沙河市恒源造纸厂	冀	工业

续表

本省市内分行业排名	分行业排名	名次平均分	单位详细名称	地区	行业
209	256	1.0000	沙河市金通涂布纸有限公司	冀	工业
209	256	1.0000	河北大发纸业有限公司	冀	工业
209	256	1.0000	中国石油大港油田第六采油厂	冀	工业
209	256	1.0000	石家庄玉晶玻璃有限公司	冀	工业
209	256	1.0000	唐山不锈钢有限责任公司	冀	工业
209	256	1.0000	河北唐银钢铁有限公司	冀	工业
209	256	1.0000	唐山市丰南区凯恒钢铁有限公司	冀	工业
209	256	1.0000	唐山市丰南区经安钢铁有限公司	冀	工业
209	256	1.0000	滦县金马工业有限公司	冀	工业
209	256	1.0000	唐山兴隆钢铁有限公司	冀	工业
209	256	1.0000	唐山弘也水泥有限公司	冀	工业
209	256	1.0000	唐山松汀钢铁有限公司	冀	工业
209	256	1.0000	首钢矿业公司（烧结厂）	冀	工业
209	256	1.0000	秦皇岛耀华玻璃工业园有限责任公司	冀	工业
209	256	1.0000	河北省抚宁县信和水泥厂（现秦皇岛市抚宁县信合水泥有限公司）	冀	工业
209	256	1.0000	昌黎冀东水泥有限公司	冀	工业
209	256	1.0000	武安市运丰冶金工业有限公司	冀	工业
209	256	1.0000	承德市创远矿业有限公司	冀	工业
209	256	1.0000	承德兆丰钢铁集团有限公司	冀	工业
209	256	1.0000	邯钢集团衡水薄板有限责任公司	冀	工业
209	256	1.0000	石家庄市捷宇通商贸有限公司	冀	工业
209	256	1.0000	唐山惠达（集团）洁具有限公司	冀	工业
209	256	1.0000	秦皇岛首钢长白机械有限责任公司	冀	工业
209	256	1.0000	清河县伟创金属表面处理科技有限公司	冀	工业
209	256	1.0000	邢台惠恩纳电镀有限公司	冀	工业
209	256	1.0000	张家口永盛毛皮硝染有限公司	冀	工业
209	256	1.0000	枣强县浩丰硝染厂	冀	工业
209	256	1.0000	唐山宏文冷轧不锈钢有限公司	冀	工业

续表

本省市内分行业排名	分行业排名	名次平均分	单位详细名称	地区	行业
209	256	1.0000	唐山国丰第一冷轧镀锌技术有限公司	冀	工业
209	256	1.0000	唐山正元管业有限公司	冀	工业
209	256	1.0000	迁安市志诚润滑油有限公司	冀	工业
209	256	1.0000	河北凯德生物材料有限公司	冀	工业
209	256	1.0000	沙河市锦新纸业有限公司	冀	工业
209	256	1.0000	河北赵州利民糖业集团有限公司	冀	工业
209	256	1.0000	秦皇岛中石油燃料沥青有限责任公司	冀	工业
209	256	1.0000	冀中能源峰峰集团有限公司万年矿	冀	工业
209	256	1.0000	风帆有限责任公司徐水高新电源分公司	冀	工业
209	256	1.0000	唐山市宏伟炼焦制气有限公司	冀	工业
209	256	1.0000	涿州市东立纸业有限责任公司	冀	工业
209	256	1.0000	唐山丰南宏烨炉料有限公司	冀	工业
209	256	1.0000	武安市明芳钢铁有限公司	冀	工业
209	256	1.0000	邱县神龙印染有限责任公司	冀	工业
209	256	1.0000	阜城县华兴服装有限公司	冀	工业
209	256	1.0000	中国石油华北石化公司	冀	工业
209	256	1.0000	吴桥县荣泰木业股份有限公司	冀	工业
209	256	1.0000	唐山国丰第二冷轧镀锌技术有限公司	冀	工业
209	256	1.0000	唐山市丰南区群利钢铁炉料有限公司	冀	工业
209	256	1.0000	奥科宁克（秦皇岛）铝业有限公司	冀	工业
209	256	1.0000	廊坊派皇工贸集团有限公司	冀	工业
209	256	1.0000	河北四通绒毛制品集团有限公司	冀	工业
209	256	1.0000	涞源县奥宇钢铁有限公司	冀	工业
209	256	1.0000	河北天茂印染有限责任公司	冀	工业
209	256	1.0000	秦皇岛佰工钢铁有限公司	冀	工业
209	256	1.0000	玉田县双玲针织有限公司	冀	工业
209	256	1.0000	风帆有限责任公司徐水工业电池分公司	冀	工业
209	256	1.0000	邯郸市立元印染有限公司（河北立元纺织有限公司污水处理设施）	冀	工业

续表

本省市内分行业排名	分行业排名	名次平均分	单位详细名称	地区	行业
209	256	1.0000	青县华亿电子有限公司	冀	工业
209	256	1.0000	河北鑫跃焦化有限公司	冀	工业
209	256	1.0000	卢龙县百恒实业有限公司	冀	工业
209	256	1.0000	邢台金丰球铁科技有限公司	冀	工业
209	256	1.0000	美铝渤海铝业有限公司（奥科宁克（秦皇岛）铝业有限公司）	冀	工业
209	256	1.0000	河北鑫达钢铁有限公司	冀	工业
209	256	1.0000	盐山县天和兴生物制品有限公司	冀	工业
209	256	1.0000	唐山贝氏体钢铁（集团）福丰钢铁有限公司	冀	工业
209	256	1.0000	恒天天鹅股份有限公司	冀	工业
209	256	1.0000	辛集市欧亚裘革有限公司	冀	工业
209	256	1.0000	辛集市凌爵皮革有限责任公司	冀	工业
209	256	1.0000	辛集市华达皮革有限公司	冀	工业
209	256	1.0000	石家庄利克斯裘皮有限公司	冀	工业

2. 热电企业排名

本省市内分行业排名	分行业排名	名次平均分	单位详细名称	地区	行业
1	1	0.1625	华润协鑫（北京）热电有限公司	京	热电
2	2	0.4718	北京京丰燃气发电有限责任公司	京	热电
3	3	0.4918	北京京桥热电有限公司	京	热电
4	4	0.5072	北京市大兴区供暖管理中心（观音寺）	京	热电
5	5	0.5103	北京市大兴区供暖管理中心（康庄）	京	热电
1	6	0.5112	天津大唐国际盘山发电有限责任公司（国控源）	津	热电
6	7	0.5174	北京永安热力有限公司	京	热电
7	8	0.5244	北京市房山区供暖所（吴店供热厂）	京	热电
1	9	0.5605	中电投石家庄高新热电有限公司	冀	热电
2	10	0.5625	石家庄市藁城区天意热电有限公司	冀	热电
3	11	0.5678	衡水恒兴发电有限责任公司	冀	热电

本省市内分行业排名	分行业排名	名次平均分	单位详细名称	地区	行业
8	12	0.5795	北京华源热力管网有限公司门头沟区分公司（石门营厂）	京	热电
4	13	0.5807	唐山三友热电有限责任公司	冀	热电
9	14	0.5873	北京市房山区供暖所（城西供热厂）	京	热电
10	15	0.5878	北京市房山区供暖所（城中供热厂）	京	热电
5	16	0.6097	河北国华定州发电有限责任公司	冀	热电
2	17	0.6115	天津军电热电有限公司（国控源）	津	热电
6	18	0.6134	河北迎新集团矸石热电有限公司	冀	热电
7	19	0.6144	大唐国际发电股份有限公司陡河发电厂	冀	热电
11	20	0.6148	北京绿都供暖有限责任公司（兴谷供热中心）	京	热电
8	21	0.6207	河北大唐国际迁安热电有限责任公司	冀	热电
9	22	0.6235	唐山万浦热电有限公司	冀	热电
12	23	0.6338	北京华源热力管网有限公司门头沟区分公司（黑山厂）	京	热电
3	24	0.6363	天津国电津能热电有限公司（国控源）	津	热电
13	25	0.6369	北京市房山区供暖所（鸿顺园热源厂）	京	热电
4	26	0.6439	天津国电津能滨海热电有限公司（北塘电厂）（国控源）	津	热电
5	27	0.6516	天津国投津能发电有限公司－国投北疆电厂（国控源，废水零外排）	津	热电
14	28	0.6615	北京绿都供暖有限责任公司（滨河供热中心）	京	热电
6	29	0.6616	天津渤化永利热电有限公司（国控源）	津	热电
10	30	0.6688	大唐保定华源热电有限责任公司	冀	热电
11	31	0.6734	河北衡丰发电有限责任公司	冀	热电
12	32	0.6764	石家庄诚峰热电有限公司	冀	热电
13	33	0.6888	河北大唐国际唐山热电有限责任公司	冀	热电
15	34	0.6936	北京天阳供暖有限公司	京	热电
14	35	0.6937	迁安恒晖热电有限公司	冀	热电
15	36	0.6958	隆尧天唯热电有限公司	冀	热电
16	37	0.6987	北京大龙供热中心（城东）	京	热电
7	38	0.7157	神华国能集团有限公司大港发电厂（国控源，废水全部回收利用）	津	热电

续表

本省市内分行业排名	分行业排名	名次平均分	单位详细名称	地区	行业
16	39	0.7158	开滦协鑫发电有限公司	冀	热电
17	40	0.7169	华电（北京）热电有限公司（原北京第二热电厂）	京	热电
18	41	0.7181	三元热能中心	京	热电
17	42	0.7295	华能国际电力股份有限公司上安电厂	冀	热电
18	43	0.7347	河北华电石家庄热电有限公司	冀	热电
19	44	0.7374	石家庄良村热电有限公司	冀	热电
20	45	0.7408	河北华电石家庄裕华热电有限公司	冀	热电
21	46	0.7466	保定白沟吉忠热力有限责任公司	冀	热电
19	47	0.7475	北京大龙供热中心（城北）	京	热电
20	48	0.7478	北京市通州区住宅锅炉供暖中心	京	热电
22	49	0.7487	河北大唐国际王滩发电有限责任公司	冀	热电
23	50	0.7503	华润电力唐山丰润有限公司	冀	热电
24	51	0.7539	河北大唐国际丰润热电有限责任公司	冀	热电
8	52	0.7601	天津国华盘山发电有限责任公司（国控源）	津	热电
25	53	0.7629	河北建投沙河发电有限责任公司	冀	热电
26	54	0.7640	河北华电石家庄鹿华热电有限公司	冀	热电
27	55	0.7728	河北国华沧东发电有限责任公司	冀	热电
28	56	0.7766	大唐保定热电厂	冀	热电
29	57	0.7770	大唐清苑热电有限公司	冀	热电
30	58	0.7830	华润电力（唐山曹妃甸）有限公司	冀	热电
9	59	0.7837	天津市军粮城发电有限公司（国控源）	津	热电
21	60	0.7925	北京冠城热力供应有限公司	京	热电
31	61	0.7955	秦皇岛同和热电有限公司	冀	热电
22	62	0.8043	北京市虎城小区供热服务中心	京	热电
32	63	0.8055	大唐国际发电股份有限公司下花园发电厂	冀	热电
33	64	0.8074	唐山三友碱业（集团）有限公司	冀	热电
34	65	0.8145	沧州华润热电有限公司	冀	热电
35	66	0.8160	国能吴桥生物发电有限公司	冀	热电

续表

本省市内分行业排名	分行业排名	名次平均分	单位详细名称	地区	行业
36	67	0.8167	石家庄新乐东方热电有限公司	冀	热电
37	68	0.8191	大唐国际发电股份有限公司张家口发电厂	冀	热电
37	68	0.8191	河北大唐国际张家口热电有限责任公司	冀	热电
39	70	0.8315	河北邯郸热电股份有限公司	冀	热电
23	71	0.8425	北京东居物业管理有限公司	京	热电
40	72	0.8428	涞源新昌热电有限责任公司	冀	热电
24	73	0.8432	北京正东电子动力集团有限公司	京	热电
41	74	0.8637	唐山市丰南区钱家营煤矸石综合利用发电有限公司	冀	热电
42	75	0.8646	国电电力发展股份有限公司邯郸热电厂	冀	热电
43	76	0.8664	邢台东庞通达煤电有限公司邢东热电厂	冀	热电
44	77	0.8669	河北建投任丘热电有限责任公司	冀	热电
45	78	0.8707	国能南宫生物发电有限公司	冀	热电
46	79	0.8710	兴隆县鹏生热力有限公司	冀	热电
47	80	0.8798	国能成安生物发电有限公司	冀	热电
10	81	0.8806	国华能源发展（天津）有限公司（非国控）	津	热电
48	82	0.8813	国家电投集团石家庄东方能源股份有限公司新华热电分公司	冀	热电
49	83	0.8926	冀中能源股份有限公司东庞矿矸石热电厂	冀	热电
50	84	0.8930	易县龙烁供热有限责任公司	冀	热电
51	85	0.8948	承德环能热电有限责任公司	冀	热电
52	86	0.9035	张北县星火供热有限公司	冀	热电
53	87	0.9187	涿州利源热电有限责任公司	冀	热电
54	88	0.9187	河北煜泰热能科技有限公司	冀	热电
54	88	0.9187	辛集市东方热电有限责任公司	冀	热电
11	90	0.9195	天津泰达能源发展有限责任公司（五厂）（非国控）	津	热电
56	91	0.9259	冀州中科能源有限公司	冀	热电
25	92	0.9361	中国石化集团北京燕山石油化工有限公司	京	热电
26	93	0.9406	北京雁栖诚泰热力中心	京	热电
57	94	0.9590	冀中能源股份有限公司矸石热电厂	冀	热电

续表

本省市内分行业排名	分行业排名	名次平均分	单位详细名称	地区	行业
27	95	0.9620	北京市丰台区房屋经营管理服务中心供暖设备服务所（韩庄子）	京	热电
12	96	0.9630	天津华能杨柳青热电有限责任公司（国控源）	津	热电
58	97	0.9639	冀中能源章村矿矸石热电厂	冀	热电
59	98	0.9646	中节能河北生物质能发电有限公司	冀	热电
60	99	0.9679	唐山洁城能源有限公司	冀	热电
28	100	0.9686	北京丽都饭店有限公司	京	热电
29	101	0.9703	北京市丰台区房屋经营管理服务中心供暖分公司翠林供热厂	京	热电
30	102	0.9879	北京北燃通州供热有限公司	京	热电
61	103	0.9895	宽城宏宇热力有限公司	冀	热电
62	104	0.9909	磁县申家庄煤矿矸石发电厂	冀	热电
63	105	1.0000	冀中能源股份有限公司邯郸陶二矸石热电厂	冀	热电

3. 垃圾处理企业排名

本省市内分行业排名	分行业排名	名次平均分	单位详细名称	地区	行业
1	1	0.3078	国中生物科技有限公司阿苏卫综合处理厂	京	垃圾
2	2	0.3735	北京环境卫生工程集团有限公司第一分公司（南宫堆肥厂）	京	垃圾
3	3	0.5111	北京市顺义区生活垃圾综合处理厂（庞村）	京	垃圾
4	4	0.5513	北京鼎泰鹏宇环保科技有限公司	京	垃圾
5	5	0.5614	北京市海淀区六里屯垃圾填埋场	京	垃圾
1	6	0.6198	廊坊莱索思环境技术有限公司	冀	垃圾
6	7	0.6274	北京中首精滤科贸有限公司	京	垃圾
2	8	0.6326	河北丰源环保科技股份有限公司	冀	垃圾
7	9	0.6481	北京市门头沟区垃圾无害化处理中心（焦家坡）	京	垃圾
3	10	0.6754	河北港安环保科技有限公司	冀	垃圾

续表

本省市内分行业排名	分行业排名	名次平均分	单位详细名称	地区	行业
8	11	0.7042	北京市朝阳区高安屯卫生填埋场	京	垃圾
1	11	0.7042	天津同和绿天使顶峰资源再生有限公司（国控源）	津	垃圾
9	13	0.8052	北京高安屯垃圾焚烧有限公司	京	垃圾
10	14	0.8110	北京生态岛科技有限责任公司	京	垃圾
4	15	0.8423	定州市冀环危险废物治理有限公司	冀	垃圾
5	16	0.8423	衡水睿韬环保技术有限公司	冀	垃圾
2	17	0.8554	泰鼎（天津）环保科技有限公司（国控源）	津	垃圾
6	17	0.8554	河北万忠废旧材料回收有限公司	冀	垃圾
11	19	0.8616	北京航兴宏达化工有限公司	京	垃圾
12	20	0.8705	北京科丽力尔净水科技有限公司	京	垃圾
3	21	0.8884	天津东邦铅资源再生有限公司（国控源）	津	垃圾
13	22	0.8895	北京华腾天海环保科技有限公司	京	垃圾
7	23	0.8929	石家庄翔宇环保技术服务中心	冀	垃圾
4	24	0.8958	天津市晨兴力克环保科技发展有限公司（国控源）	津	垃圾
8	25	0.9063	河北中润生态环保有限公司	冀	垃圾
5	26	0.9107	天津市国联报废机动车回收拆解有限公司（国控源）	津	垃圾
9	27	0.9152	秦皇岛市抚宁徐山口危险废物处理站	冀	垃圾
14	28	0.9241	北京润泰环保科技有限公司	京	垃圾
10	29	0.9286	河北风华环保服务有限公司	冀	垃圾
15	30	0.9365	北京市房山区燕山地区生活垃圾综合处理场	京	垃圾
16	31	0.9683	北京环境卫生工程集团有限公司第二分公司（阿苏卫）	京	垃圾
17	32	0.9688	北京首钢生物质能源科技有限公司（鲁家山）	京	垃圾
18	33	0.9777	北京沃绿洁环保工程有限公司	京	垃圾
19	34	0.9813	华新绿源环保产业发展有限公司	京	垃圾
11	35	0.9866	邢台恒亿再生资源回收有限公司	冀	垃圾

续表

本省市内分行业排名	分行业排名	名次平均分	单位详细名称	地区	行业
20	36	0.9911	北京环丰世纪绿色能源科技有限公司（北天堂残渣填埋场）	京	垃圾
21	37	0.9929	伟翔联合环保科技发展有限公司	京	垃圾
22	38	1.0000	北京金隅红树林环保技术有限责任公司	京	垃圾
12	38	1.0000	石家庄绿色再生资源有限公司	冀	垃圾
12	38	1.0000	石家庄皓轩环保科技有限公司	冀	垃圾
12	38	1.0000	廊坊开发区富思特工业废弃物收储有限公司	冀	垃圾
12	38	1.0000	邯郸市惠天环保科技有限公司	冀	垃圾

4. 污水处理企业排名

本省市内分行业排名	分行业排名	名次平均分	单位详细名称	地区	行业
1	1	0.5070	小汤山污水厂	京	污水
1	2	0.5156	唐山海港开发区水务有限公司	冀	污水
2	3	0.5263	顺平县清源污水处理有限公司	冀	污水
2	4	0.5602	北京万家水务有限公司（溪翁庄污水处理厂）	京	污水
3	5	0.5694	承德市中保水务有限公司	冀	污水
4	6	0.5844	永清北方污水处理有限公司	冀	污水
5	7	0.5859	华电水务石家庄有限公司	冀	污水
6	8	0.5876	承德市鹰手营子矿区柳源污水处理有限公司	冀	污水
7	9	0.5917	安国市污水处理厂	冀	污水
8	10	0.5927	蔚县清润污水处理有限公司	冀	污水
9	11	0.5937	唐山市路北区韩城污水处理有限公司	冀	污水
1	12	0.6011	天津市绿色家园环保工程投资有限公司（宝坻区第二污水处理厂）（国控源）	津	污水
10	13	0.6055	香河县三强污水处理厂	冀	污水
11	14	0.6143	沧州绿源水处理有限公司临港污水处理厂	冀	污水
12	15	0.6156	迁安市城市污水处理有限公司	冀	污水

续表

本省市内分行业排名	分行业排名	名次平均分	单位详细名称	地区	行业
13	16	0.6166	孟村回族自治县污水处理厂	冀	污水
3	17	0.6182	怀柔区雁栖污水处理中心	京	污水
14	18	0.6394	峰峰矿区津泉水业有限责任公司	冀	污水
15	19	0.6396	望都县清源污水处理有限公司	冀	污水
16	20	0.6402	保定百思特有限公司安国分公司	冀	污水
17	21	0.6447	乐亭县污水处理厂	冀	污水
4	22	0.6488	马坊镇污水处理厂（北京洳河水处理技术有限公司（马坊污水处理厂））	京	污水
18	23	0.6496	葛洲坝水务（定州）有限公司	冀	污水
18	23	0.6496	定州市凯丹水务有限公司（葛洲坝水务（定州）有限公司）	冀	污水
20	25	0.6505	临城县泜河污水处理厂	冀	污水
21	26	0.6507	固安绿源城区污水处理有限公司	冀	污水
22	27	0.6510	巨鹿县科林污水处理技术服务有限公司	冀	污水
2	28	0.6514	天津市绿色家园环保工程投资有限公司（宝坻区第一污水处理厂）（国控源）	津	污水
5	29	0.6528	北京新城禹潞环保科技有限责任公司（台湖镇污水处理厂）	京	污水
6	30	0.6569	北京华源志峰给排水管理有限公司（张家湾镇污水处理厂）	京	污水
3	31	0.6607	天津临港工业区胜科污水处理有限公司（国控源）	津	污水
7	32	0.6634	北京首创东坝水务有限责任公司东坝污水处理厂	京	污水
23	33	0.6640	曲周县污水处理公司	冀	污水
24	34	0.6672	河北林江环境科技发展有限公司肃宁县第二污水处理厂	冀	污水
24	34	0.6672	肃宁县第二污水处理有限公司	冀	污水
26	36	0.6687	唐山城市排水有限公司古冶运营分公司（古冶林西污水处理厂）	冀	污水
27	37	0.6702	遵化国祯污水处理有限公司	冀	污水
28	38	0.6716	唐山城市排水有限公司曹妃甸区运营分公司	冀	污水

续表

本省市内分行业排名	分行业排名	名次平均分	单位详细名称	地区	行业
29	39	0.6730	石家庄经济技术开发区污水处理厂	冀	污水
8	40	0.6748	京禹石水务	京	污水
30	41	0.6753	邢台市污水处理厂	冀	污水
31	42	0.6767	武邑县污水处理厂	冀	污水
32	43	0.6812	石家庄西部上庄污水处理厂	冀	污水
9	44	0.6831	北京京禹阳水务有限公司垡头污水处理厂	京	污水
33	45	0.6840	安新县污水处理厂	冀	污水
34	46	0.6865	唐山城银水业有限公司	冀	污水
10	47	0.6870	北京燕山威立雅水务有限责任公司（星城）	京	污水
11	48	0.6879	北京城市排水集团有限责任公司北小河再生水厂	京	污水
35	49	0.6893	冀中能源股份有限公司邢台矿生活污水处理厂	冀	污水
12	50	0.6929	南口地区污水处理中心（北京市昌平区水务局南口地区污水处理中心）	京	污水
36	51	0.6943	定州市中诚水务有限公司	冀	污水
37	52	0.6951	徐水县恒兴市政工程有限公司	冀	污水
38	53	0.6959	肃宁县第一污水处理有限公司	冀	污水
13	54	0.7008	北京市城市排水集团有限责任公司方庄污水处理厂	京	污水
14	55	0.7017	北京燕山威立雅水务有限责任公司（牛口峪）	京	污水
39	56	0.7022	安平县凯悦污水处理有限公司	冀	污水
15	57	0.7043	北京绿园春污水处理有限公司	京	污水
16	58	0.7047	中国原子能科学研究院	京	污水
40	59	0.7060	张家口市塞北管理区圣洁污水处理厂	冀	污水
17	60	0.7074	北京城市排水集团有限责任公司次渠污水处理厂	京	污水
18	61	0.7082	北京北控污水净化及回用有限公司	京	污水
41	62	0.7083	石家庄市矿区绿洁污水处理有限公司	冀	污水
42	63	0.7094	磁县污水处理厂	冀	污水

续表

本省市内分行业排名	分行业排名	名次平均分	单位详细名称	地区	行业
19	64	0.7123	北京城市排水集团有限责任公司酒仙桥再生水厂	京	污水
43	65	0.7159	泊头市污水处理厂	冀	污水
20	66	0.7229	北京城市排水集团有限责任公司吴家村再生水厂	京	污水
44	67	0.7238	龙凤河水污染综合治理工程	冀	污水
21	68	0.7254	北京中设水处理有限公司	京	污水
45	69	0.7271	张家口市察北管理区飞跃城镇污水处理有限公司	冀	污水
46	70	0.7288	临西县洁达污水处理厂	冀	污水
47	71	0.7297	高碑店市白沟镇污水处理厂	冀	污水
5	72	0.7303	天津地成污水处理有限公司（原天津地成建设投资有限公司、天津市宝坻区京津新城第一污水处理厂）	津	污水
22	73	0.7333	北京同晟水净化有限公司（天竺污水厂）	京	污水
48	74	0.7360	国水（昌黎）污水处理有限公司	冀	污水
49	75	0.7381	泊头市运西污水处理厂	冀	污水
23	76	0.7384	北京市昌平污水处理中心	京	污水
50	77	0.7415	张家口市凯丹水务水业发展有限公司	冀	污水
24	78	0.7417	北京华源志峰给排水管理有限公司（北运河通州城区段补水净化工程）	京	污水
25	79	0.7457	北京城市排水集团有限责任公司高碑店污水处理厂	京	污水
26	80	0.7461	北京金桥绿园物业管理有限公司（马驹桥镇污水处理厂）	京	污水
51	81	0.7517	雄县污水处理厂	冀	污水
6	82	0.7518	天津市华博水务有限公司（双桥）（国控源）	津	污水
52	83	0.7523	秦皇岛排水有限责任公司第二污水处理厂	冀	污水
53	84	0.7534	中科国益水务有限公司（开发区分厂）	冀	污水
7	85	0.7552	天津市华博水务有限公司（双林）（国控源）	津	污水
54	86	0.7563	景县污水处理厂	冀	污水
27	87	0.7568	北京北排京怀水务有限公司（怀柔厂）	京	污水

续表

本省市内分行业排名	分行业排名	名次平均分	单位详细名称	地区	行业
28	88	0.7570	北京碧海环境科技有限公司－翠湖再生水厂	京	污水
30	89	0.7594	北京市大兴区榆垡镇水务站（污水处理厂）（北京兴科诚环保科技有限公司（榆垡污水处理厂））	京	污水
31	90	0.7603	北京北排水务投资有限公司（房山城关再生水厂）	京	污水
32	91	0.7610	北京碧海环境科技有限公司－温泉再生水厂	京	污水
55	92	0.7620	廊坊开发区供水中心污水处理厂	冀	污水
33	93	0.7620	北京兴水水务有限责任公司	京	污水
34	94	0.7635	北京碧海环境科技有限公司－永丰再生水厂	京	污水
56	95	0.7649	隆化县污水处理厂	冀	污水
57	96	0.7652	行唐县污水处理厂	冀	污水
57	96	0.7652	行唐县玉城污水处理厂	冀	污水
59	98	0.7668	唐山旭成水质净化有限公司	冀	污水
60	99	0.7676	高邑县凤城污水处理厂	冀	污水
35	100	0.7678	北京泇河污水处理有限公司	京	污水
8	101	0.7678	天津市华博水务有限公司（咸水沽）（国控源）	津	污水
61	102	0.7682	青县河东污水处理厂	冀	污水
62	103	0.7707	涿州中科国益水务有限公司（东厂）	冀	污水
63	104	0.7732	任丘市城东污水处理厂	冀	污水
64	105	0.7754	隆尧县东方污水处理厂	冀	污水
65	106	0.7784	保定市排水总公司银定庄污水处理厂	冀	污水
66	107	0.7824	石家庄市鹿泉区污水处理厂	冀	污水
67	108	0.7830	易县钰泉污水处理厂	冀	污水
36	109	0.7832	北京市自来水集团夏都缙阳污水处理有限公司	京	污水
37	110	0.7848	北京城市排水集团有限责任公司威嘉污水处理厂	京	污水
68	111	0.7865	南宫市嘉诚水质净化有限公司	冀	污水
69	112	0.7884	鸡泽县蓝天污水处理有限公司	冀	污水

续表

本省市内分行业排名	分行业排名	名次平均分	单位详细名称	地区	行业
38	113	0.7889	北京首都机场动力能源有限公司水电分公司	京	污水
70	114	0.7895	海兴县污水处理厂	冀	污水
71	115	0.7898	三河市金桥水业有限责任公司	冀	污水
72	116	0.7901	涿州中科国益水务有限公司（西厂）	冀	污水
39	117	0.7919	河南寨镇污水处理厂（北京力量科技发展有限公司）	京	污水
40	118	0.7921	北京博大水务有限公司（北京经济技术开发区东区污水处理厂）	京	污水
41	119	0.7953	北京市顺义区汉石桥湿地自然保护区管理办公室（北京顺政绿港排水有限责任公司（汉石桥水厂））	京	污水
42	120	0.7965	重庆康达环保产业（集团）有限公司北京采育污水处理厂	京	污水
73	121	0.7972	尚义县利通排水中心	冀	污水
74	122	0.7985	唐山城市排水有限公司北郊污水处理厂	冀	污水
75	123	0.7985	阳原县洁源污水处理有限公司	冀	污水
76	124	0.7996	霸州溢昇水务科技有限公司胜芳分公司	冀	污水
77	125	0.8007	滦县城东水务运营有限责任公司	冀	污水
78	126	0.8017	涉县清漳污水处理厂	冀	污水
79	127	0.8068	秦皇岛开发区泰盛水务有限公司龙海道污水处理厂	冀	污水
80	128	0.8070	三河市鼎盛污水处理厂	冀	污水
81	129	0.8074	滦平德龙污水处理有限责任公司	冀	污水
43	130	0.8086	北京碧水源环境科技有限公司门头沟区再生水厂	京	污水
44	131	0.8090	北京京禹顺环保有限公司（顺义区污水处理厂）	京	污水
82	132	0.8090	怀安县清源污水处理有限责任公司	冀	污水
83	133	0.8095	邯郸市政排水有限责任公司东污水处理厂	冀	污水
84	134	0.8139	联合环境水务（高阳）有限公司	冀	污水
9	135	0.8157	中海油（天津）污水处理项目管理有限公司（国控源）	津	污水

续表

本省市内分行业排名	分行业排名	名次平均分	单位详细名称	地区	行业
85	136	0.8173	元氏县槐阳污水处理厂	冀	污水
45	137	0.8201	北京肖家河污水处理有限公司	京	污水
46	138	0.8227	北京市丰台区供排水管理所（晓月苑污水处理站）	京	污水
47	139	0.8237	北京自来水集团檀州污水处理有限责任公司	京	污水
86	140	0.8252	河北景明循环产业股份有限公司	冀	污水
87	141	0.8275	唐山市丰南区利源污水处理有限公司	冀	污水
10	142	0.8276	天津创业环保集团股份有限公司咸阳路污水处理厂（国控源）	津	污水
88	143	0.8276	中冶秦皇岛水务有限公司	冀	污水
48	144	0.8311	北京蓝天绿茵污水处理有限公司（北京顺天通物业管理有限公司）	京	污水
89	145	0.8332	武强县污水处理厂	冀	污水
90	146	0.8333	万全县污水净化研究中心（张家口市万全区污水净化研究中心）	冀	污水
91	147	0.8340	唐山市南堡经济技术开发区污水处理厂	冀	污水
92	148	0.8349	邱县污水处理厂	冀	污水
93	149	0.8361	河间市污水处理厂（现为河间市北控水务公司）	冀	污水
11	150	0.8367	天津海港石化发展有限公司（国控源）	津	污水
94	151	0.8376	盐山县城市污水处理厂	冀	污水
49	152	0.8376	北京京城水务有限责任公司（房山城关）	京	污水
95	153	0.8392	唐山市丰南区城南污水处理有限公司	冀	污水
96	154	0.8398	故城县营东污水处理厂	冀	污水
97	155	0.8410	深泽县嘉诚水质净化有限公司	冀	污水
12	156	0.8413	天津市九园绿源污水处理有限公司（宝坻区九园工业园区污水处理厂）（国控源）	津	污水
98	157	0.8420	冀中能源股份有限公司东庞矿生活污水处理厂	冀	污水
13	158	0.8427	天津静海北环工业区污水处理厂（国控源）	津	污水
99	159	0.8434	张家口市鸿泽排水有限公司	冀	污水

续表

本省市内分行业排名	分行业排名	名次平均分	单位详细名称	地区	行业
14	160	0.8467	西堤头污水处理厂（国控源）	津	污水
100	161	0.8479	赞皇县皇明污水处理厂	冀	污水
101	162	0.8480	威县清源污水处理厂	冀	污水
102	163	0.8513	蠡县大百尺污水处理厂	冀	污水
103	164	0.8516	玉田县绿源污水处理有限责任公司	冀	污水
50	165	0.8519	北京首都国际机场股份有限公司（西净化站）	京	污水
104	166	0.8527	文安县城区污水处理厂	冀	污水
105	167	0.8533	成安县环洁公司	冀	污水
15	168	0.8540	天津创业环保集团股份有限公司东郊污水处理厂（国控源）	津	污水
106	169	0.8540	无极县长业水务有限公司	冀	污水
107	170	0.8547	石家庄装备制造基地绿源污水处理有限公司	冀	污水
16	171	0.8553	天津市赛达恒洁环保科技有限公司（国控源）	津	污水
17	172	0.8567	天津市蓟县绿洁环卫管理有限公司（国控源）	津	污水
108	173	0.8580	大曹庄管理区污水处理厂	冀	污水
109	174	0.8592	唐山城市排水有限公司西郊污水处理二厂	冀	污水
51	175	0.8599	北京城市排水集团有限责任公司小红门污水处理厂	京	污水
110	176	0.8601	枣强县污水处理厂	冀	污水
111	177	0.8609	魏县污水处理厂	冀	污水
112	178	0.8613	隆尧县城镇污水处理厂（河北永益生态环境工程有限公司）	冀	污水
113	179	0.8620	天铁生活区更乐镇居民生活污水处理工程	冀	污水
52	180	0.8659	北京长阳污水处理有限责任公司（长沟污水处理厂）	京	污水
53	181	0.8661	北京长阳污水处理有限责任公司（长阳污水厂）	京	污水
114	182	0.8666	保定市排水总公司溪源污水处理厂	冀	污水

续表

本省市内分行业排名	分行业排名	名次平均分	单位详细名称	地区	行业
18	183	0.8667	天津港东疆建设开发有限公司（非国控）	津	污水
115	184	0.8684	唐山城市排水有限公司滦南运营分公司	冀	污水
116	185	0.8687	沧州市供水排水集团有限公司排水公司	冀	污水
117	186	0.8694	晋州市城市污水处理厂	冀	污水
118	187	0.8700	东光污水处理厂	冀	污水
119	188	0.8728	秦皇岛市第三污水处理厂	冀	污水
120	189	0.8747	广宗县污水处理厂	冀	污水
121	190	0.8755	肥乡县污水处理厂	冀	污水
122	191	0.8767	临漳县污水处理厂	冀	污水
123	192	0.8787	冀中能源股份有限公司显德汪矿污水处理厂	冀	污水
124	193	0.8793	邢台中瑞达水务有限公司（内丘县城镇污水处理厂）	冀	污水
125	194	0.8800	康保县城污水及再生水处理厂	冀	污水
126	195	0.8800	涞源县污水处理厂	冀	污水
54	196	0.8801	北京金源经开污水处理有限责任公司	京	污水
127	197	0.8807	兴隆县中冶水务有限公司	冀	污水
128	198	0.8813	灵寿县污水处理厂	冀	污水
129	199	0.8827	南和县污水处理厂	冀	污水
130	200	0.8828	石家庄高新技术产业开发区污水处理厂	冀	污水
55	201	0.8829	北京市顺义新城生态调水管理中心（北京市新城温榆河水资源利用工程	京	污水
19	202	0.8840	天津静海创业水务有限公司（静海县天宇科技园污水处理厂）（国控源）	津	污水
131	203	0.8847	平乡县丽洁污水处理有限公司	冀	污水
132	204	0.8853	新河县玉树污水处理厂	冀	污水
133	205	0.8860	泊头市交河镇污水处理厂	冀	污水
134	206	0.8867	大名金州水务有限公司	冀	污水
135	207	0.8873	冀州市污水处理厂	冀	污水
136	208	0.8887	邯郸市峰峰锦晟污水处理有限公司	冀	污水
137	209	0.8893	涞水县滨河城市污水处理中心（西厂）	冀	污水

续表

本省市内分行业排名	分行业排名	名次平均分	单位详细名称	地区	行业
138	210	0.8894	霸州嘉诚水质净化有限公司	冀	污水
139	211	0.8900	秦皇岛排水有限责任公司第六污水处理厂	冀	污水
140	212	0.8927	博野县大通污水处理有限公司	冀	污水
20	213	0.8947	天津创业环保集团股份有限公司北辰污水处理厂（北仓污水处理厂）（国控源）	津	污水
141	214	0.8965	唐山城市排水有限公司东郊污水处理厂	冀	污水
142	215	0.8967	宁晋县碧源污水处理厂	冀	污水
143	216	0.8974	三河市龙源水业有限公司燕郊污水处理厂	冀	污水
144	217	0.8980	永年县县城污水处理厂	冀	污水
145	218	0.8993	吴桥县污水处理厂	冀	污水
56	219	0.8999	北京城市排水集团有限责任公司（康庄镇污水处理厂）	京	污水
146	220	0.9007	清河县碧蓝污水处理厂	冀	污水
147	221	0.9033	任县污水处理厂	冀	污水
21	222	0.9040	天津市华静污水处理有限公司（国控源）	津	污水
148	223	0.9047	井陉县污水处理厂	冀	污水
149	224	0.9060	承德县绿溪有限公司	冀	污水
22	225	0.9067	天津滨海新区大港环科蓝天污水处理有限公司（国控源）	津	污水
150	226	0.9073	邯郸成晟水务有限公司	冀	污水
151	227	0.9080	清苑县祥太水务有限责任公司	冀	污水
57	228	0.9085	北京威立雅污水处理有限责任公司	京	污水
152	229	0.9087	涞水县滨河城市污水处理中心（东厂）	冀	污水
153	230	0.9104	广平县污水处理厂	冀	污水
154	231	0.9113	献县清源污水处理中心	冀	污水
155	232	0.9133	阜城县污水处理厂	冀	污水
156	233	0.9138	邯郸通用污水处理有限责任公司	冀	污水
157	234	0.9139	张北嘉诚水质净化有限公司	冀	污水
158	235	0.9147	蠡县污水处理有限公司	冀	污水
159	236	0.9156	秦皇岛开发区泰盛水务有限公司九号污水处理厂	冀	污水

续表

本省市内分行业排名	分行业排名	名次平均分	单位详细名称	地区	行业
160	237	0.9160	南皮县污水处理厂	冀	污水
23	238	0.9180	双青污水处理厂（国控源）	津	污水
161	239	0.9187	青龙满族自治县满源污水处理有限公司	冀	污水
162	240	0.9193	饶阳县污水处理厂	冀	污水
163	241	0.9200	曲阳县大通污水处理有限公司	冀	污水
164	242	0.9214	栾城县污水处理厂	冀	污水
165	243	0.9227	宽城奥能环保有限公司	冀	污水
166	244	0.9232	定兴县城建市政有限公司	冀	污水
167	245	0.9241	霸州市国泰环保工程有限公司	冀	污水
24	246	0.9247	大双污水处理厂（国控源）	津	污水
168	247	0.9260	中建冀泉中水有限责任公司七里河污水处理分厂	冀	污水
169	248	0.9267	蠡县辛兴镇污水处理厂	冀	污水
58	249	0.9275	北京市通州区漷县镇污水处理厂	京	污水
170	250	0.9294	秦皇岛开发区泰盛水务有限公司起步区污水处理厂（二号污水厂）	冀	污水
59	251	0.9306	永乐店镇污水处理厂（中节能运龙（北京）水务科技有限公司）	京	污水
171	252	0.9324	赵县清源污水处理厂（一厂）	冀	污水
172	253	0.9342	藁城市水处理中心	冀	污水
173	254	0.9347	丰宁满族自治县清源污水处理有限公司	冀	污水
25	255	0.9360	天津泰达威立雅水务有限公司（国控源）	津	污水
60	256	0.9397	北京碧水污水处理厂（北京信通碧水再生水厂）	京	污水
174	257	0.9413	河北英泰环境工程有限公司（高碑店市污水处理厂）	冀	污水
61	258	0.9413	中国航天科工飞航技术研究院动力供应站（污水厂）	京	污水
175	259	0.9421	赵县污水处理厂二期（赵县清源污水处理厂（二厂））	冀	污水

续表

本省市内分行业排名	分行业排名	名次平均分	单位详细名称	地区	行业
26	260	0.9427	天津创业环保集团股份有限公司（天津张贵庄污水处理厂）（国控源）	津	污水
27	261	0.9440	天津正坤水处理有限公司（国控源）	津	污水
176	262	0.9443	唐山城市排水有限公司丰润污水处理厂	冀	污水
177	263	0.9453	阜平县恒和污水处理厂	冀	污水
178	264	0.9467	承德市城市污水处理有限责任公司	冀	污水
179	265	0.9493	清河县开发区污水处理厂	冀	污水
28	266	0.9507	天津滨海新区塘沽环科新河污水处理有限公司（国控源）	津	污水
180	267	0.9513	柏乡县污水处理厂	冀	污水
181	268	0.9520	石家庄市桥东污水治理工程筹建处	冀	污水
182	269	0.9560	武邑县循环经济园区污水处理厂	冀	污水
183	270	0.9567	大城县城建环保污水处理有限公司	冀	污水
184	271	0.9580	怀来京西洁源污水处理厂	冀	污水
185	272	0.9593	沽源县清源污水处理有限责任公司	冀	污水
29	273	0.9600	天津泰达新水源科技开发有限公司（国控源）	津	污水
186	274	0.9620	新乐市升美水净化有限公司	冀	污水
30	275	0.9633	中国石油大港油田供水公司港东污水处理厂（国控源）	津	污水
187	276	0.9643	枣强县大营污水处理厂	冀	污水
31	277	0.9653	天津市波太特环保科技有限公司（国控源）	津	污水
188	278	0.9660	围场满族蒙古族自治县鑫汇污水净化处理中心	冀	污水
62	279	0.9666	北京市昌平区水务局未来科技城再生水处理中心	京	污水
189	280	0.9673	深州嘉诚水质净化有限公司	冀	污水
32	281	0.9687	天津京滨污水处理有限公司（国控源）	津	污水
33	282	0.9720	天津滨海新区环塘污水处理有限公司（国控源）（天津滨海环保产业发展有限公司（北塘污水处理厂））	津	污水
190	283	0.9747	容城县城西污水处理厂	冀	污水

续表

本省市内分行业排名	分行业排名	名次平均分	单位详细名称	地区	行业
191	284	0.9748	昌黎县贾河污水处理有限公司	冀	污水
63	285	0.9748	门城污水处理厂（北京自来水集团门城污水处理有限公司）	京	污水
192	286	0.9748	正定县污水处理厂	冀	污水
34	287	0.9767	天津重科水处理有限公司（国控源）	津	污水
35	288	0.9793	天津市津南区环科污水处理有限公司（国控源）	津	污水
193	289	0.9833	石家庄市桥西污水处理厂（二期）	冀	污水
194	290	0.9840	石家庄市桥西污水处理厂（一期）	冀	污水
195	291	0.9864	馆陶县清泉污水处理有限公司	冀	污水
36	292	0.9880	北辰科技园区污水处理厂（国控源）	津	污水
196	293	0.9886	国中（秦皇岛）污水处理有限公司	冀	污水
37	294	0.9900	天津威立雅渤化永利水务有限责任公司（国控源）	津	污水
197	295	0.9907	廊坊凯发新泉水务有限公司	冀	污水
198	296	0.9927	蠡县留史镇污水处理厂	冀	污水
199	297	0.9933	保定市尧润环保科技有限责任公司唐县分公司（唐县污水处理厂）	冀	污水
200	298	0.9943	沧州市供水排水集团有限公司排水公司运西污水处理厂	冀	污水
201	299	0.9984	辛集市水处理中心	冀	污水
202	300	0.9993	保定市排水总公司鲁岗污水处理厂	冀	污水
64	301	1.0000	北京城市排水集团有限责任公司清河再生水厂	京	污水
64	301	1.0000	北京金迪水务有限公司	京	污水
38	301	1.0000	天津市蓟县城区排水管理所（国控源）	津	污水
203	301	1.0000	唐山市丰南区第二中水厂	冀	污水
203	301	1.0000	沙河市污水处理厂	冀	污水

附录九：国内外绿色企业评价实践

1. 美国《新闻周刊》的绿色公司排名

美国《新闻周刊》（Newsweek）的绿色公司排名或许是世界上最有影响力的排名之一。它从2009年开始，每年发布当年新的排名，至今从未间断。该排名基于八个关键表现指标对世界上最大的上市公司的环境表现作出评估和测算，以排出美国绿色500强和世界绿色500强上市公司。

2016年排名依据的八个指标及其权重分别是综合能源消耗生产力（占15%权重）、综合温室气体排放生产力（占15%权重）、综合水消耗生产力（占15%权重）、综合垃圾产生生产力（占15%权重）、绿色收入得分（占20%权重）、可持续性支付链接（占10%权重）、可持续发展委员会（占5%权重）以及受审计的环境度量（占5%权重）。前四个指标都是综合指标，即每个指标都由更多的下层指标经过复杂的过程汇总得来。且这四个指标都是生产力指标而不是强度指标，表明《新闻周刊》的排名更注重企业的业绩增长方面，是从环境的角度考察经济增长。特别是第五个指标即绿色收入得分指标的设置及20%的最高权重更说明了该排名的侧重点。此外，后三个指标也都分别从不同的角度将企业的经营与环境表现紧密结合起来综合考察。

以综合能源消耗生产力为例，其计算过程如下：

第一步，计算每家企业2014年的能源生产力，该指标用每单位能源消耗产生的营业收入表示。然后对CKC调查的同行业全部企业的能源生产力进行百分比排名，得出该公司能源生产力的排名，再将该排名乘以0.75。

第二步，计算每家企业2014年与2012年能源生产力的差值，然后对CKC调查的同行业全部企业的能源生产力差值进行百分比排名，得出该企业的排名。如果该企业 2014 年能源生产力的排名位于前 25%，他们的能源生产力差值排名应该乘以 1，再乘以 0.25；如果该企业 2014 年能源生产力的排名位于前 25%– 前 50%，他们的能源生产力差值排名应该乘以 0.75，再乘以 0.25；如果该企业 2014 年能源生产力的排名位于前 50%– 前 75%，他们的能源生产力差值排名应该乘以 0.5，再乘以 0.25；如果该企业 2014 年能源生产力的排名位于最后 25%，他们的能源生产力差值排名应该乘以 0.25，再乘以 0.25。

第三步，将第一步得到的数值和第二步得到的数值相加，得到综合能源生产力的得分。综合来看，《新闻周刊》的排名具有如下特点：

1）所有参与排名的公司都依据相同的指标体系和评价方法进行排名。美国绿色 500 强和世界绿色 500 强公司无论是否主动或被动的参与和提供数据都自动被排名，这些企业没有是否参与排名的选择权，但会被邀请参与排名数据和结果的验证工作。

2）排名工作遵循六个核心原则，即透明性、客观性、数据公开性、可比性、公司参与以及利益相关者全程参与原则。透明性是指所有排名方法和结果均毫无保留地完全公开。客观性是指对测评的公司只基于定量数据和表现指标。数据公开性是指仅使用向公众开放的数据，不涉及任何不能公开的数据来源。可比性指将公司的数据与同行公司的数据进行对比。公司参与原则指在排名工作开始之前被排名的公司将有机会向公众开放更多的必需的数据。利益相关者全程参与指利益相关者被邀请参与整个排名的过程，包括组织专家组对该排名的方法进行评审。

3）运用惩罚原理处理数据缺失和补充问题。对于拒绝公开或尚未公开那些必须公开的数据的企业，将视其相关数据不存在或极差，因而惩罚性地给相关的缺失数据赋予零分。

4）排名所依据的数据一般是两年前的数据，如 2016 年的排名是依据公司 2014 年的数据对其在 2014 年的表现进行排名。

2. 印度绿色公司评级

印度绿色公司评级系统由印度 CII– Sohrabji Godrej 绿色商务中心开发设

计，自2012年推出试验版以来，近年来一直在不断完善并尝试应用。该系统针对商务公司的绿色表现而设计，为商务公司实施绿色发展战略提供引领和指导。该评级系统从整体论的视角出发，不仅指导商务公司制定绿色战略和行动部署，还为量化这些绿色行动的影响及进程改进提供机制设计。

印度绿色公司评级系统主要从下面几种绿色表现参数来评估公司的绿色特征：能源效率，水资源保护，可再生能源，温室气体排放，垃圾管理，物质节约，循环及循环能力，绿色供应链，产品管理，全生命周期分析，以及其他方面。

该系统将绿色公司按照从低至高的顺序依次分成五个等级，即认证企业、青铜企业、白银企业、黄金企业和铂金企业。每个等级的划分及公司所属级别的确定依据最终得分的结果。为此，该系统建立了一套复杂的打分和加权规则，对各项表现指标进行打分、加权和层层汇总，最终得到每个企业的总分数。

印度绿色公司评级系统的最主要特点是内容巨细，构造复杂，权重设置主观成分大，打分和汇总体系繁杂。

3. 国内行业绿色评价体系

中国于2013年由国家发改委、环保部和工信部联合组织制定了建立清洁生产评价指标体系的政策文件。该文件规定了清洁生产评价指标体系的编制原则、体系框架、评价方法和数据采集等编制办法，此办法不仅适用于工业行业清洁生产评价指标体系的编制，农业、服务业等其他行业也可参照执行。

中国行业清洁生产评价指标体系包括如下指标：

1）工艺及装备指标：与行业特点相关，各行业产品生产中采用的生产工艺和装备的种类、自动化水平等方面的指标。

2）消耗指标：水、土地等自然资源的消耗量。

3）消耗指标：电力、煤（标煤）等能源的消耗量、单位产品的综合能耗。

4）综合利用指标：物资资料的利用率、废物的回收利用等。

5）污染物产生指标：单位产品生产加工过程中，产生的粉尘、二氧化硫、氮氧化物、氟化物、噪音等污染物的量（末端处理前）。

6）特征指标：产品合格率、产品环保质量等，因行业性质不同而变化。

7）生产管理指标：环境管理体系制度、清洁生产审核、政策法规标准执行、废水废物管理、工作环境与社会环境、生态环境。

附表 9-1 将中国行业清洁生产评价指标体系与本研究的绿色企业评价体系做了简略的对比分析。可以看出，两个体系在体系框架、理念、理论基础、评价方法、指标选择、指标单位设置、实施目的以及评级结果等方面有很多共同点，同时也存在不少的差异。

附表 9-1　中国行业清洁生产评价指标体系与本绿色企业评价体系的比较

	相同点	不同点	
		清洁生产	绿色企业
体系框架	多级指标	从行业角度出发，较为细化	从宏观角度出发，更一般化、完整的框架
理念		强调清洁生产，重点在生产环节	强调企业各部门、各环节的绿色
理论基础		《中华人民共和国环境保护法》《中华人民共和国清洁生产促进法》	可持续发展理论
			自然资产价值理论
			企业环境评价
评价方法	指标观测值与基准对比	1. 限定性指标评价	1. 基准法
		2. 指标分级加权评价	2. 筛选法
		3. 与国家法定标准比	3. 与发达国家同行业基准比较
			4. 与国际标准比较
			5. 与全国同行业水平比较
			6. 与本地区同行业水平比较
指标选择上	均涵盖资源、能源消耗、综合利用率及污染物排放等方面	同时设置与行业特点相关的生产工艺及装备指标与产品特征指标，突出清洁生产管理	涵盖企业的资源环境表现及社会环境表现，考察企业各环节的环境表现

	相同点	不同点	
		清洁生产	绿色企业
指标单位设置	均考虑单位能耗及单位资源利用率等情况	以单位产品产量为基础来考虑	以单位产值或单位材料消耗价值为基础来考虑
体系实施目的	引导企业提高资源利用率，减少和避免污染物的产生，保护和改善环境	指导相关行业企业依法实施清洁生产	为企业实现绿色化提供指导，起到示范引领作用
评级结果	对企业进行等级划分	Ⅰ级为国际清洁生产领先水平 Ⅱ级为国内清洁生产先进水平 Ⅲ级为国内清洁生产基本水平	绿色自愿企业 绿色认证企业 1 绿色转型企业 2 绿色实现企业 3 绿色开拓企业 4 绿色引领企业

4. 国内地方现行的企业环境信用评价

2014 年中国环保部联合国家发改委、中国人民银行、银监会发布了《企业环境信用评价办法（试行）》（以下简称环境信用评价），各地区环保部门可以根据本行政区域的经济发展水平、环境质量状况以及其他有关情况，进一步细化具体操作标准。环境信用评价是指环保部门根据企业环境行为信息，按照规定的指标、方法和程序，对企业遵守环保法律法规、履行环保社会责任等方面的实际表现，进行环境信用评价，确定其信用等级，并向社会公开，供公众监督和有关部门、金融等机构应用的环境管理手段。

环境信用评价与本研究中的绿色企业评价评级方法既有类似之处，又不完全相同，二者间存在彼此补充、相互融合的可能。后者不能覆盖或代替前者，可看作是前者的补充和扩展。前者本身不足以反映绿色企业的内容，需要从环保评价向绿色评价转型。具体地，我们从以下六个方面比较分析两个评价体系间的异同之处，并探讨融合的可能性和办法。

续表

4.1 在评价目的、目标和适用范围方面

附表 9–2　评价目的、目标对比

		环境信用评价	绿色企业评级
评价目的、目标	相同点	企业表现评价	
	不同点	评价企业在环境保护方面的表现，及环保信用水平	评价企业在资源、环境、经济和社会等方面的具体绿色表现
	融合后	建立一套评价企业生产、经营及管理方面的绿色表现，评价企业行为对外部环境带来的压力与影响及企业对绿色发展政策的反应，并为绿色企业评级的方法论体系。	

如上附表 9–2 所示，把两个体系的评价目的和目标进行对比可以发现，两者均以企业为对象，对企业的绿色表现进行评价。

不同之处在于，环境信用评价旨在考察与评价企业在环境保护方面的表现，由其具体表现确定企业的环境信用水平。而绿色企业评级为综合考察与评价企业在资源、环境、经济和社会等各方面的具体绿色表现。

4.2 在基于的理念和理论方面

附表 9–3　理念与理论基础对比

		环境信用评价	绿色企业评级
理念	相同点	环境保护	
	不同点	强调环境信用	强调绿色
	融合后	强调企业的绿色发展，经济增长与环境损害相对或绝对脱钩。	
理论基础	相同点	环境保护	
	不同点	《环境保护法》 《国务院关于加强环境保护重点工作的意见》	可持续发展理论 自然资产价值理论 企业环境评价
	融合后	科学理论与实际工作考核相结合，体系的理论基础更加丰富，且贴近现实。	

如上附表 9–3 所示，环境信用评价与绿色企业评级两个体系所基于的理念均包含环境保护，但两者侧重有所不同。环境信用评价强调企业的环

保信用行为，而绿色企业评级强调企业的绿色行为。绿色不等同于环保，而可以看作是环保的延伸与扩展，绿色企业理念强调企业实现经济增长与环境保护双赢。

将两者融合后，将基于企业与自然、经济和社会系统间的关系考察企业内部的绿色活动行为以及企业对于外部环境的影响行为和响应行为，强调企业实现绿色发展。

两个体系均以环境保护作为基础。不同之处在于环境信用评价主要基于《环境保护法》及国家提出的关于建立企业环境信用评价制度的有关要求建立评价体系，侧重于政府对企业进行实际工作评价与考核；而绿色企业评级基于可持续发展理论、自然资产价值理论及企业环境评价等科学理论建立体系，偏向系统、综合的理论体系，尽可能全面、客观地考察评价企业。

将两者融合后，将实现理论与实践的结合，在体系中不仅有系统的理论做基础，还有实际工作经验提供支撑。使体系的理论基础更加丰富且更加贴近实际，有利于最终对企业进行评价评级工作的顺利有效进行，实现对企业客观、系统而全面的评价与评级。

4.3 在评价指标设置方面

附表 9–4　评价指标设置对比

<table>
<tr><th></th><th></th><th>环境信用评价</th><th>绿色企业评级</th></tr>
<tr><td rowspan="3">评价指标</td><td>相同点</td><td colspan="2">综合考虑多项指标</td></tr>
<tr><td>不同点</td><td>1. 两级指标
2. 环保部门的监控与监测数据</td><td>1. 四级指标
2. 报告指标与派生指标
3. 脱钩指标</td></tr>
<tr><td>融合后</td><td colspan="2">指标体系更加全面，对企业的考察评价更加全面客观。数据来源更加广泛，涵盖环保部门监控数据、企业报告数据、衍生计算指标等多方面。</td></tr>
</table>

如附表 9–4 所示，环境信用评价与绿色企业评级体系均选择多项指标，综合考量企业各方面表现。

不同之处在于环境信用评价共设置两级指标：一级指标包括四大类即

环境污染防治、生态保护、环境管理及社会监督影响；二级指标是在一级指标下进一步细分如：大气及水污染物达标排放、污染源、危险废物处置排污费缴纳等，这些指标更接近企业的实际生产经营活动，主要来源于政府环保部门对企业的监控检测数据，相对更加细致。

而绿色企业评级中的企业环境表现报告指标体系中共设置四级指标，层层细化，从理论出发，尽可能全面涵盖企业在生产经营全过程中的经济、环境及社会表现，侧重于企业的生产、经营和管理行为是否绿色，企业表现给外部环境带来的压力与影响以及企业对于绿色发展政策的反映。且包含企业的报告指标及由基础数据处理计算出的衍生指标，因此该体系的指标设置数量相对更多，但部分指标观测值在实际调查获取时可能存在一定难度。

附表 9-5　具体指标选择对比

评价指标	环境信用评价	绿色企业评级
一级指标（方向基本相同）	污染防治 生态保护	空气
		土地
		水
		资源
		能源
		生物多样性
		垃圾
	环境管理	产品全周期环境影响
		绿色供应链影响
		绿色管理与实践
	社会监督	企业环保社会责任

二级指标（补充融入部分）	污染物排放的达标率	空气、土地等污染物排放强度量
	排污费缴纳	绿色管理与实践—绿色投资与金融—环保支出
	排污口规范化整治	绿色管理与实践—绿色投资与金融—环保支出
	环境风险管理	绿色管理与实践—绿色战略与决策—绿色发展目标
	群众投诉	企业环保社会责任—环境申诉
	媒体监督　信息公开	企业环保社会责任－环境申诉
	排污许可证　排污申报	企业环保社会责任

从具体指标选择来看，如附表 9–5 所示，两个体系考虑的大方向基本一致，环境信用评价中的污染防治与生态保护对应了绿色企业评级中空气、土地、水、资源、能源、生物多样性及垃圾这七个一级指标，考察企业生产经营管理行为对环境各方面造成的影响。而环境信用评价中的环境管理对应于绿色企业评级中产品全周期环境影响、绿色供应链影响及绿色管理与实践这三个一级指标。前者的社会监督对应于后者的企业环保社会责任。

不同之处在于两个体系的指标侧重有所不同，环境信用评价中的指标重点关注环境表现，侧重环保监控。而绿色企业评级中的指标不仅考虑环保问题，同时考虑企业的生产率及经济效率，侧重脱钩指标，即反映企业是否实现经济增长与环境污染的相对脱钩或绝对脱钩。并在报告指标基础上衍生出许多计算出的指标，如污染生产率、能源生产率等，有助于研究企业如何通过技术升级进行转型，使企业生产经营及管理行为更加绿色高效。

两者均涵盖环境污染与生态保护、环境管理及社会影响三个部分，在具体指标选择上各有侧重，各有优势，因此可以尝试将两个体系所选指标相互补充融合。环境信用评价中的指标更为直接、细致，且贴近企业运营管理现状，有许多可以补充修改绿色企业评级中的三、四级指标。

融合后的指标体系在考察企业环保行为方面更加全面合理，同时涵盖环保部门监控数据、企业报告数据及派生计算指标等多方面，指标数据也更易获得。并同时兼顾企业在生产方面的表现，能够考察企业在资源、能源利用及污染治理与生产管理等多方面的综合能力，使绿色企业评级体系更加完善。两个体系所选指标相互融合，各取所长，可以引导企业实现全面发展与进步，也有助于评级体系在最终的实际研究运用中更加真实、高效。

4.4 在评价方法方面

如附表 9–6 所示，两个体系均是通过将指标观测值与标准对比之后进行评价，但评价方法存在很大不同。环境信用评价体系采用的是打分法及权重综合法，根据企业各项行为是否达到国家标准及达标程度进行打分，达标程度越高相应指标的分值越高，最终根据各指标权重进行分值加总对企业进行评级。打分法将各项数据通过无量纲化处理为可以比较的指数，方便进行比较、加总和综合分析，但是经过处理后的数据本身以及指标间的异同却失去了本来的涵义，无法给出明确的理论解释。且各指标权重的设定过于依赖主观判断，权重的变化可能对评级结果产生较大影响。

附表 9–6　评价方法对比

<table>
<tr><th></th><th></th><th>环境信用评价</th><th>绿色企业评级</th></tr>
<tr><td rowspan="3">评价方法</td><td>相同点</td><td colspan="2">指标观测值与标准对比</td></tr>
<tr><td>不同点</td><td>1. 打分法
2. 与国家标准比
3. 权重综合法</td><td>1. 基准法
2. 筛选法与分组法
3. 与发达国家同行业基准比较
4. 与国际标准比较
5. 与中国同行业水平比较
6. 与本地区同行业水平比较</td></tr>
<tr><td>融合后</td><td colspan="2">形成本省、本国、国际、发达国家的多级基准体系，并细分成平均基准水平与上限基准水平。</td></tr>
</table>

而绿色企业评级体系中，采用的是基准法与筛选法。通过将每个企业的各项指标数据分别与各级基准水平对比，以确定企业在本省内、在中国、在国际上所处的地位。并筛选出表现最好的企业，以突出领跑企业的优势。基准法保留了指标原本的含义与理论揭示，便于揭示企业资源环境表现的具体进程、问题和改进之处。并且与多级基准水平比较使得通过绿

色企业评级，方便对处于不同地区、不同层次的企业进行比较。基准法简单明了、易于操作、不需要进行繁杂的数据处理、便于企业相关人员操作。

环境信用评价更适用于国内各企业的比较，将两者融合后，可以形成本省、本国、国际、发达国家的多级基准体系，并分别细分成平均基准水平与上限基准水平。将每个企业分别与发达国家同行业基准比，与国际标准比，与中国同行业水平比及与本地区同行业水平比较，完善各级基准体系。

4.5 在评级标准方面

两个体系在设定评级标准时有诸多不同，环境信用评价将体系内所有报告指标均作为评级指标，为每个指标均赋予了确定的分值即权重、指标范围及上下限等，并将每个企业的最终得分作为唯一的评级标准。可以说是一个成熟并且能直接在实际工作中运用的评级标准。

附表 9–7　评级标准对比

		环境信用评价	绿色企业评级
评级标准	相同点		
	不同点	1. 所有指标均为评级指标 2. 最终得分作为唯一的评级标准 3. 确定的评级标准 4. 对不同指标设定权重	1. 评级指标的选择 2. 分组标准（有待确定） 3. 多元的评级标准体系 4. 不受权重主观设定的影响
	融合后	参考环境信用评价的评级标准及施行过程中出现的问题，加上理论基础、参评企业的实际情况、专家意见及实验方法确定一个合理有效的评级标准体系。	

而绿色企业评级的评价指标体系中包含大量指标，在进行企业评级时，选择评价指标中最重要、最有影响的部分作为评级指标，并根据重要程度分为四个层次，即标题指标层、关键指标层、核心指标层及基本指标层。根据不同企业级别选择不同的指标范围，并按指标所属层次确定其重要程度，并赋予不同权重。但具体不同企业级别考核的指标范围、指标所属层次的权重以及级别划分临界值等参数的确定与赋值需要在实践中进一

步确定。

环境信用评价已经在实际工作中做过一些尝试，比评级标准略微成熟，这为绿色企业评级的评级标准提供参考，具有很高的参考价值。通过借鉴环境信用评价中的评级标准，认识到政府在对企业进行评价过程中对各类指标的不同重视程度，并参考环境信用评价施行过程中出现的问题等，加上对绿色企业理论标准的理解，参评企业的具体实际情况、专家意见以及实验的方法等最终确定评级标准。绿色企业评级中含有 20 个基准体系，即发达国家、国际、本国、本省及本地的特定、平均、最好和目标水平等，对应地可以建立 20 个评级标准体系，根据具体情况及不同的研究需要和目的，进一步确定每个评级标准体系。

4.6 在评级方法方面

如附表 9-8 所示，两个体系均对评级指标设定范围，从而确定企业表现水平，对企业进行评级。不同之处在于，环境信用评价的部分评级指标在不同范围内对应不同分档分值，如一般固体废物处理处置率在 95% 以上（含 95%）对应第 1 档（80-100 分），在 80%-95% 为第 2 档（50-79 分），而低于 80% 则对应第 3 档（0-49 分）。另外各个不同的评级指标对应不同的权重，反映了各指标在整个评级体系中不同的重要性。最后根据加权后的总分值所处范围确定企业级别。

附表 9-8　评级方法对比

		环境信用评价	绿色企业评级

评级方法	相同点	对评级指标设定范围	
	不同点	1. 各评级指标在不同范围内对应不同参考分档分值 2. 各评级指标对应不同权重 3. 根据加权后的总分值所处范围确定级别	1. 评级指标范围 2. 分级临界值 3. 基于统计方法的筛选模型，确定企业级别 4. 通过分组将企业划分为不同级别
	融合后	环境信用评价中对指标范围、权重及最终分级的临界值均已确定，并经过实践检验，为绿色企业评级中各参数的确定提供参考，为每个参数确定合理的值或范围，基于筛选与分组模型，形成合理的评级方法。	

而绿色企业评级将评级指标范围的临界值作为控制各级别入选企业数量的第一个参数，需要根据实际情况兼顾代表性与筛选的严格程度来确定。评级指标权重值是第二个参数，各指标权重值间的差别代表着对各类指标重要程度的认识，权重越高意味着指标越重要。分级临界值作为第三个参数，当与基准平均水平比较时，初级绿色企业看有多少指标超过了基准平均水平，而高级绿色企业则看其指标超过基准平均水平多少，因此，对不同级别的企业设有不同的评级方法。同时通过不断调整参数值，筛选模型可以筛选出不同的企业集合，在此基础上，那些选中频率高的企业即为中选企业，这样得出的评级结果更为稳定准确，不受参数设置的影响或受到的影响较少。通过设定不同分组临界值，也将得出不同的企业分组情况，而分组评级结果最为稳定准确的绿色表现越优秀。

环境信用评价中对指标范围、权重及最终分级的临界值均已确定，并经过实践检验，为绿色企业评级中各参数的确定提供了参考，并为每个参数确定了合理的值或范围，从而基于筛选模型与分组模型，形成了合理的评级方法。

4.7 在评级结果方面

如附表 9–9 所示，两个体系均是在考察企业表现后对企业进行级别分类，不同之处在于两个体系在对不同层次的企业进行级别细分。绿色企业评级体系针对国民经济重点产业行业部门，规模以上类型的企业。而且从当前发展来看，中国的地方企业生产与发展水平在中国处于领先水平，95%以上的企业都在各方面表现达到国家设定的最低标准之上，因此，绿色企业评级体系旨在针对达到中国绿色标准的环保优质企业，再次进行细分、比较，从而筛选出最优秀的企业，突出行业中的领跑企业。但绿色企业评级体系缺乏的正是中国国内地方现行体系中对表现较差企业的评价。

附表 9–9　评级结果对比

<table>
<tr><td rowspan="4">绿牌
（环保诚信企业）</td><td>绿色引领企业</td></tr>
<tr><td>绿色开拓企业</td></tr>
<tr><td>绿色成功企业</td></tr>
<tr><td>绿色转型企业</td></tr>
<tr><td colspan="2">蓝牌（环保良好企业）= 绿色自愿企业</td></tr>
<tr><td colspan="2">黄牌（环保警示企业）</td></tr>
<tr><td colspan="2">红牌（环保不良企业）</td></tr>
</table>

因此将两个体系相互补充融合、相互借鉴，将原有的五级企业进一步扩充、拓展为现在的九级。对于环保表现较差的企业仍保留中国国内地方现行体系中的黑牌、红牌、黄牌等级。而现行体系中的蓝牌企业表现水平相当于绿色企业评级体系中的绿色自愿会员企业。绿牌企业即对应绿色认证企业，进一步划分为绿色转型领跑企业、绿色成功典范企业、绿色开拓增长企业、绿色引领企业。通过将两个体系的评级标准相互融合，实现对企业评级体系的升级完善。

总的来说，中国地方现行企业环境信用评价体系与绿色企业评级体系均面对企业这一相同的研究对象，以对企业进行绿色评价为目的，只是出发的角度略有不同，体系中体现出的侧重点也有所不同，但两者可以相互补充、相互融合、共同提高，以更好完成对企业表现进行绿色评级的研究目的，也为企业树立榜样，引导企业实现绿色增长、绿色发展的目标。